REfLETS

Méthode de français 1

Guy Capelle
Noëlle Gidon

HACHETTE

Français langue étrangère

43, quai de Grenelle, 75905 Paris Cedex 15.

www.hachettefle.fr

Crédits photographiques

Diaf / P. Dannic : 174 hd, P. Dannic, architecte Dominique Perrault : 203 ; D. Faure : 201 hg ; A. Février : 92 b ; J.-P. Garcin : 164 hd, 164 bd ; G. Gsell : 188 hg ; G. Guittot : 75 ; T. Jullien : 198 h ; R. Mazin, © Pei/EPGL : 201 hd ; C. Moirenc : 50 ; Pratt-Pries : 182 h ; B. Regent : 188 hd, 204 bg ; J. Sierpinski : 174 hg, 164 bg ; Somelet : 172 ; J.-D. Sudres : 164 hg ; S. Villerot : 52 ; S. Viron : 174 bg. **Explorer** / D. Bringard : 44 bg. **Gamma** / S. Dufour : 172 hd ; F. Reglain : 9 ; Stevens : 172 b. **Hoaqui** / Felixa : 76 b ; M. Renaudeau : 124 ; X. Richer : 33 b ; A. Wolf : 108 h. **Jerrican** /Aurel : 201 bg ; Bramaz : 60 hg ; Chauvet : 27 bg, 108 bg, 140 b ; F. Faure : 60 hd, 164 hg ; Gaillard, architectes Otto Spreckelsen et Paul Andreu : 201 bd ; J.-M. Labat : 100 ; Lecourieux : 60 b ; Lerosey : 204 h ; Mura : 68 b ; Nieto : 140 h ; Peyronel : 76 hg ; Valls : 187. **Marco Polo** / F. Bouillot : 76 hd ; Coudert : 27 d. **Rapho** / G. Halary : 188 b ; F. Huguier : 156 (2) ; Rega : 92 g ; de Sazo : 44 h ; Soldeville : 44 bd. **RMN-Arnaudet** / J. Scho : 174 bd. **Still Press** / Arnal : 33 h. **Sygma** / J.-M. Charles : 92 hd.
Code Rousseau : 69 ; Parc floral ® : 86.
David Goutard : 7, 12.

Avec nos remerciements à : ANPE : 18 ; BNP : 18 ; Challenges : 100, 182 ; CGT : 18 ; Citroën : 149 ; Matra transport international : 68 h ; Officiel des spectacles : 51, 67 ; Peugeot : 149 ; Renault : 148, 149 ; SNCF : 18, 20 ; Télérama : 20 ; TGV : 18.

Couverture : Sophie Fournier.
Conception graphique : Avant-garde.
Réalisation : O'Leary.
Secrétariat d'édition : Claire Dupuis.
Illustration : Catherine Beaumont, Le Renard.
Cartographie : Hachette Éducation.
Recherche iconographique : Any-Claude Médioni.

ISBN : 978-2-01-155116-0

Avant-propos

REFLETS, méthode de français pour adultes et grands adolescents, se propose :
   – de présenter des documents vidéo apportant un vécu culturel motivant,
   – de partir du connu, c'est-à-dire de ce que l'on comprend, le sens des situations,
   – d'analyser et d'étudier des formes linguistiques dont le sens a déjà été élucidé,
   – de stimuler l'attention et la créativité des apprenants et de maintenir leur intérêt en leur proposant des problèmes à résoudre,
   – de fournir des outils de réflexion et des démarches enrichissantes pour favoriser l'observation et la formulation d'hypothèses.

Nous sommes persuadés que, pour enseigner la communication orale, la première exigence est de mettre en scène une communication « authentique », présentant le non-verbal aussi bien que le verbal, non pas sous la forme de descriptions nécessairement abstraites, mais en action. Cette exigence découle du fait que langue et culture sont les deux faces indissociables d'une même réalité. La langue doit être apprise dans des « situations vécues ».

Parallèlement, il convient de porter toute son attention à la mise en place d'une progression stricte pour faciliter l'apprentissage des formes et des emplois. REFLETS respecte la progression langagière d'un niveau 1 proposant de 120 à 150 heures de cours.

Parmi les différents supports utilisés dans REFLETS, nous avons privilégié la vidéo, authentique par sa conception et sa réalisation, ses thèmes, ses personnages (un feuilleton proche des habitudes télévisuelles des apprenants), afin de créer un vécu motivant auquel les apprenants peuvent se référer pour assimiler le français comme expression d'une culture.

Une méthode, même si elle est à dominante orale, ne peut négliger l'écrit, moyen de renforcement, d'accès à la connaissance et d'acquisition de techniques et de stratégies indispensables au maniement du langage. La pratique de l'écrit, en compréhension et en production de textes, reste un objectif de REFLETS. Elle prend encore plus d'importance au niveau 2 et permet de préparer au DELF.

Le livre de l'élève se compose de :
   – 1 dossier de démarrage (dossier 0),
   – 24 épisodes regroupés en 12 dossiers,
   – 2 derniers épisodes qui forment l'épilogue.

Chaque épisode comprend 6 pages :
   – *Découvrez les situations* (2 pages) : des activités d'anticipation et la transcription du feuilleton.
   – *Organisez votre compréhension* (1 page) : des activités de compréhension, d'exploitation des comportements verbaux et non-verbaux du feuilleton.
   – *Découvrez la grammaire* (1 page 1/2) : des tableaux et des exercices d'acquisition des formes et des emplois.
   – *Sons et lettres* (1/2 page) : la phonétique et l'orthographe.
   – *Communiquez* (1 page) : une exploitation des « Variations » de la vidéo et un travail sur la compréhension et la production orales.

Les pages communes aux deux épisodes sont :
   – 1 page d'ouverture avec le contrat d'apprentissage,
   – 1 page *Écrit* avec des activités de compréhension et de production écrites,
   – 1 page *Des mots pour le dire* présentant du vocabulaire thématique de complément,
   – 1 page *Civilisation* avec des activités sur de courts reportages.

Avec le cahier d'exercices qui présente des exercices de renforcement et de révision, le niveau 1 de REFLETS propose plus de 850 exercices.

Il nous reste à souhaiter que, dès la première séquence du feuilleton, les apprenants se sentent tout à la fois dépaysés, amusés, intéressés, sécurisés et motivés…

	DOSSIER 0	DOSSIER 1	DOSSIER 2	DOSSIER 3	DOSSIER 4	DOSSIER 5
Situations de communication	– rencontres – présentations	– recherche d'un colocataire – visite d'un appartement	– accueil d'une cliente d'une agence de voyages – rapports amicaux et professionnels entre collègues	– enquête sur les occupations des gens – rencontre à un vernissage	– discussion sur les moyens de transport en cas de problème – entrevue avec un directeur de centre culturel – présentation du centre	– à propos d'un comportement inhabituel qui suscite la curiosité – accueil d'un visiteur étranger et discussion d'un programme de visites
Notions, actes de parole	– saluer quelqu'un – se présenter – demander et dire le nom et le prénom de personne – indiquer la nationalité – compter – épeler	– saluer et employer des formules de politesse – se présenter – indiquer une adresse – exprimer l'appartenance – identifier quelqu'un – demander et donner son accord	– distinguer le tutoiement et le vouvoiement – interroger sur les personnes et les choses – indiquer le but et la destination – demander à quelqu'un de faire quelque chose – accepter et refuser – exprimer son appréciation, faire des compliments – indiquer la date – demander une explication – s'informer sur la façon de payer	– demander et donner des informations personnelles – demander et dire la nationalité – décrire une personne et la désigner – dire ce qu'on fait – demander et dire d'où on vient – exprimer des goûts et des préférences – demander et donner des raisons	– demander et donner des informations sur les transports – demander et dire où on va – exprimer la présence ou l'absence – parler d'événements passés – parler d'événements proches ou d'intentions – exprimer des conditions – rassurer quelqu'un – exprimer des goûts – attirer l'attention de quelqu'un – dire l'heure	– décrire une journée – situer des lieux extérieurs – faire un compliment à quelqu'un – rappeler à quelqu'un ce qu'il doit faire – dire ce qui est permis et ce qui est interdit – demander et donner une autorisation – demander et donner des informations sur le temps qu'il fait – indiquer la fréquence – parler d'événements futurs
Grammaire	– *être* et *s'appeler* au présent (singulier) – le *vous* de politesse – *c'est* + article indéfini, pronom tonique ou nom de personne – les interrogatifs *qui*, *comment* – formes du masculin et féminin et adjectifs de nationalité – *un/une*, articles définis	– *avoir* au présent (singulier) – les adjectifs possessifs : *mon/ma, ton/ta, son/sa, votre* – la distinction entre masculin et féminin – les prépositions *chez, dans, de, à* – les interrogatifs *qui, quoi, où* – *quel(le)*, adjectif interrogatif – les pronoms personnels sujets et les pronoms toniques – les articles définis et indéfinis	– le pronom *on* – les verbes en *-er* (1er groupe) – le pluriel de *être* et de *avoir* – l'impératif – la négation *ne... pas* – le pluriel des noms, des adjectifs, des articles – le genre et la place des adjectifs, leur accord avec le nom – *c'est pour* + infinitif – *c'est pour* + nom ou pronom tonique – les questions avec *est-ce que* – l'adjectif exclamatif *quel*	– le verbe *faire* – les verbes aller, lire et dire – les verbes terminés en *-ir* à l'infinitif – les formes du pluriel des adjectifs possessifs – les contractions *à* et *de* + article défini : *au, aux, du, des* – les prépositions *en, au* et *à* devant les noms de pays – les indéfinis : *quelqu'un, quelque chose* – les adjectifs de nationalité	– le passé composé avec l'auxiliaire *avoir* – les verbes *mettre* et *prendre* – *aller* + infinitif – *il y a* et *il n'y a pas de* – *combien de temps ?* – *si* + proposition principale au présent – la réponse *si* à une question de forme négative – les adverbes de fréquence : *toujours, jamais, souvent* – des participes passés irréguliers – l'interrogation indirecte	– le passé composé avec *être* – le verbe *pouvoir* – les adjectifs démonstratifs – des prépositions de lieu – les constructions de *connaître* et *savoir* – *pourquoi ? parce que...* – les verbes pronominaux – le futur simple
Écrit		– l'image et la fonction des textes	– l'image et la fonction des textes	– repérer des informations	– les genres de textes	– la lecture plurielle
Sons et lettres	– la prononciation du français	– l'égalité syllabique – les intonations affirmative et interrogative	– l'accent tonique – le genre des noms – l'intonation	– les liaisons obligatoires et les liaisons interdites – le singulier/pluriel des noms et des adjectifs	– les enchaînements vocaliques et consonantiques	– les marques orales du pluriel – les graphies des sons [e] et [ɛ], [ø] et [œ] – les lettres muettes
Découverte des aspects sociaux et culturels	– la politesse	– les rapports interpersonnels – une cohabitation dans un appartement parisien	– le fonctionnement d'une agence de voyages – un stagiaire dans l'entreprise – les rapports entre collègues – une fête d'anniversaire en l'honneur d'un collègue	– une enquête sur les activités préférées des Français en vue d'un sondage – une fête dans une boutique – un atelier de jeunes artistes	– les transports en commun parisiens – la visite d'un centre culturel pour jeunes de la grande banlieue parisienne	– l'accueil d'un visiteur à l'aéroport de Roissy. – la visite du Parc floral de Vincennes, près de Paris

CONTENUS

DOSSIER 6	DOSSIER 7	DOSSIER 8	DOSSIER 9	DOSSIER 10	DOSSIER 11	DOSSIER 12
– demande d'indication de lieux et d'itinéraires – interventions dans un stage de formation de vendeurs – démarchage commercial	– au restaurant – achats de nourriture au marché	– à propos de la nouvelle répartition des bureaux d'une entreprise – à propos du rangement des nouveaux bureaux	– achats – rapports entre vendeuse et acheteuse, entre parents et fille	– baby-sitting – dans une salle de judo – sur un terrain de sport	– rapports entre collègues – informer des spécialistes étrangers – problèmes de téléphone	– rendez-vous professionnels – dans la galerie d'un antiquaire – discussions à propos d'une commande
– exprimer la volonté, la possibilité, l'obligation – demander et indiquer des directions – accorder ou refuser une autorisation – demander l'avis de quelqu'un – exprimer une appréciation – accepter ou refuser – faire patienter quelqu'un – donner des conseils	– commander des plats – offrir une boisson – demander le prix de quelque chose – se réconcilier avec quelqu'un	– demander son chemin dans un lieu intérieur – proposer de l'aide – exprimer de l'étonnement – conforter/mettre en doute l'opinion de quelqu'un – exprimer du mécontentement – atténuer une affirmation – exprimer une restriction – exprimer une appréciation – se plaindre	– exprimer des états et des habitudes passés – se justifier – proposer de l'aide – demander l'avis de quelqu'un – exprimer de l'inquiétude – faire des reproches – prendre la défense de quelqu'un – calmer l'irritation de quelqu'un – refuser de l'aide – insister	– comparer des personnes et des choses – encourager quelqu'un – faire patienter quelqu'un – exprimer de l'étonnement – exprimer le doute – donner des conseils et des directives – s'inquiéter de l'état de quelqu'un – déclarer son incompétence – exprimer du mécontentement – exprimer l'obligation et la probabilité	– parler d'événements futurs et d'événements récents – exprimer des probabilités, faire des hypothèses et des prédictions – demander des explications – exprimer de la sympathie – mettre fin à une communication téléphonique – exprimer de l'impatience et de l'irritation	– exprimer la volonté, l'obligation, le but, le doute – discuter du prix de quelque chose – exprimer de l'étonnement – donner des dimensions
– le verbe *vouloir* – l'accord du participe passé avec le complément d'objet direct – des prépositions de lieu – les compléments d'objet direct (COD) et indirect (COI) – *il faut/il ne faut pas* + infinitif	– les articles partitifs (*de* + quantité) – le pronom *en* – *combien de... ?* – les quantificateurs (*un paquet de, un litre de..., quelques, plusieurs, assez de, trop de...*) – la négation portant sur la matière (et non sur la quantité) – les expressions de fréquence	– *être en train de* + infinitif – l'inversion sujet-verbe, signal interrogatif – les pronoms de lieu *y* et *en* – prépositions et adverbes de lieu – la restriction *ne... que*	– l'imparfait opposé au passé composé – la négation *ne... plus* – réponses : *moi aussi, moi non plus, moi si, pas moi* – les pronoms démonstratifs : *celui, celle, ceux, celles de...* – le pronom interrogatif *lequel* – les expressions de durée	– le verbe *devoir* (obligation et probabilité) – les comparatifs et superlatifs réguliers et irréguliers – l'article défini devant les parties du corps – la nominalisation d'adjectifs – *déjà ≠ ne... pas encore*	– le futur simple (reprise) – le futur simple après *quand* et *pendant que* – les autres moyens d'expression du futur – le passé récent : *venir de* + infinitif – *si* + présent + futur simple – les pronoms relatifs *qui, que, où* – les pronoms indéfinis	– le subjonctif présent – les verbes et les expressions suivies du subjonctif dans la proposition subordonnée – le subjonctif et l'infinitif dans la proposition subordonnée – la conjonction *pour que* + subjonctif – les unités de mesure
– les articulations du paragraphe et du texte	– l'organisation des textes	– la structure du paragraphe	– le texte argumentatif	– la fonction et le fonctionnement des textes	– utiliser son expérience du monde pour comprendre un texte	– le texte expositif
– les voyelles moyennes – l'accent d'insistance	– les voyelles nasales, graphie des nasales – l'accent d'insistance – graphies de [z] et de [g]	– les voyelles nasales – le masculin et le féminin des mots terminés par une voyelle nasale – les voyelles centrales : [y], [ø] et [œ]	– le e caduc	– l'intonation (certitude et enthousiasme) – consonnes sourdes/consonnes sonores	– les oppositions [f], [v] et [b], [k] et [g] – les semi-voyelles	– les consonnes doubles – rappel des traits généraux du français
– les déplacements dans une ville – les rapports entre vendeurs et clients	– le service dans un restaurant – les achats au marché de la rue Mouffetard	– la vie d'une entreprise – les discussions entre collègues	– des achats dans des boutiques de Saint-Germain-des-Prés, dans le 6e arrondissement – des rapports parents-fille assez traditionnels dans un pavillon de banlieue	– un des petits boulots de Pascal : s'occuper d'un enfant. – l'entrée dans une salle de judo et l'initiation aux couleurs des ceintures. – les enfants, le sport de détente et les jeu-vidéo	– les sculptures du parvis de la Défense – le parvis et le quartier de la Défense	– la découverte du marché aux puces, porte de Clignancourt, au nord de Paris – le marché Saint-Pierre et le Sacré-Cœur

LA FRANCE

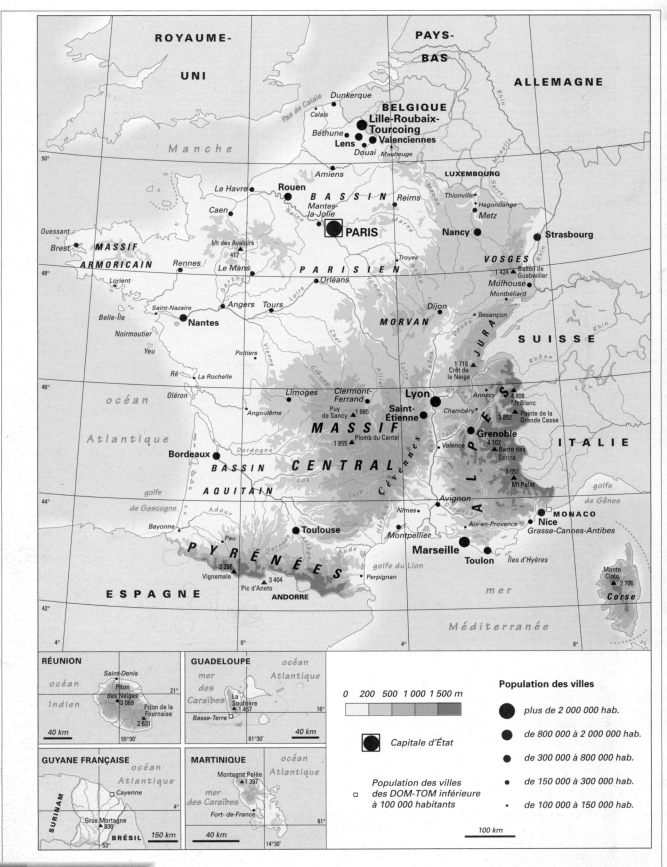

ROYAUME-UNI

PAYS-BAS

ALLEMAGNE

Dunkerque
Calais
BELGIQUE
Lille-Roubaix-Tourcoing
Béthune
Lens **Valenciennes**
Douai Maubeuge
Pas de Calais
Manche
Amiens
LUXEMBOURG
Le Havre **Rouen** B A S S I N Reims Thionville
Caen Mantes-la-Jolie Hagondange
PARIS *Metz*
Ouessant Mt des Avaloirs **Nancy** **Strasbourg**
Brest M A S S I F 417 P A R I S I E N Troyes **V O S G E S**
A R M O R I C A I N Le Mans 1 424 ▲ Ballon de Guebwiller
Rennes Orléans **Mulhouse**
Lorient Montbéliard
Saint-Nazaire Angers Tours Dijon Besançon
Belle-Île **Nantes** M O R V A N Doubs **S U I S S E**
Noirmoutier
Yeu 1 718 ▲
Poitiers Crêt de la Neige
Ré
La Rochelle
Oléron Limoges Clermont-Ferrand **Lyon** Annecy 4 808 ▲ Mt Blanc
océan Angoulême Puy de Sancy ▲ 1 885 **Saint-Étienne** Chambéry 3 852 ▲ Pointe de la Grande Casse
Atlantique M A S S I F 4 102 **Grenoble** I T A L I E
Bordeaux Dordogne 1 855 ▲ Plomb du Cantal Valence Barre des Écrins
B A S S I N C E N T R A L 3 051 ▲ Mt Pelat
A Q U I T A I N Lot *golfe*
golfe Tarn Avignon *de Gênes*
de Gascogne Adour Nîmes Durance ▢ **MONACO**
Bayonne Aix-en-Provence **Nice**
Pau **Toulouse** Montpellier Grasse-Cannes-Antibes
P Y R É N É E S **Marseille**
3 298 ▲ Garonne Ariège Aude **Toulon** Îles d'Hyères Monte Cinto
Vignemale Perpignan golfe du Lion ▲ 2 706
Pic d'Aneto 3 404 ▲ *mer* *Corse*
E S P A G N E **ANDORRE**
M é d i t e r r a n é e

50°
48°
46°
44°
42°
4° 0° 4° 8°

RÉUNION
océan
Saint-Denis
Piton des Neiges ▲ 3 069
Indien Piton de la Fournaise ▲ 2 631
40 km
21°
55°30'

GUADELOUPE
océan Atlantique
mer des Caraïbes
La Soufrière ▲ 1 467
Basse-Terre ▢
16°
40 km
61°30'

GUYANE FRANÇAISE
océan Atlantique
▢ Cayenne
SURINAM
Gros Mortagne ▲ 830
BRÉSIL
53°
150 km
4°

MARTINIQUE
océan Atlantique
Montagne Pelée ▲ 1 397
mer des Caraïbes
Fort-de-France ▢
40 km
14°30' 61°

0 200 500 1 000 1 500 m

▢ **Capitale d'État**

Population des villes des DOM-TOM inférieure à 100 000 habitants

100 km

Population des villes

● plus de 2 000 000 hab.

● de 800 000 à 2 000 000 hab.

● de 300 000 à 800 000 hab.

• de 150 000 à 300 000 hab.

· de 100 000 à 150 000 hab.

VOUS ÊTES FRANÇAIS ?

p. **8**

VOUS ALLEZ APPRENDRE À :

– saluer quelqu'un
– demander et dire le nom et le prénom
– indiquer la nationalité
– compter
– épeler

VOUS ALLEZ UTILISER :

– les verbes *être* et *s'appeler* au présent (formes du singulier)
– *un/une*, articles indéfinis
– des adjectifs de nationalité au masculin et au féminin

Bonjour.
Je m'appelle Émilie Larue.
Je suis canadienne.
Je suis journaliste.
Je suis à Cannes.

– Tu t'appelles comment ?
– Moi, je m'appelle Marisa. Et toi ?
– Moi, c'est Victor.
– Salut, Victor.
– Salut, Marisa. Tu es française ?
– Non, je suis italienne. Et toi ?
– Moi, je suis canadien.

Homme	Femme
espagnol	espagnole
grec	grecque
allemand	allemande
français	française
canadien	canadienne
italien	italienne

Être et *s'appeler* **au présent**

Être

Je suis acteur.
Tu es français(e).
Il est italien.
Elle est actrice.
Vous êtes espagnol(e).

Qui est-ce ?
C'est Gérard Depardieu.
C'est **un** acteur.
C'est Victoria Abril.
C'est **une** actrice.

S'appeler

Je m'appelle Auguste.
Tu t'appelles **comment** ?
Il s'appelle Gérard Depardieu.
Elle s'appelle Victoria Abril.
Vous vous appelez comment ?

❗ *Vous* est la forme de politesse.

dossier 0

FRANÇAIS ?

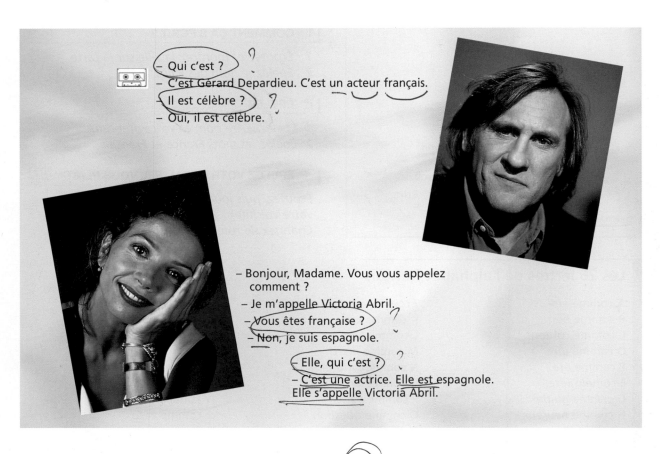

– Qui c'est ?
– C'est Gérard Depardieu. C'est un acteur français.
– Il est célèbre ?
– Oui, il est célèbre.

– Bonjour, Madame. Vous vous appelez comment ?
– Je m'appelle Victoria Abril.
– Vous êtes française ?
– Non, je suis espagnole.

– Elle, qui c'est ?
– C'est une actrice. Elle est espagnole. Elle s'appelle Victoria Abril.

1 SALUT !

Écoutez et complétez le dialogue.

– Salut. Tu t'appelles comment ?
– Pablo.
– Moi, je m'appelle Alain.
– Tu es français ?
– Oui. Toi, tu es espagnol ?
– Oui, je suis espagnol.

2 ELLE EST FRANÇAISE.

Mettez le dialogue en ordre, puis écoutez pour vérifier.

5 **a** Moi, je suis française.
2 **b** Je m'appelle Claudia.
1 **c** Bonjour. Tu t'appelles comment ?
4 **d** Non, je suis italienne. Et toi ?
3 **e** Tu es espagnole ?

3 TU ES FRANÇAIS ?

Écoutez, puis jouez le dialogue. Changez les mots soulignés.

– Salut, je m'appelle Alexakis.
– Moi, je m'appelle Franz.
– Tu es français ?
– Non, je suis allemand.
– Moi, je suis grec.

4 VOUS VOUS APPELEZ COMMENT ?

Écoutez. Répondez aux questions.

1 Pilar est française ?
2 Lucien Bontemps est italien ?

5 PRÉSENTEZ-VOUS.

Saluez votre voisin(e) et présentez-vous.

Je m'appelle… Et toi ?/Et vous ?
Moi, je…
Tu es… ?/Vous êtes… ?

SACHEZ
ÉPELER

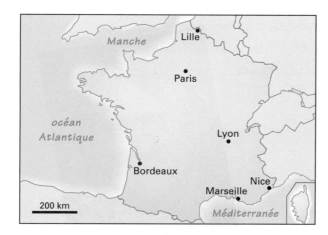

1 COMMENT ÇA S'ÉCRIT ?

1 Écoutez et montrez la ville sur la carte.
2 Épelez le nom des villes.

2 ÉPELEZ.

1 Épelez votre nom et votre prénom.
*2 Épelez les mots **France** et **Français**.*

3 ÉPELEZ VOTRE NOM, S'IL VOUS PLAÎT.

Écoutez, puis jouez le dialogue avec votre voisin(e).
Changez de rôle et épelez les noms.

Les 26 lettres de l'alphabet français

A comme *ami*
B comme *bon*
C comme *content*
D comme *dire*
E comme *été*
F comme *fête*
G comme *guide*
H comme *heureux*
I comme *idée*

J comme *jeune*
K comme *kilo*
L comme *livre*
M comme *merci*
N comme *nature*
O comme *ordinateur*
P comme *parler*
Q comme *question*
R comme *rire*

S comme *savoir*
T comme *temps*
U comme *union*
V comme *vie*
W comme *week-end*
X comme *xylophone*
Y comme *yaourt*
Z comme *zéro*

La prononciation du français

Il y a **26 lettres** et **33 sons** différents en français. Lettres et sons ne se correspondent pas toujours.

16 voyelles

- **10 voyelles orales**
– **4 voyelles antérieures**
[i]   *lit, si*
[e]   *chez, bébé*
[ɛ]   *être, père, aime*
[a]   *la, voilà*

– **3 voyelles centrales**
[y]   *rue, sur*
[ø]   *bleu, eux*
[œ]   *seul, peur*

– **3 voyelles postérieures**
[u]   *roue, sous, coûte*
[o]   *mot, beau*
[ɔ]   *port, corps*

- **3 voyelles nasales**
[ɛ̃]   *pain, matin*
[ã]   *chambre, prend*
[ɔ̃]   *bon, tomber*

- **3 semi-voyelles**
[j]   *pied, fille, billet*
[y]   *lui*
[w]   *Louis, jouer, loin, toi*

17 consonnes
Les consonnes gardent le même son dans toutes les positions.
Les consonnes doubles se prononcent comme des consonnes simples.

[p]   *pas, appeler, rap*
[b]   *bon, robe, snob*
[t]   *toi, été, attends, sept*
[d]   *doigt, aider, addition, sud*
[k]   *carte, accord, sac*
[g]   *guide, bague*
[f]   *fin, refuser, neuf*
[v]   *vous, preuve*
[s]   *son, poisson, os*
[z]   *zoo, poison, gaz*
[ʃ]   *chez, acheter,*
[ʒ]   *jouer, âgé, nage*
[l]   *le, malade, aller, mal*
[r]   *rue, mairie, arrêt, car*
[m]   *ma, femme*
[n]   *non, annuler, chienne*
[ŋ]   *campagne*

dossier **0**

COMTEZ !

1 NE VOUS ENDORMEZ PAS !

Comptez les moutons avec le petit bonhomme.

2 PAR ÉCRIT.

Écrivez en lettres les nombres suivants.

a	27	h	174
b	41	i	329
c	68	j	572
d	79	k	982
e	85	l	1999
f	93	m	2033
g	118	n	3054

3 QUEL EST LE BON NUMÉRO ?

Écoutez et choisissez le bon numéro de téléphone.

1 a 01 45 48 52 53   **b** 01 45 48 53 52
2 a 04 93 77 05 37   **b** 04 93 77 07 35

4 L'ÉGALITÉ SYLLABIQUE.

Écoutez et répétez.

1, 2, 3	A B C	Elle est là.
1, 2, 3, 4	A B C D	Elle est célèbre.
1, 2, 3, 4, 5	A B C D E	Elle est espagnole.

5 REMPLISSEZ LA GRILLE.

1 Dessinez une grille de seize cases sur une feuille de papier.
2 Écrivez des nombres de 10 à 60 dans les cases.
3 Écoutez l'enregistrement des nombres.
4 Barrez sur la grille les nombres entendus.

Le premier qui barre toutes les cases a gagné !

Les chiffres et les nombres

0	1	2	3	4	5	6	7	8	9
zéro	un	deux	trois	quatre	cinq	six	sept	huit	neuf
10	11	12	13	14	15	16	17	18	19
dix	onze	douze	treize	quatorze	quinze	seize	dix-sept	dix-huit	dix-neuf

vingt (20)   vingt et un (21)   vingt-deux (22)...
trente (30)   trente et un (31)   trente-deux (32)...
quarante (40)
cinquante (50)
soixante (60)
soixante-dix (70)   soixante **et onze (71)**   soixante-**douze (72)**   soixante-treize (73)...
quatre-vingts (80)   **quatre-vingt-un (81)**   quatre-vingt-deux (82)...
quatre-vingt-dix (90)   quatre-vingt-onze (91)   quatre-vingt-douze (92)...
cent (100)   **cent un (101)...**   cent soixante-dix-huit (178)...
mille... (1000)   mille soixante et un (1061)...
deux mille (2000)...

dossier

PRÉSENTATIONS

Voici les trois personnages principaux du film.

Nom :	Lefèvre	Prévost	Royer
Prénom :	Pascal	Julie	Benoît
Âge :	24 ans	23 ans	26 ans
Adresse :	4, rue du Cardinal-Mercier	4, rue du Cardinal-Mercier	4, rue du Cardinal-Mercier
	75009 Paris	75009 Paris	75009 Paris
Profession :	sans profession	représentante	agent de voyages

et vous allez faire la connaissance de :

Pierre-Henri de Latour, l'étudiant
Nicole, la secrétaire
Laurent, le stagiaire
Claudia, l'amie de Julie
Violaine, l'artiste
Isabelle, l'animatrice du centre de jeunes
M. Ikeda, le Japonais
et de beaucoup d'autres…

RÉDIGEZ VOTRE FICHE.

Recopiez et remplissez la fiche.

Nom :
Prénom :
Âge :
Adresse :
Profession :
Numéro de téléphone :

dossier 0

épisode ① ——— LE NOUVEAU
LOCATAIRE

épisode ② ——— ON VISITE
L'APPARTEMENT

p. 14

p. 22

VOUS ALLEZ APPRENDRE À :

– saluer et employer des formules de politesse
– identifier quelqu'un
– présenter quelqu'un
– indiquer une adresse
– exprimer l'appartenance
– demander et donner son accord

VOUS ALLEZ UTILISER :

– les pronoms personnels sujets et les pronoms toniques
– le verbe *avoir* au présent
– les articles définis et indéfinis
– les adjectifs possessifs des trois personnes du singulier
– *c'est, il/elle est*
– des mots interrogatifs : *qui, où, comment, quel*
– la notion de genre : le masculin et le féminin

Découvrez les situations

1   REGARDEZ LES IMAGES.

Visionnez l'épisode sans le son.
Quels objets vous voyez ?

un chien

une radiocassette

une chaise

un magazine

des cartons

un canapé

2   FAITES DES HYPOTHÈSES.

Répondez aux questions.

1   Est-ce que Benoît et Julie sont nouveaux dans l'appartement ?

2   Qu'est-ce qu'ils font ?
   a Ils voient des amis.
   b Ils cherchent un locataire.

 Rue du Cardinal-Mercier, dans le 9ᵉ arrondissement de Paris. Un jeune homme entre dans un immeuble. Il sonne à une porte.

JULIE	Bonjour.
P.-H. DE LATOUR	Bonjour, Mademoiselle.
JULIE	Vous êtes monsieur… ?
P.-H. DE LATOUR	Je m'appelle Pierre-Henri de Latour.
BENOÎT	Enchanté. Moi, je suis Benoît Royer.
P.-H. DE LATOUR	Enchanté, M. Royer.

P.-H. de Latour entre.
Dans le salon. Julie, Benoît et P.-H. de Latour sont assis.

BENOÎT	Vous êtes étudiant, Monsieur de Latour ?
P.-H. DE LATOUR	Oui, je suis étudiant. Et vous, Monsieur Royer, quelle est votre profession ?
BENOÎT	Je suis employé dans une agence de voyages.
P.-H. DE LATOUR	Ah, vous êtes agent de voyages… Comme c'est amusant…

LOCATAIRE

Julie et Benoît se regardent…

JULIE ET BENOÎT   Au revoir, Monsieur de Latour.

————————

Un jeune homme, Thierry Mercier, parle à Julie.

T. MERCIER   C'est quoi, ton nom ?

JULIE   Mon nom ?

T. MERCIER   Ben oui, comment tu t'appelles ?

JULIE   Prévost. Enfin… mon prénom, c'est Julie et mon nom, c'est Prévost.

T. MERCIER   Tu es étudiante ?

JULIE   Non… Et vous… euh… et toi ?

JULIE ET BENOÎT   Au revoir.

LE GARÇON À LA RADIOCASSETTE   Quoi ?

————————

Benoît pose des questions à Ingrid.

BENOÎT   C'est un joli prénom, Ingrid. Quelle est votre nationalité ?

INGRID   Je suis allemande.

BENOÎT   Vous êtes allemande… et vous êtes étudiante ?

INGRID   Oui. Je suis étudiante… et je travaille aussi.

T. MERCIER   Moi, je suis stagiaire.

JULIE   Stagiaire ?

T. MERCIER   Ben, oui…

Thierry Mercier montre Benoît.

Et lui, c'est qui ?

JULIE   Lui, c'est Benoît Royer.

BENOÎT   Oui, Benoît Royer, c'est moi. Je suis français. Je suis agent de voyages et j'habite ici, au 4 rue du Cardinal-Mercier. C'est chez moi, ici. Et maintenant, salut !

Benoît raccompagne Thierry Mercier à la porte.

————————

Julie et Benoît sont assis dans le salon. On voit quatre garçons et filles, une jeune femme avec un grand chien, un jeune homme au crâne rasé, une jeune femme avec un magazine, un jeune homme avec une radiocassette.

BENOÎT   Ah bon ! Vous êtes mannequin, je suis sûr ?

INGRID   C'est vrai ! Je suis mannequin.

Julie n'est pas contente…

————————

Un peu plus tard, Benoît entre.

JULIE   Ah ! C'est Benoît.

JULIE   Benoît Royer. Pascal Lefèvre, le nouveau locataire.

BENOÎT   Mais…

JULIE   Il est très sympa. Vraiment…

BENOÎT   Oui… mais…

JULIE   Tu es d'accord ?

BENOÎT   Oui… je suis d'accord.

Benoît et Pascal se saluent. Les trois personnages sourient.

Observez l'action et les répliques

1 DANS QUEL ORDRE VOUS VOYEZ LES PERSONNAGES ?

Visionnez l'épisode avec le son et choisissez la bonne réponse.

1 Julie Prévost, la femme au chien, Benoît Royer, Pierre-Henri de Latour, Pascal Lefèvre, le garçon à la radiocassette.

2 Pierre-Henri de Latour, Julie Prévost, Benoît Royer, la jeune femme au chien, le jeune homme à la radiocassette, Pascal Lefèvre.

2 QUI DIT QUOI ?

Qui dit les phrases suivantes ?

1 Vous êtes monsieur…?
   a Julie   b Benoît.

2 Je suis employé dans une agence de voyages.
   a P.-H. de Latour.   b Benoît.

3 Comment tu t'appelles ?
   a Julie.   b Thierry Mercier.

4 C'est chez moi, ici.
   a Benoît.   b Julie.

5 Quelle est votre nationalité ?
   a Benoît.   b Ingrid.

3 QUI EST-CE ? QU'EST-CE QU'ILS DISENT ?

Pour chaque photo, dites qui parle et ce qu'il/elle dit.

Observez les comportements

4 QU'EST-CE QUE ÇA VEUT DIRE ?

Choisissez la bonne réponse.

1 Benoît pose des questions à Ingrid. Il sourit.
   a Il est heureux.   b Il est triste.

2 Julie n'est pas d'accord pour Ingrid.
   a Elle sourit.   b Elle tourne la tête.

3 Benoît entre dans l'appartement. Il voit Julie et Pascal.
   a Il est surpris.   b Il est heureux.

5 ILS LE DISENT COMMENT ?

Réunissez la phrase et sa fonction.

1 Tu es d'accord ?
2 Comment tu t'appelles ?
3 J'habite au 4 rue du Cardinal-Mercier.
4 Au revoir, Monsieur de Latour.
5 Quelle est votre profession ?

a Saluer pour prendre congé.
b Dire où on habite.
c Demander la profession.
d Demander le nom de quelqu'un.
e Demander un accord.

DÉCOUVREZ LA **GRAMMAIRE** ①

1 Quel pronom personnel ?

Complétez les phrases avec des pronoms personnels.

1 *Tu* ... es secrétaire ?
2 *Vous* ... êtes française ?
3 *Je* ... suis étudiant.
4 *Il* ... est agent de voyages.
5 *Elle* ... est étudiante.
6 *Tu* ... es stagiaire ? ?
7 *Je* ... suis allemande.
8 ... est mannequin.
Il/elle

2 Qui est-ce ?

Répondez aux questions affirmativement.

> *Exemple :* P.-H. de Latour, c'est lui ?
> → **Oui, c'est lui.**

1 C'est toi, Pascal ?
2 Benoît, c'est lui ?
3 Qui est-ce ? C'est Julie ?
4 Qui est-ce ? C'est Pascal ?
5 Julie, c'est vous ?
6 C'est chez toi, ici ?

Le verbe *être* et les pronoms

(Moi,) **je suis** agent de voyages.
(Toi,) **tu es** étudiant(e).
(Lui,) **il est** français.
(Elle,) **elle est** allemande.
(Vous,) **vous êtes** agent de voyages ?

! *Vous* à la forme de politesse a un sens singulier.

● Les **pronoms personnels** *(je, tu, il, elle, vous)* sont **obligatoires** devant le verbe. Ils marquent la personne.

● Les **pronoms toniques** *(moi, toi, lui, elle, vous)* s'emploient **pour insister** : en début de phrase, après *c'est* et après une préposition.
Lui, il s'appelle Pascal.
Il est chez **lui** et il est avec **elle**.
– C'est Benoît ? – Oui, c'est **lui**.

3 Présentations.

Complétez le dialogue.
Puis, jouez le dialogue avec votre voisin(e).

– Moi, je *suis* ... étudiant(e). Et toi, tu *es* ... étudiant(e) ?
– Non, moi, je *suis* ... agent de voyages.
– Et Erica, elle *est* ... allemande ?
– Oui, elle *est* ... allemande.
– Et elle *est* ... étudiante ?
– Non, elle *est* ... mannequin.

4 C'est une enquête.

Répondez affirmativement aux questions.
*Variez les réponses. Employez **c'est** ou **il/elle est**.*

> *Exemple :* C'est un locataire ?
> → **Oui, il est locataire.**

1 C'est un Français ? *elle il*
2 C'est Pascal ? *c'est il est*
3 C'est une actrice ? */elle*
4 Hum... Son amie, c'est une femme sympathique ? *elle*
5 C'est une étudiante ? */elle*
6 Son appartement est grand ? *il*
C'est un grand appartement

Emplois de *c'est* et de *il/elle est*

C'est	+ nom propre ou pronom tonique : ***C'est** Benoît. **C'est** lui.*
	+ nom précédé d'un déterminant : ***C'est** un acteur célèbre. **C'est** son salon.*
Il/elle est	+ adjectif : ***Il est** amusant. **Elle est** allemande.*
	+ nom de profession : ***Il est** agent de voyages.* ***Elle est** médecin.*

! *Il/elle* reprend une personne ou un objet déjà mentionné ou connu :
*C'est **un homme sympathique**. Il travaille dans une agence de voyages.*

dossier 1

DÉCOUVREZ LA GRAMMAIRE

①

5 Conversation.

Complétez les phrases. Utilisez les mots suivants :
m'appelle – mon – quel – comment – d'accord – suis – est – es – êtes – c'est.

1 – Vous vous appelez ... ? – Je ... Benoît. *[comment, m'appelle]*
2 – ... est votre nom ? – ... nom, c'est Prévost. *[Quel, Mon]*
3 – Quelle est votre nationalité ? – Je ... allemande. *[suis]*
4 – Vous ... étudiant ? – ... ça. *[êtes, c'est]*
5 – Tu ... d'accord ? – Oui, je suis ... . *[es, d'accord]*

6 Quelle est leur profession ?

Jouez avec votre voisin(e). Changez les noms et les professions des deux dialogues et ajoutez des informations.

– Je m'appelle *Aurélie Moreau*, et toi ?
– Moi, c'est *Denise Ledoux*.
– Tu es *agent de voyages* ?
– Non, je suis *étudiant(e)*.

– Vous vous appelez comment ?
– Je m'appelle *Henri Dumas*, et vous ?
– Moi, je m'appelle *Bernard Potier*.
– Vous êtes *professeur* ?
– Non, je suis *dentiste*.

- *Gérard Delarue, employé de banque*
- *Louise Dufour, journaliste*
- *Henri Dumas, dentiste*
- *Françoise Dupuis, médecin* *elle est*

7 Posez des questions.

Ajoutez les mots interrogatifs.

1 – Vous vous appelez ... ? *[comment]*
   – (Je m'appelle) Alain Fauchois.
2 – Vous habitez ... ? *[Où]*
   – (J'habite) rue du Cardinal-Mercier.
3 – ... est votre profession ? *[Quelle]*
   – (Je suis) dentiste.
4 – ... est votre locataire ? *[Qui]*
   – Benoît Royer.
5 – La profession de Benoît, c'est ... ? *[quoi]*
   – (Il est) agent de voyages.

Interroger

• sur **toute la phrase** (réponse *oui* ou *non*) :

Vous êtes *étudiant* ?

• sur **un élément de la phrase** avec des mots interrogatifs :
– **Qui** est-ce ? – C'est Julie.
– Ton nom, c'est **quoi** ?
– Tu t'appelles **comment** ?
– Tu habites **où** ?
– **Quel** est ton nom ?
– **Quelle** est votre adresse ?

SONS ET LETTRES l'égalité syllabique

1 Écoutez, puis répétez.

Lisez les noms de villes et les prénoms suivants. Mettez l'accent sur la dernière syllabe.

1 Athènes, Pékin, Lisbonne, Tokyo, Mexico, Panama, Bogota.
2 Marie, Pascal, Aurélie, Alex, Justine, Coralie, Laurent, Olivier, Jacqueline.

2 Écoutez et ordonnez les sigles.

a CGT.   c BNP.   e ANPE.
b SNCF.   d TGV.

COMMUNIQUEZ ①

1 VISIONNEZ LES VARIATIONS.

*Demandez le nom, la nationalité, la profession, l'adresse de votre voisin(e) chacun à votre tour. Utilisez **tu** ou **vous** et changez les formules.*

Demander le nom de quelqu'un

1 – Votre nom, Monsieur ?
 – Pierre-Henri de Latour.
2 – Quel est votre nom, s'il vous plaît ?
 – Monsieur de Latour.
3 – Vous vous appelez comment, Monsieur ?
 – De Latour.

Demander la profession de quelqu'un

1 – Quelle est votre profession ?
 – Je suis agent de voyages.
2 – Qu'est-ce que vous faites ?
3 – Quel est votre métier ?

Exprimer l'accord ou le désaccord

1 – C'est d'accord ? – Oui, d'accord.
2 – C'est d'accord ? – Ah, non ! Pas d'accord.
3 – Pas de problème ? – Non.
4 – Pas de problème ? – Ah, si !

---

2 QUI PARLE ?

*Écoutez les présentations .
Puis, faites correspondre les présentations avec les dessins.*

3 À VOUS DE JOUER !

Jouez à deux. L'un choisit un personnage de l'exercice précédent, l'autre l'interviewe. Complétez la présentation.

4 RETENEZ L'ESSENTIEL.

*Une enquête par téléphone.
Écoutez la conversation téléphonique et écrivez la fiche de l'homme.*

Nom : …
Prénom : …
Adresse : …
Profession : …

5 QU'EST-CE QU'ILS DISENT ?

Imaginez les dialogues et jouez les dialogues avec votre voisin(e).

6 JEU DE RÔLES.

Vous aussi, vous cherchez un locataire. Choisissez un des quatre personnages muets (la jeune femme avec le chien, le jeune homme au crâne rasé, la jeune femme au magazine, le jeune homme avec la radiocassette) et posez des questions au personnage. Jouez à trois. Dites si vous êtes d'accord ou pas d'accord.

dossier 1

L'image et la fonction des textes

Documents divers

1 QU'EST-CE QUE C'EST ?

Donnez le numéro du document correspondant.

1 Une carte d'identité.
2 Un extrait d'horaire de trains.
3 Un extrait de programme de télévision.
4 Un permis de conduire.

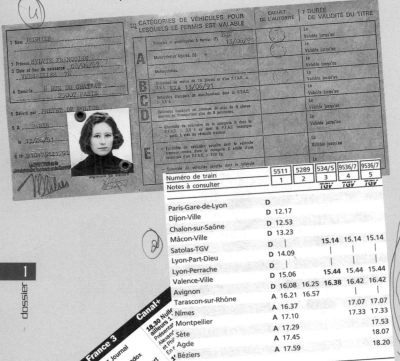

2 QUELLE EST LA SITUATION D'ÉCRIT ?

Observez la lettre.

1 Qui écrit ?
a Un homme.　　**b** Une femme.
2 À qui ?
a À un(e) ami(e).　　**b** À un directeur de banque.
3 Quel est l'objet de la lettre ?

Cher Jacques,

Nous avons un nouveau locataire…
....

Le 10/09.98 — date

formule de politesse → Amitiés

signature → *Benoît*

3 RÉUNISSEZ LE TEXTE ET SA FONCTION.

1 Un horaire de trains. c
2 Un programme de télévision. d
3 Un menu. a
4 Une page de dictionnaire. b

a Donner la liste des plats d'un restaurant et leur prix.
b Donner la définition des mots.
c Donner l'heure de départ des trains.
d Donner la liste et les horaires des émissions.

4 CRÉEZ VOTRE CARTE DE VISITE PROFESSIONNELLE.

Sur le modèle de la carte de visite de M. Rouland, créez ou imaginez votre carte de visite professionnelle.

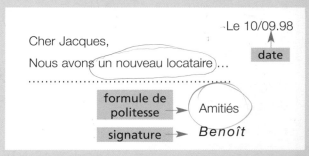

I MAX

Bernard Rouland
Directeur commercial

avenue des Fleurs
06330 Roquefort les Pins
Tél : 04 93 76 25 31

quatre images

dossier 1

DES MOTS POUR LE DIRE

L'immeuble et l'appartement

Un lit — Un tableau — Une chaise — Une table — Un fauteuil — Un canapé

le SALON — CHAMBRE à coucher — SALLE DE BAINS — CUISINE

ASCENSEUR — 2ème ÉTAGE — ESCALIER — PALIER

1 RENSEIGNEZ-VOUS.

Répondez aux questions.

1 À quel étage habite le médecin ?
2 Quel est le nom du dentiste ?
3 Le 4e étage à droite, c'est chez M. Lachaud ?
4 Où est le notaire ?
5 Où est l'avocat ?

> M. et Mme Laval,
> 4e droite
> M. et Mme Lachaud,
> 4e gauche
> Dr. Colomb, dentiste,
> 3e droite
> Dr. Larue, médecin,
> 3e gauche
> Me. Dumont, notaire,
> 2e droite
> Me. Dantec, avocat,
> 2e gauche
> M. Poirier, éditeur,
> 1er étage

CONCIERGE

Monsieur Laval ? Ah, oui, c'est le nouveau locataire... 4ème étage !

2 FORMEZ DES PAIRES.

Mettez ensemble des mots complémentaires.

> Exemple : **le fauteuil et la chaise,
> l'escalier et l'ascenseur.**

3 CRÉEZ VOTRE ANNONCE.

Vous vendez ou vous louez un appartement ou une maison. Vous envoyez le texte de votre annonce à un journal.

BELLE MAISON À LOUER
Au rez-de-chaussée : une belle entrée, un grand salon (50 m²) avec une cheminée, une salle à manger, une cuisine, des toilettes, une chambre et une salle de bains.
Au premier étage : un bureau, deux chambres et une salle de bains.
Un grand jardin, un garage.
À 15 minutes du centre ville.

PETIT STUDIO DE 25 m²
une cuisine américaine, une douche et WC et un balcon de 4 m².
Près du centre ville.

dossier 1

Découvrez les situations

1 INTERPRÉTEZ LES PHOTOS.

1 Qui sont les personnages ?
2 Où sont-ils sur la photo n° 4 ?
   a Dans la cuisine. b Au salon.
   c Dans la chambre de Julie.
3 Que fait Pascal ?   a Il lit. b Il repasse.

3 OÙ SONT-ILS ?

Visionnez sans le son. Classez les pièces de l'appartement dans l'ordre d'apparition.

a La chambre de Julie.
b Le couloir.
c L'entrée de l'appartement.
d La cuisine.
e Le salon.
f La chambre de Pascal.

2 REGARDEZ LES IMAGES

Quels meubles est-ce que vous voyez ?

une table à repasser   un bureau

un réfrigérateur   une armoire   un lit

 Les parents de Julie, M. et Mme Prévost, entrent dans l'appartement.

MME PRÉVOST Tu es seule ?

JULIE Oui. Benoît travaille. Il est à l'agence de voyages.

M. PRÉVOST Mais… c'est samedi aujourd'hui !

JULIE Oui, il travaille aussi le samedi. C'est un garçon sérieux.

Il est 6 heures. Une porte s'ouvre.

JULIE Tiens ! C'est sûrement lui. Il est six heures.

Benoît entre dans le salon et embrasse Julie.

JULIE Salut, Benoît. Ça va ?

BENOÎT Oui, ça va bien. Et toi ?

JULIE (à Benoît) Oui, moi aussi. (à ses parents) Papa, Maman, je vous présente Benoît Royer. (à Benoît) Benoît, je te présente ma mère…

MME PRÉVOST Bonjour Benoît. Je suis heureuse de vous connaître.

JULIE Et mon père…

BENOÎT Bonjour, Monsieur.

L'APPARTEMENT

M. PRÉVOST	Bonjour, Benoît.
BENOÎT	Enchanté. Excusez-moi.

Benoît part dans sa chambre. Julie reste seule avec ses parents.

___

M. PRÉVOST	Il a l'air très gentil. Et le nouveau locataire, alors… c'est Pascal, son prénom ?
JULIE	Oui, c'est ça. Il s'appelle Pascal Lefèvre.
M. PRÉVOST	Et il travaille ?

Mme Prévost a un regard amusé. Elle montre une porte.

JULIE	Ici, c'est la chambre de Benoît.

Mme Prévost montre une autre porte.

MME PRÉVOST	Et là, c'est la chambre de Pascal ?
JULIE	Oui, c'est sa chambre.

Julie ouvre la porte. Pascal repasse. Elle est surprise.

JULIE	Oh ! Tu es là, Pascal. Excuse-moi !
JULIE	Papa, Maman, je vous présente Pascal.

JULIE	Il est comme moi, il cherche du travail.
M. PRÉVOST	Eh oui, hein, c'est difficile… Il a quel âge ?
JULIE	Il a 23 ans. Venez. On visite l'appartement ?

___

Julie et ses parents sont dans le couloir.
Julie ouvre la porte de sa chambre. Ses parents regardent.

JULIE	Voilà ma chambre !
M. PRÉVOST	Elle est grande… et bien rangée. C'est toi la femme de ménage, ici ?
JULIE	Sûrement pas ! Pour ma chambre, d'accord, mais pour le reste…
M. PRÉVOST	Et pour les repas ? C'est toi la cuisinière en chef ?
JULIE	Arrête, Papa ! La cuisine, c'est comme le ménage : chacun son tour.
MME PRÉVOST	Elle a raison. Homme ou femme, c'est la même chose !
M. PRÉVOST	Oui… peut-être… oui.

MME PRÉVOST	Bonjour, Pascal. Je suis heureuse de vous connaître.
PASCAL	Bonjour Madame, bonjour Monsieur. Enchanté.
M. PRÉVOST	Bonjour, Monsieur. Excusez-nous. Continuez votre travail.

Julie et ses parents partent. Julie fait un geste amical à Pascal.

___

Julie et ses parents sont dans la cuisine.

M. PRÉVOST	Ah, la cuisine !
MME PRÉVOST	Ah ! Toi, tu as faim !
M. PRÉVOST	Eh oui, j'ai faim. C'est l'heure…
JULIE	Moi aussi, j'ai faim… et j'ai soif !
JULIE	On mange ici ? Papa, c'est toi le cuisinier en chef, aujourd'hui ?
M. PRÉVOST	Euh… oui.

Julie et sa mère sourient. Monsieur Prévost ouvre le réfrigérateur. Il regarde à l'intérieur et referme la porte.

M. PRÉVOST	Il y a un bon restaurant dans ton quartier ?

Rires de Julie et de sa mère…

Observez l'action et les répliques

1 QU'EST-CE QU'ILS DISENT ?

Visionnez avec le son. Puis, pour chaque photo, dites qui parle et ce qu'il/elle dit.

2 QUELLE EST LA RÉPLIQUE ?

Reliez les deux phrases.

1 Mais c'est samedi aujourd'hui !
2 C'est Pascal, son prénom ?
3 Et là, c'est la chambre de Pascal ?
4 Papa, Maman, je vous présente Pascal.
5 C'est toi la cuisinière en chef ?

a Oui, c'est sa chambre.
b Bonjour, Pascal, je suis heureuse de vous connaître.
c Oui, il travaille aussi le samedi.
d Arrête, Papa.
e Oui, c'est ça.

3 QU'EST-CE QUI SE PASSE ?

Mettez les événements dans l'ordre de l'épisode.

3 1 Julie montre sa chambre à ses parents.
5 2 Julie et ses parents sont dans la cuisine et M. Prévost a faim.
1 3 Mme Prévost interroge sa fille sur Benoît et sur Pascal.
2 4 Julie présente Benoît à ses parents.
4 5 Julie entre dans la chambre de Pascal.

Elle est énervée.

Elle a peur.

Observez les comportements

4 QU'EST-CE QUE ÇA VEUT DIRE ?

1 Julie est :   a surprise ;   b énervée.
2 M. Prévost :   a n'est pas d'accord ;   b est vraiment d'accord.
3 Julie :   a est surprise ;   b a peur.
4 Julie et sa mère sont : a amusées ;   b tristes.

5 QU'EST-CE QU'ILS VEULENT DIRE ?

Associez les actes de parole et leur fonction.

1 Je vous présente Benoît Royer.   a Montrer.
2 Enchanté.   b Confirmer.
3 Voilà ma chambre !   c Dire l'heure.
4 Oui, c'est ça.   d Présenter quelqu'un.
5 Il est six heures.   e Répondre à une présentation.

dossier 1

DÉCOUVREZ LA GRAMMAIRE ②

1 Présentez et définissez.

Complétez avec des articles. La première phrase présente. La deuxième précise et définit.

> Exemple : Voilà une chambre. C'est … chambre de Pascal.
> ➔ **C'est la chambre de Pascal.**

1. Benoît travaille dans … agence. C'est … agence Europe Voyages.
2. Voilà … chien. Ah, c'est … chien de la jeune femme.
3. P.-H. de Latour est dans … appartement. C'est … appartement de Julie et Benoît.
4. Je vous présente Pascal. C'est … nouveau locataire.
5. Voilà … table à repasser. C'est … table à repasser de Pascal.

Articles **définis** et **indéfinis**

Ils sont **devant le nom**. Ils **indiquent le genre** du nom (masculin ou féminin).

• **Formes**

	Article indéfini	Article défini
Masculin	un locataire	le locataire de l'appartement
Féminin	une chambre	la chambre de Pascal
	une agence	l'agence de Benoît

❗ L'agence, l'adresse, l'étudiant, l'immeuble, l'université.

➔ On emploie **l'** devant une consonne ou devant une voyelle ?

• **Emplois**

Un, une
Un(e) parmi d'autres semblables :
Une chaise.

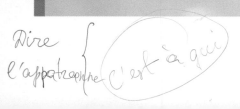

Le, la, l'
– Déjà connu :
*Pascal, c'est **le** nouveau locataire.*
– Précisé, défini :
*C'est **la** chambre de Pascal.*
– Unique : *Le soleil.*

2 Il manque les articles !

Complétez avec des articles.

1. Benoît est … garçon courageux. Il travaille aussi … samedi.
2. Il a … profession intéressante dans … agence de voyages.
3. … mère de Julie visite … appartement.
4. Voilà … salon, … cuisine et … salle de bains.
5. Il y a … bon restaurant dans … quartier ?

3 Homme ou femme ?

Écoutez et dites si on parle d'un homme (H) ou d'une femme (F).

4 Quelle heure est-il ?

Quand il est midi à Paris, il est quelle heure :

1. à New York (– 5 heures) ?
2. à Londres (– 1 heure) ?
3. à Moscou (+ 2 heures) ?

Demander et dire l'heure

– **Quelle heure** est-il ?
– **Il est** + heure : *Il est sept heures.*

5 *Être* ou *avoir* ?

Ajoutez le verbe.

1. – Vous … une profession intéressante ?
   – Oui, je … journaliste.
2. – Tu … étudiante ? – Oui, je … étudiante.
3. – Elle … un grand appartement ?
   – Oui, il … grand.
4. – Vous … soif ? – Oui, j' … soif et j' … faim.
5. – Tu … quel âge ? – J' … 24 ans.

6 Ils ont quel âge ?

Écoutez et retrouvez l'âge de la personne.

1. Françoise. …
2. Frédéric. …
3. Isabelle. …
4. Coralie. …
5. Quentin. …

dossier 1

[kès kilzon]

7 Qu'est-ce qu'ils ont ?

Vous connaissez bien Julie, Pascal et Benoît.
Posez des questions. Votre voisin(e) répond.
Dites ce qu'ils ont (parents, âge, profession,
chambre...)

Benoît a 26 ans. Il a une profession...

Exprimer la possession et l'âge :
le verbe *avoir*

J'ai 20 ans. J'**ai** un copain.

Tu **as** 18 ans. Tu **as** une copine.

Il **a** 35 ans. Il **a** une profession intéressante.

Elle **a** 23 ans. Elle **a** un appartement.

Vous **avez** quel âge ? (pluriel de politesse)

⇨ Pourquoi est-ce que *je* devient *j'* ?

---

8 Choisissez bien !

1 La dame là-bas, c'est sa :
   a amie ;
   b mère.

2 Médecin, c'est son :
   a métier ;
   b profession.

3 Ici, c'est ma :
   a chambre ;
   b salon.

4 Ça, c'est mon :
   a quartier ;
   b ville.

---

9 À qui est-ce ?

Mettez ensemble les questions et les réponses.

1 Pascal, c'est ton nouveau locataire ?

2 Le monsieur, c'est le père de Julie ?

3 C'est ta chambre, ici ?

4 Quelle est sa profession ?

5 C'est ta nouvelle adresse ?

a Oui, j'habite dans ta rue maintenant

b Il cherche du travail.

c Oui, c'est son père. Et la dame, c'est sa mère.

d Non, ça c'est la chambre de Pascal. Ma chambre est à côté de la salle de bains.

e Oui, c'est mon nouveau locataire.

Exprimer la possession
et l'appartenance

• Avec les adjectifs possessifs

Masculin singulier : mon ami, **ton** père, **son** immeuble.

Féminin singulier : **ma** chambre, **ta** cuisine, **sa** salle de bains, **son** agence.

❗ Devant un mot féminin commençant par une voyelle, *ma, ta, sa* deviennent *mon, ton, son* : ***Mon* amie, *ton* adresse, *son* université.**

❗ Forme de politesse : ***Votre* appartement.**

⇨ Avec quoi s'accorde l'adjectif possessif : avec le possesseur ou avec l'objet possédé ?

• Avec *de*

*C'est **la** chambre **de** Pascal. C'est **sa** chambre.*

SONS ET LETTRES l'intonation

1 Affirmation ou question ?

Écoutez et dites si c'est une affirmation (A) ou une question (Q).

2 Posez des questions.

Écoutez et transformez l'affirmation en question.

• L'intonation de la phrase déclarative est montante puis descendante.

• L'intonation de la question à réponses oui/non est en général montante.

• Si la question commence par un mot interrogatif, le sommet de la courbe mélodique est en général sur ce mot.

dossier 1

1 VISIONNEZ LES VARIATIONS.

*1 Vous attendez quelqu'un à l'aéroport.
Reprenez les dialogues. Changez les noms
et les formules.*

Victor Cousin   Valérie Dubois
Serge Dumont   Marine Bresson
Paul Bastier   Sylvie Combe

– Excusez-moi. Vous êtes bien *Annie Leclerc* ?
– Non. C'est une erreur. Je m'appelle *Nadine
Marchand*.
– Oh, pardon !

*2 Vous êtes André Comard. Présentez M. Bertin
à Nadine Marchand. Jouez avec votre voisin(e).*

Présenter quelqu'un

1 Papa, Maman, je vous présente Benoît Royer.
   Benoît, je te présente ma mère et mon père.
2 Papa, Maman, voici Benoît Royer.
   Benoît, ma mère, mon père.

Présenter des excuses

1 – Oh, tu es là, Pascal, excuse-moi.
   – Ce n'est rien.
2 – Je suis désolée.
   – Ce n'est pas grave.
3 – Oh, pardon !
   – Ce n'est pas grave.
4 – Excusez-nous, Monsieur nous sommes
      vraiment désolés !
   – Mais non. Ça ne fait rien.
5 – Je vous prie de nous excuser.
   – Pas grave.

2 RETENEZ L'ESSENTIEL.

Écoutez et dites quel est le numéro donné.

1 par l'homme :
   a 01 41 23 12 37   **b** 01 41 13 22 27
2 par la femme :
   a 04 37 28 19 32   **b** 04 36 27 19 21

3 TROUVEZ L'ANNONCE.

*Écoutez les trois conversations avec un agent
immobilier et dites à quelles annonces elles
correspondent.*

Appartement, 2 pièces, cuisine, salle de bains, WC, 12e arrondissement, 3e étage, ascenseur, très clair, à saisir.	**Dans le 12e arrdt.** petit appartement avec salon, 1 chambre, 1 salle de bains, cuisine.
Dans 14e arrt. appt. 3 chambres, 2 salles de bains, salon, salle à manger.	**Grd. appt.** avec 2 chambres, salles de bains, salon, grde cuisine, dans beau quartier.

4 JEU DE RÔLES.

*Avec votre voisin(e), imaginez une situation à
partir de l'annonce **d** et jouez la conversation.*

CIVILISATION

La francophonie

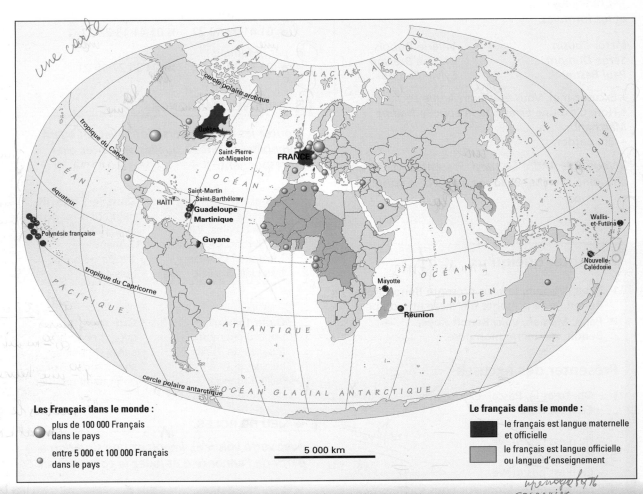

Les Français dans le monde :
- ○ plus de 100 000 Français dans le pays
- ∘ entre 5 000 et 100 000 Français dans le pays

5 000 km

Le français dans le monde :
- ■ le français est langue maternelle et officielle
- ▨ le français est langue officielle ou langue d'enseignement

dossier 1

 Nous sommes à Hanoï, pour le septième sommet de la francophonie. 49 pays participent au congrès. Ils représentent 200 millions de francophones dans le monde.

Nous voici maintenant en Afrique, en Côte d'Ivoire. Ici, on parle français.

Écoutons ces écoliers dans une classe du Maghreb. Ils parlent et ils chantent déjà très bien en français !

On parle français sur cinq continents : en Europe, en Afrique, en Asie, en Amérique et en Océanie.

En Polynésie aussi on parle français, même sur les marchés.

Au Canada, dans la province de Québec, 7 millions de gens parlent français.
À Saint-Boniface, dans le Manitoba, les francophones aiment leur langue. Dans ce collège, on enseigne en français les maths comme la littérature ! Dans les rues, les panneaux de signalisation sont écrits dans les deux langues. Ils disent : *bienvenue à tous les francophones !*

CHOISISSEZ LA BONNE RÉPONSE.

1 Dans le film, on voit des images :
a du Viêt-nam ;
b du Canada ;
c du Luxembourg.

2 On parle français sur :
a deux continents ;
b cinq continents.

D O S S I E R 2

épisode **3** — ## UNE CLIENTE **DIFFICILE**

épisode **4** — ## JOYEUX **ANNIVERSAIRE !**

p. 38

VOUS ALLEZ APPRENDRE À :

– distinguer entre les emplois de *tu* et de *vous*
– interroger sur les personnes et les choses
– accepter ou refuser quelque chose
– demander une explication
– exprimer son appréciation, faire des compliments
– s'informer sur un mode de paiement
– indiquer le but et la destination
– exprimer la surprise
– dire la date

VOUS ALLEZ UTILISER :

– les verbes en *-er* au présent
– le pluriel de *être* et *avoir* au présent
– la négation *ne… pas…*,
– le pluriel des noms, des adjectifs et des verbes
– le genre et la place des adjectifs
– *c'est pour* + infinitif, *c'est pour* + nom ou pronom tonique
– des questions avec *est-ce que*
– l'exclamatif *quel*

Découvrez les situations

1 INTERPRÉTEZ LES PHOTOS.

Répondez aux questions.

1 Benoît entre dans quel immeuble ?

2 Qu'est-ce que Benoît et la femme regardent dans le bureau ?

3 Qu'est-ce que la dame donne au jeune homme dans le bureau ?
   a Un billet d'avion.
   b Un livre.

4 Qu'est-ce que la dame donne à Benoît ?
   a Une carte de crédit.
   b Une photo.
   c Un billet d'avion.

2 QU'EST-CE QU'ON VOIT ?

Visionnez l'épisode sans le son et choisissez la bonne réponse.

1 On voit : a un bureau ; b une cliente ;
   c une entrée d'immeuble ; d une banque.

2 Quel est le nom de l'agence de voyages ?
   a Francevoyages. b Eurovoyages.

3 RECOPIEZ ET COMPLÉTEZ LA GRILLE.

	Qui ?	Où ?	Quoi ?
1			Ils sortent ensemble.
2			Ils regardent dans le bureau.
3			Un stagiaire a des problèmes.

 Julie et Benoît sortent de l'immeuble.

JULIE — Tu as un rendez-vous ce matin ?

BENOÎT — Oui, je passe à ma banque avant d'aller au bureau.

JULIE — Elle est où, ta banque ?

BENOÎT — Là-bas.

Chacun part dans sa direction.

JULIE — Alors, à ce soir, Benoît. Passe une bonne journée.

BENOÎT — Merci. Toi aussi.

Benoît entre dans l'immeuble de l'agence de voyages. Annie, une collègue, est dans le couloir. Elle regarde dans le bureau de Benoît.

ANNIE — Benoît, regarde. Tu as un remplaçant.

BENOÎT — Quoi ? Comment ça, un remplaçant ? Qui est dans mon bureau ?

ANNIE — Chut ! C'est le nouveau stagiaire. Il est avec Mme Desport. C'est une petite plaisanterie, pour souhaiter la bienvenue.

DIFFICILE

BENOÎT	Mme Desport !

La cliente est énervée.

MME DESPORT	Écoutez, jeune homme ! Voilà mon billet. Ajoutez une escale à Londres, un point c'est tout ! Je suis pressée !
LAURENT CLAVEL	Oui, bien sûr... Vous... vous avez votre passeport ?
MME DESPORT	Mon passeport ?

Le stagiaire se lève et Benoît va s'asseoir derrière son bureau.

BENOÎT	Alors... Genève, Londres, Paris, première classe, le 4 avril... 2 780 francs (424 euros environ). Vous payez par chèque ?
MME DESPORT	Non, je préfère par carte bancaire. Vous êtes d'accord ?
BENOÎT	Pas de problème, Madame. Euh... La machine est dans le bureau d'à côté.

LAURENT	Euh, oui !... ou votre carte d'identité ?
MME DESPORT	Mais c'est incroyable ! Je suis une bonne cliente de l'agence et vous demandez mon passeport !
LAURENT	Mais Madame, vous comprenez, une pièce d'identité est obligatoire...

Benoît entre dans son bureau.

BENOÎT	Bonjour, Madame Desport ! Excusez mon retard. Vous avez un problème ?
MME DESPORT	Ah, Monsieur Royer, enfin ! Aidez-moi, je vous en prie, je suis déjà en retard !...

Il sort de la pièce avec la carte à la main. La cliente regarde Laurent d'un air sévère.

Un peu plus tard, Benoît et Laurent parlent ensemble.

BENOÎT	Annie adore plaisanter. Mais c'est une collègue adorable. Quand tu as besoin d'aide, elle est toujours là. À propos, on se tutoie ? Tu es de la maison, maintenant !
LAURENT	Oui, bien sûr...
BENOÎT	Alors, je t'emmène dans le bureau de Nicole.
LAURENT	Ah bon !... Pourquoi ?...
BENOÎT	Elle fait un de ces cafés !

Le stagiaire sourit. Benoît frappe à la porte.

Observez l'action et les répliques

1 QUELLE EST LA RÉPLIQUE ?

Visionnez avec le son. Dites si le personnage dit la réplique a ou b.

1 Julie :
   a Je passe à ma banque.
   b Passe une bonne journée.

2 Annie :
   a Comment ça, un remplaçant ?
   b C'est une petite plaisanterie, pour souhaiter la bienvenue.

3 Mme Desport :
   a Ajoutez une escale à Londres.
   b Vous avez un problème ?

4 Benoît :
   a La machine est dans le bureau d'à côté.
   b Vous êtes d'accord ?

5 Laurent :
   a À propos, on se tutoie ?
   b Ah bon !… Pourquoi ?…

2 VRAI OU FAUX ?

1 Benoît passe à sa banque.
2 Benoît a un remplaçant.
3 Mme Desport n'est pas une cliente de l'agence.
4 Le nouveau stagiaire a des problèmes avec Mme Desport.
5 Benoît et Laurent vont dans le bureau de Nicole.

3 QU'EST-CE QU'ILS DISENT ?

Retrouvez les paroles des personnages.

Observez les comportements

4 RAPPELEZ-VOUS.

1 Qui dit *tu* à Benoît ?
   a Mme Desport.
   b Julie.
   c Annie, sa collègue de bureau.
2 Qui dit *vous* à Benoît ?
3 À qui est-ce que Benoît dit *vous* ?

5 QU'EST-CE QU'ILS EXPRIMENT ?

Mettez ensemble la phrase et ce que le personnage exprime.

1 Alors, à ce soir. Passe une bonne journée.
2 Quoi ? Comment ça, un remplaçant ?
3 Mais c'est incroyable !
4 Aidez-moi, je vous en prie.
5 C'est une collègue adorable.

a Mme Desport n'est pas contente.
b Benoît aime bien Annie.
c Julie prend congé de Benoît.
d Benoît est étonné.
e Mme Desport demande de l'aide.

dossier 2

DÉCOUVREZ LA GRAMMAIRE (3)

1 *Tu* ou *vous* ?

Écoutez et dites si les gens se tutoient ou se vouvoient.

2 À toutes les personnes !

Faites six phrases avec les éléments suivants. Changez chaque fois la personne du verbe.

Exemple : **J'habite rue du Cardinal-Mercier.**

1	Habiter	a	le bureau de Benoît.
2	Travailler	b	par chèque.
3	Payer	c	la France.
4	Chercher	d	à leurs amis.
5	Visiter	e	dans une agence de voyages.
6	Parler	f	rue du Cardinal-Mercier.

Le présent de l'indicatif des verbes en *-er*

(aider, demander, habiter, passer, travailler)

Singulier
Je travaille à la banque.
Tu pass**es** une bonne journée.
Il/elle habite en France.

! Une seule prononciation pour les trois formes.
! Remarquez la terminaison en **-s** de la 2ᵉ personne.
! Pluriel de politesse : **Vous** pass**ez** au bureau ? **Vous** pay**ez** par chèque ?

3 Soyez polis.

1 Mettez ces phrases au pluriel de politesse (2ᵉ personne du pluriel) puis choisissez la bonne formule de politesse (a ou b).

1	Viens avec moi.	a	Je vous prie.	b	Pardon.
2	Assieds-toi.	a	Excusez-moi.	b	S'il vous plaît.
3	Arrête.	a	Je vous prie.	b	Merci.
4	Sois à l'heure.	a	Merci.	b	S'il vous plaît.

2 Donnez des ordres ou des conseils à votre voisin(e) à tour de rôle. Soyez poli(e) !

L'impératif

Il sert à donner des ordres ou des conseils.

Singulier	Entre	Excuse-moi	Viens
	Tiens	Assieds-toi	Dépêche-toi
Pluriel de politesse	Entrez	Excusez-moi	Venez
	Tenez	Asseyez-vous	Dépêchez-vous
Être	Sois courageux	Soyez patient	
Avoir	Aie du courage	Ayez de la patience	

4 *Qui est-ce* ou *qu'est-ce que c'est* ?

1 Choisissez une photo et posez des questions à votre voisin(e) sur la personne ou le monument.

Céline Dion
Date de naissance : 30 mars 1968, à Québec.
Profession : chanteuse (elle chante en français et en anglais).
Sortie de son premier album, *La voix du bon Dieu*, en 1981.
Elle habite surtout en France, mais voyage dans le monde entier.

La tour Eiffel
Date de naissance : 31 mars 1889.
Architecte : Gustave Eiffel.
Durée de construction :
2 ans, 2 mois, 5 jours.
Hauteur : 318 mètres.
Nombre de visiteurs : 5 500 000 par an.

2 Pensez à des personnes ou à des monuments de votre pays et posez des questions.

Interroger sur les personnes et sur les choses

Qui : personnes   *Qui est-ce ? C'est pour **qui** ?*
Quoi/qu' : choses   *Qu'est-ce que c'est ?*
         *C'est pour **quoi** ?*

! *Qui est-ce ? Ce sont des amis.*
*Qu'est-ce que c'est ? Ce **sont** des lettres.*
Ces questions sont **toujours au singulier**, même si la réponse est au pluriel.

5 C'est pour quoi ?

Écoutez les trois dialogues et :
– dites quel est le problème ;
– précisez l'intention : C'est pour...

> ### Exprimer le bénéficiaire, le but : *pour + nom, pour + infinitif*
>
> ● **Bénéficiaire :**
> *pour* + nom de personne
> + pronom
> – *C'est pour qui ?*   – *C'est **pour** Julie.*
>   – *C'est **pour** elle.*
>
> ● **But :**
> *pour* + nom de chose
> + pronom
> + infinitif
> – *C'est pour quoi ?* – *C'est **pour un rendez-vous**.*
>   – *C'est **pour** ça.*
>   – *C'est **pour acheter** un billet.*

6 Trouvez les questions.

*Utilisez **est-ce que** dans les questions.*

1 … ? Oui, je passe à la banque à 9 heures.
2 … ? Oui, je paye par chèque.
3 À quelle heure … ? J'arrive dans une heure.
4 Où … ? J'habite à Paris.
5 … ? Oui, c'est le nouveau stagiaire.

> ### Place de *est-ce que* dans l'interrogation
>
> ● En tête de phrase, quand la question a pour réponse *oui* ou *non* (= interrogation totale) :
> – ***Est-ce que** vous êtes déjà client de l'agence ?*
> – *Oui/non.*
>
> ● Après les mots interrogatifs, quand on interroge sur un seul élément de la phrase (= interrogation partielle) :
> – *Combien d'argent **est-ce que** vous donnez ?*
> – *Cent cinquante-deux euros.*

7 Votre identité, s'il vous plaît ?

Jouez avec votre voisin(e). Regardez la fiche ci-dessous, puis l'un(e) de vous pose des questions et l'autre joue le rôle de Patricia Lefort. Variez les formes des interrogations.

> *Exemple :*   – **C'est pour quoi ?**
>   – **C'est pour une inscription au club...**

Nom : Lefort   Prénom : Patricia
Date de naissance : 5/11/1971
Adresse : 12, rue du Four, 75006 Paris
Numéro de téléphone personnel : 01 45 73 26 85
Profession : secrétaire
Numéro de téléphone professionnel : 01 42 27 34 28
Télécopie : 01 42 27 35 30
Adresse de l'employeur : Crédit Lyonnais, 152 rue de Rennes, 75006 Paris

SONS ET LETTRES l'accent tonique

> **L'accent tonique** se place sur la dernière syllabe du mot isolé ou sur la dernière syllabe du groupe de mots.
>
> ***Benoît !***
> *Il passe à sa **banque** avant d'aller au bu**reau**.*
> *C'est une bonne **cliente** et il demande son passe**port**.*

1 Accentuez la dernière syllabe du groupe de mots.

Écoutez et répétez les expressions suivantes.

2 Sur quelle syllabe porte l'accent ?

Écoutez et repérez les syllabes accentuées.

dossier 2

COMMUNIQUEZ

1 VISIONNEZ LES VARIATIONS.

Vous êtes dans une boutique. Dites le prix et demandez à votre voisin(e) comment il/elle paie.

Exemple : – Une lampe… quatre-vingt-quinze euros. Vous payez **comment** ?
– En espèces. Voilà cent euros.
– Merci. Voilà votre monnaie : cinq euros.

23 euros

17 euros

Bon anniversaire

1400 euros

Demander une explication

1 Quoi, comment ça, un remplaçant ?
2 Ça veut dire quoi, un remplaçant ?
3 Un remplaçant ! Qu'est-ce que tu veux dire ?
4 Un remplaçant ! Qu'est-ce que ça signifie ?

S'informer sur la façon de payer

1 – Vous payez par chèque ?
– Non, je préfère par carte bancaire.
2 – Vous faites un chèque ?
– Non, je préfère payer en espèces.
3 – Vous préférez payer par chèque ?
– Non, je paie par carte de crédit.

Proposer de tutoyer

1 – À propos, on se tutoie ? Tu es de la maison, maintenant.
– Oui, bien sûr.
2 – Alors, on se dit « tu » ? Nous sommes collègues maintenant.
– Oui, d'accord.
3 – Bon, dis-moi « tu ». On travaille ensemble maintenant.
– Oui, pas de problème.

2 QU'EST-CE QUI SE PASSE ?

Écoutez les dialogues et choisissez la bonne réponse.

Dialogue 1

1 Christian Dupré est :
a secrétaire ; b stagiaire.

2 Monsieur Levasseur est :
a en retard ; b en avance.

3 Christian Dupré entre :
a dans une chambre ; b dans un bureau.

Dialogue 2

1 L'homme passe :
a dans une agence de voyages ;
b à sa banque.

2 L'homme va :
a à Rome ; b à Madrid.

3 Il paie :
a par carte de crédit ; b en espèces.

4 Il a :
a son passeport ; b sa carte d'identité.

3 RETENEZ L'ESSENTIEL.

Vous êtes réceptionniste dans un hôtel. Un client téléphone pour réserver une chambre. Écoutez et notez le nom de la personne, le numéro de la chambre, le jour.

4 VÉRIFIEZ L'INFORMATION.

Vous êtes un(e) nouveau/nouvelle stagiaire. On vous demande de modifier la liste des numéros des postes de téléphone des membres de l'agence. Vous interrogez vos collègues. Jouez le dialogue en changeant le nom, le numéro de poste, et en variant les expressions.

Nom	N° de poste
M. Vautier	72-84
Mme Augrain	26-35
M. Colin	91-70
Mme Tardieu	75-14
M. Tissot	80-90

Exemple : – Bonjour. Je suis le nouveau stagiaire.
– Bonjour. C'est pour quoi ?
– Je voudrais le numéro de poste de M. Vautier, s'il vous plaît.
– Oui, M. Vautier est au poste 72-84.
– 72-84. Merci.

L'euro

L'EURO

1 euro = 6,57 francs.
Pièces et billets d'euros ont une face
commune à tous les pays et
une face nationale.

UN ÉVÉNEMENT HISTORIQUE

Des pays européens, différents par la taille, la culture
et les traditions, adoptent ensemble une monnaie
unique. Dans tous ces pays, on peut payer en euros. À
Paris, à Rome, à Madrid, on compose le numéro de sa
carte bancaire ou on signe un ticket : c'est le moyen de
paiement idéal. On peut avoir un compte bancaire en
euros et un chéquier et faire des chèques en euros. Le
grand espace économique européen est le complément
indispensable du marché unique.

À quand la création du mondo, la monnaie unique
universelle ?

LES PRIX EN EUROS

En 2002, prix – d'un pain au chocolat ou d'un litre
de lait : un euro ;
– d'un livre de poche : cinq euros ;
– d'un gros roman : vingt euros.
Le SMIC (salaire minimum interprofessionnel de
croissance) est à 1 000 euros.
…et vous passez vos journées à faire des multiplications
et des divisions par 6,57 !

• *L'argent ne fait pas le bonheur*, dit le proverbe.

1 QUELS SONT CES DOCUMENTS ?

*Associez les documents suivants et leur
représentation.*

1 Un chèque rempli.
2 Un texte sur l'euro.
3 Une carte de crédit.
4 Des pièces et des billets.

2 VOCABULAIRE TECHNIQUE.

*Relevez dans les textes et les documents les mots
concernant l'argent.*

3 TROUVEZ L'INFORMATION
DANS LES DOCUMENTS.

1 Qu'est-ce que l'euro ?
2 Est-ce que l'euro est une monnaie universelle ou
seulement européenne ?
3 Quel est le prix d'un litre de lait et d'un roman
en 2002 ?
4 Quel est le taux de conversion d'un euro en
francs ?

4 À VOS STYLOS !

*Imaginez ! Tous les pays du monde décident d'avoir
une monnaie unique, le mondo. Écrivez un court
article sur cet événement historique.*

DES MOTS POUR LE DIRE

Le temps

Dire la date

Nous sommes le mardi 5 avril.
On est le mardi 5 avril.
Aujourd'hui, c'est le mardi 5 avril.

MARS				AVRIL				MAI			
6 h 35 à 17 h 32				5 h 31 à 18 h 19				4 h 33 à 19 h 04			
1	L	Aubin	9	1	J	Hugues		1	S	FÊTE DU TRAVAIL	
2	M	Charles-le-Bon	☽	2	V	Sandrine		2	D	Boris	
3	M	Guénolé		3	S	Richard		3	L	Phil., Jacques	18
4	J	Casimir		4	D	PÂQUES		4	M	Sylvain	
5	V	Olive		5	L	Irène	14	5	M	Judith	
6	S	Colette		6	M	Marcellin		6	J	Prudence	
7	D	Félicité		7	M	J.-B. de la Salle		7	V	Gisèle	
8	L	Jean de Dieu	10	8	J	Julie		8	S	ARMIST. 1945	☾
9	M	Françoise		9	V	Gautier	☾	9	D	Fête Jeanne d'Arc	
10	M	Vivien	☾	10	S	Fulbert		10	L	Solange	19
11	J	Rosine		11	D	Stanislas		11	M	Estelle	
12	V	Justine		12	L	Jules	15	12	M	Achille	
13	S	Rodrigue		13	M	Ida		13	J	ASCENSION	
14	D	Mathilde		14	M	Maxime		14	V	Matthias	
15	L	Louise	11	15	J	Paterne		15	S	Denise	☉
16	M	Bénédicte		16	V	Benoît-Joseph	☉	16	D	Honoré	
17	M	Patrice	☉	17	S	Anicet		17	L	Pascal	20
18	J	Cyrille		18	D	Parfait		18	M	Eric	
19	V	Joseph		19	L	Emma	16	19	M	Yves	
20	S	Herbert		20	M	Odette		20	J	Bernardin	
21	D	PRINTEMPS		21	M	Anselme		21	V	Constantin	
22	L	Léa	12	22	J	Alexandre	☽	22	S	Emile	☽
23	M	Victorien		23	V	Georges		23	D	PENTECÔTE	
24	M	Cath. de Suède	☽	24	S	Fidèle		24	L	Donatien	21
25	J	Annonciation		25	D	Jour du Souvenir		25	M	Sophie	
26	V	Larissa		26	L	Alida	17	26	M	Bérenger	
27	S	Habib		27	M	Zita		27	J	Augustin	
28	D	Rameaux		28	M	Valérie		28	V	Germain	
29	L	Gwladys	13	29	J	Cath. de Sienne		29	S	Aymard	
30	M	Amédée		30	V	Robert	☉	30	D	Fête des Mères	☉
31	M	Benjamin	☉					31	L	Visitation	22

Les jours de la semaine

Il y a 7 jours dans **la semaine** et 52 semaines dans **l'année**.

❗ *Je travaille **lundi** (= lundi prochain)*
*≠ Je travaille **le lundi** (= tous les lundis).*

1 COMPLÉTEZ.

Exemple : Cette semaine. ➔ **La semaine prochaine.**

1 Ce mois-ci. **2** Cette année.

2 DITES LES DATES SOULIGNÉES.

Exemple : **C'est le vendredi 28 février.**

❗ C'est le jeudi **premier** mai.

3 LE RYTHME DES SAISONS.

Exemple : **Le printemps commence le 21 mars.**

1 Quand commence l'été ?   **4** Quels sont les mois d'hiver ?
2 Quand commence l'automne ?   **5** Quels sont les mois d'été ?
3 Quand commence l'hiver ?

Les moments de la journée

le matin	l'après-midi
de 6 heures à midi	de midi à 6 heures

le soir/la soirée	la nuit
de 6 heures à 11 heures	de 11 heures à 6 heures du matin

Les douze mois de l'année

janvier	avril	juillet	octobre
février	mai	août	novembre
mars	juin	septembre	décembre

Les quatre saisons

En général, en France,
il fait beau **au** printemps,
il fait chaud **en** été,
il pleut **en** automne,
il fait froid **en** hiver.

Pour un dictionnaire

Philippe Soupault dans son lit
né un lundi
baptisé un mardi
marié un mercredi
malade un jeudi
mort un samedi
enterré un dimanche
c'est la vie de Philippe
Soupault.

PHILIPPE SOUPAULT,
Poésies pour mes amis les enfants,
© Lachenal et Ritter, 1983.

dossier 2

Découvrez les situations

1 IMAGINEZ.

Regardez les photos.
Dites qui sont les personnages, où ils sont,
ce qu'ils font.

2 FAITES DES HYPOTHÈSES.

Répondez aux questions.

1 Benoît répond au téléphone.
Qui appelle Benoît ?
2 Qui offre des fleurs à Benoît ?
3 Pourquoi ?
  a C'est son anniversaire.
  b Il est gentil.

3 REGARDEZ LES IMAGES.

Visionnez sans le son et dites si vous voyez
les objets suivants.

une assiette
avec des gâteaux

un verre   une bouteille

une lampe

une cafetière   un bureau

 On frappe à la porte du bureau de Nicole et Annie.

NICOLE ET ANNIE	Entrez !
BENOÎT	Bonjour !
NICOLE	Bonjour Benoît !
ANNIE	Nicole, je te présente notre nouveau stagiaire. Il s'appelle Laurent. Laurent, voilà Nicole, la secrétaire de notre service.
NICOLE	Bonjour Laurent. Vous n'êtes pas fâché contre Annie, j'espère ? Elle est parfois un peu agaçante, mais elle n'est pas méchante !

LAURENT	Non, non, pourquoi ?
ANNIE	Laurent est très patient. C'est une grande qualité pour un stagiaire. Demande à Mme Desport.
NICOLE	Bravo Laurent ! Vous méritez bien votre café.

Benoît se tourne vers Laurent.

BENOÎT	Nicole et Annie sont inséparables.
ANNIE	Inséparables ! Nous travaillons dans le même bureau, c'est tout.

Annie donne des verres et offre des petits gâteaux.

ANNIVERSAIRE !

BENOÎT   Vous avez des gâteaux ? C'est la fête aujourd'hui !

Annie offre un gâteau à Laurent.

LAURENT   Non, merci. Je n'ai pas faim.

NICOLE   Mais si ! À votre âge, on a besoin de manger. Surtout après une visite de Mme Desport !

Laurent mange un gâteau.

LAURENT   Merci. Hum… Ils sont très bons les gâteaux.

ANNIE   C'est le 5 avril.

_____

Annie et Nicole sont devant la boutique d'un fleuriste. Elles hésitent à entrer.

ANNIE   Ils ont des belles fleurs ici. Achetons un bouquet pour Benoît.

NICOLE   On n'offre pas de fleurs à un homme !

ANNIE   Pourquoi pas ? Eux aussi, ils aiment les fleurs ! Viens. Entrons.

Benoît regarde sa montre.

BENOÎT   Eh oui ! Le café est bon, les gâteaux sont bons, nous avons des collègues charmantes, mais nous n'avons pas le temps. Il est tard, on a encore des gens à voir avant l'heure du déjeuner. Alors, dépêche-toi.

LAURENT   D'accord.

BENOÎT   À plus tard.

Benoît et Laurent partent. Nicole et Annie restent ensemble.

NICOLE   Il est sympa, le nouveau stagiaire ?

ANNIE   Oui, mais il est timide, et il ne parle pas beaucoup.

NICOLE   Ce n'est pas très grave. Toi, tu parles pour deux ! Mais, heureusement, c'est Benoît le responsable de son stage.

ANNIE   Je te remercie ! Mais c'est vrai, Benoît est très gentil, lui !…

Les deux femmes se regardent et sourient.

ANNIE   Mais, dis donc. C'est bientôt son anniversaire.

NICOLE   Tu es sûre ? C'est quand ?

Elles entrent dans la boutique.

À l'agence, Benoît est devant son ordinateur. Laurent arrive dans son bureau.

LAURENT   Tiens, voilà le courrier.

BENOÎT   Merci. Pose les lettres sur le bureau.

Le téléphone sonne. Benoît prend l'appareil.

BENOÎT   Allô ? Laurent ?… Oui… il est là… Dans ton bureau, maintenant, tous les deux ? Bon, d'accord. Nous arrivons.

Benoît fait un signe à Laurent et ils sortent.

_____

Laurent et Benoît entrent dans le bureau de Nicole.

TOUS   Joyeux anniversaire !

Il y a un beau bouquet de fleurs avec des verres, des bouteilles et des petits gâteaux. Benoît est gêné. Il découvre les fleurs.

BENOÎT   Ah, des fleurs ! Elles sont pour moi ? Quelle bonne idée ! Merci à vous tous ! Merci !

Tous lèvent leur verre.

TOUS   À la tienne ! Santé !

Observez l'action et les répliques

1 QUI DIT QUOI ?

Visionnez l'épisode avec le son.
Quel personnage dit les répliques suivantes ?
À qui ?

1 Vous n'êtes pas fâché contre Annie, j'espère ?
2 Bravo, Laurent. Vous méritez bien votre café !
3 Nicole et Annie sont inséparables.
4 Mais il est timide, et il ne parle pas beaucoup.
5 On n'offre pas de fleurs à un homme !

2 ÇA SE PASSE COMME ÇA ?

Mettez dans le bon ordre.

a Dans le bureau de Nicole, Benoît et Laurent mangent des gâteaux.
b Benoît et Laurent travaillent ensemble.
c Nicole et Annie parlent du nouveau stagiaire et de l'anniversaire de Benoît.
d Les collègues de l'agence souhaitent un bon anniversaire à Benoît.
e Nicole et Annie achètent des fleurs.

Observez les comportements

3 QUI SONT LES PERSONNAGES ?

1 Elle est agaçante. Ses plaisanteries ne sont pas gentilles.
2 Il est timide. Il ne parle pas beaucoup.
3 Elle est gentille. Elle fait du bon café.
4 Il est patient. Il répond avec calme à la cliente.

4 QUELLE EST LEUR ATTITUDE ?

1 Il exprime :
a son appréciation ;
b son indifférence.

2 Elle pense :
a Il exagère.
b Je suis d'accord.

3 Ça veut dire :
a Pourquoi pas ?
b Ah, non !
   Pas question !

4 Il a l'air :
a gêné ;
b content ;
c agacé.

5 COMMENT EST-CE QU'ILS LE DISENT ?

Mettez ensemble l'acte de parole et sa fonction.

1 Présenter Laurent à Nicole.
2 Refuser des gâteaux.
3 Faire un compliment.
4 Demander la date d'un anniversaire.
5 Remercier de la fête.

a Non, merci. Je n'ai pas faim.
b C'est quand ?
c Je te présente notre nouveau stagiaire.
d Quelle bonne idée ! Merci à vous tous !
e Ils sont très bons, les gâteaux.

dossier 2

DÉCOUVREZ LA **GRAMMAIRE**

⟨4⟩

handwritten notes:
1 c'/un   4 des   9 l'
2 des   5 le   10 les
3 une   6 les
          7 le
          8 des
          #

1 Il manque les articles !

Complétez avec des articles.

Benoît partage le /un appartement avec des amis. Il
une travaille dans l' agence de voyages. Il a des collègues
sympathiques. Laurent est le nouveau stagiaire. Il
aime les gâteaux et le café de Nicole. Benoît et
Laurent ont les gens à voir. Annie et Nicole fêtent
l' anniversaire de Benoît. les collègues de Benoît
sont sympathiques.

Le pluriel (noms, adjectifs, articles)

Singulier	Pluriel
un voisin gentil	**des** voisins gentils
la nouvelle collègue	**les** nouvelles collègues
le nouveau bureau	**les** nouveaux bureaux

- La plupart des noms et des adjectifs ont un -**s** au pluriel : *Les belles fleurs, les bons copains.*

! Les noms et les adjectifs en -*au* et -*eau* ont un -**x** au pluriel : *Des beaux cadeaux.*

- Les adjectifs s'accordent en genre (masculin, féminin) et en nombre (singulier, pluriel) avec les noms.

- Oralement, les noms sont en général invariables.

! Au pluriel, les articles ne permettent pas de distinguer le genre (masculin, féminin) des noms : *Des amis, des amies.*

2 Singulier ou pluriel ?

1 *Écoutez et dites si le nom est singulier (S) ou pluriel (P).*
2 *Qu'est-ce qui montre qu'un nom est singulier ou pluriel à l'oral ?*

3 Qu'ils sont beaux !

Faites des compliments avec les mots suivants :

bureau – armoire – voyage – fête.

Exemple :	**Quelle belle bague !**

L'adjectif exclamatif : *quel*

	Singulier	Pluriel
Masculin	**Quel** beau bouquet !	**Quels** beaux bouquets !
Féminin	**Quelle** jolie fleur !	**Quelles** jolies fleurs !

4 Ce sont des femmes !

Mettez les phrases au féminin.

1 C'est un beau garçon !
2 C'est le nouvel employé ?
3 Non, c'est le nouveau stagiaire.
4 C'est le nouveau secrétaire ?
5 Oui, il est gentil et sympa.
6 Et c'est un joli garçon !

5 C'est la fête !

Complétez le dialogue. Utilisez, dans l'ordre :
être – arriver – avoir – être – penser – acheter – apporter – aimer.

– Nous … en retard ?
– Mais non, on …, nous aussi.
– Vous … des fleurs ?
– Oui, elles … dans ton bureau.
– Les hommes … les boissons et nous, nous … les gâteaux.
– Nous … beaucoup les fêtes !

6 Il a ou il n'a pas ?

Interrogez votre voisin sur ce qu'il a ou ce qu'il n'a pas, sur ce qu'il aime ou ce qu'il n'aime pas. Inversez les rôles.

Exemple :	– **Tu as de l'argent ?**
	– **Non, je n'ai pas d'argent.**

La négation : *ne* + verbe + *pas*

Il *ne* parle *pas* beaucoup.
Quantité 0 : *Il ne mange pas de gâteaux.*
À l'oral, *ne* est souvent supprimé.

7 Décrivez vos collègues.

1 Décrivez vos nouveaux collègues de bureau comme dans l'exemple. Attention aux accords !

> *Exemple :* Collègue – garçon – grand – timide.
> → **Mon collègue est un grand garçon timide.**

1 Secrétaire – femme – grand – jeune – joli.
2 Patron – homme – âgé – sérieux.
3 Comptable – femme – petit – charmant.
4 Secrétaire – comptable – ami – bon – inséparable.
5 Stagiaire – homme – jeune – nouveau – sympathique.

2 Quels adjectifs est-ce que vous placez avant le nom ?

Le genre et la place des adjectifs

Masculin	Féminin
joli	jolie
petit, grand	petite, grande
bon	bonne
beau, bel	belle
nouveau, nouvel	nouvelle
sérieux	sérieuse

❗ **Les adjectifs s'accordent avec le nom :**
Quelles belles fleurs ! Les gâteaux sont bons.

❗ **Quelques adjectifs très utilisés** (*bon, mauvais, jeune, vieux, beau, joli, nouveau*) **se placent en général avant le nom.**

❗ **Devant un nom commençant par un son de voyelle,** *beau* **devient** *bel,* *nouveau* **devient** *nouvel : Un **nouvel** ami, un **bel** homme.*

8 Quelles sont les formes du pluriel des verbes ?

Lisez les phrases puis répondez aux questions.

a J'écoute l'enregistrement.
b Tu parles français.
c Il/elle mange des gâteaux.
d Nous aimons le café.
e Vous achetez des fleurs.
f Ils/elles habitent à Paris.

1 Quelles terminaisons du verbe signalent les trois personnes du pluriel ?
2 Comment se prononce la 3e personne du pluriel ?
3 Quel est l'infinitif des verbes ?
4 Conjuguez le verbe *travailler* à toutes les personnes.

Le pluriel de *être, avoir* et des verbes en *-er* au présent

Nous sommes en retard.   Nous **avons** un stagiaire.
Vous êtes étudiants.   Vous **avez** vingt ans.
Ils/elles sont jeunes.   Ils/elles **ont** des fleurs.

Nous arriv**ons**.
Vous travaill**ez**.
Ils/elles mang**ent** des gâteaux.

❗ J'ach**è**te   mais : nous ach**e**tons, vous ach**e**tez.
J'app**e**lle   mais : nous app**e**lons, vous app**e**lez.
Je mange   mais : nous mang**e**ons.

❗ ***On*** a un **sens pluriel** et un **verbe au singulier.**
En France, on aime bien manger
= les gens, les Français (sens général).
Benoît et moi, on travaille à l'agence
= nous travaillons à l'agence.

SONS ET LETTRES singulier et pluriel

1 Quel est le nom pluriel ?

Écoutez et dites quel est le nom au pluriel : le premier, le deuxième ou le troisième ?

2 Changez en affirmation.

Écoutez et transformez la question en affirmation.

3 Singulier ou pluriel ?

Écoutez et dites si le groupe du verbe a un sens singulier (S), pluriel (P) ou les deux (S/P). Attention à la forme de politesse qui a un sens singulier.

COMMUNIQUEZ

 1 VISIONNEZ LES VARIATIONS.

Imaginez la conversation : vous acceptez ou vous refusez. Vous exprimez votre appréciation. Jouez la scène avec votre voisin(e).

Refuser, accepter

1	– Un petit gâteau ?	– Non, merci, je n'ai pas faim.
2	– Un petit gâteau ?	– Non, merci. Je ne mange pas de gâteaux.
3	– Un petit gâteau ?	– Oui, avec plaisir.
4	– Un peu de café ?	– Non, merci, je ne bois pas de café.
5	– Un peu de café ?	– Oui, s'il vous plaît.

Exprimer son appréciation

1 Ils sont très bons, vos gâteaux.

2 J'aime beaucoup vos gâteaux.

3 Hum… Délicieux vos gâteaux.

4 Ils sont vraiment excellents, vos gâteaux.

 2 RETENEZ L'ESSENTIEL.

Écoutez la conversation et répondez.

1 Quelle est la date de l'anniversaire de sa femme ?

2 La fête a lieu où ? Pourquoi ?

3 Il invite combien de personnes ?

 3 CONVERSATIONS.

1 Écoutez les deux dialogues. Faites correspondre les dialogues avec les dessins.

2 Choisissez l'une des situations, imaginez un dialogue avec votre voisin(e) et jouez la conversation à deux.

4 JEU DE RÔLES.

Un ami téléphone et vous invite au mariage de sa fille. Vous acceptez l'invitation et vous demandez des précisions :
– nom du marié ;
– jour et heure ;
– adresse ;
– cadeau/fleurs…

> *Monsieur et Madame Lagrange*
> *sont heureux de vous faire part*
> *du mariage de leur fille*
> *Mélanie Lagrange*
> *avec*
> *Fabrice Gonin.*
>
> La cérémonie nuptiale a lieu à
> l'église Saint-Nicolas
> le samedi 6 juin à 10 h 30.
> 25, avenue des Fleurs
> 92160 Antony

CIVILISATION

C'est la fête !

Bonjour, Père Noël. Nous sommes heureux de te revoir ! Pour Noël, la préparation de la crèche se fait en famille, avec les traditionnels santons de Provence… ou avec ces très belles figurines en cristal ! La famille prépare un grand repas de fête, autour du feu de cheminée.

À la Chandeleur, tout le monde fait des crêpes. C'est une spécialité bretonne. Pour les plus habiles, c'est une joie de faire sauter les crêpes dans la poêle.

Mais la fête des fêtes, c'est le Carnaval. Sa Majesté Carnaval est à la tête de tous les défilés. À Nice, le thème change tous les ans. Cette année, le thème, c'est la musique et les musiciens. Des géants de papier de toutes les couleurs circulent jour et nuit dans la ville pendant deux semaines, pour la grande joie des petits et des grands.

Le 14 Juillet.

1 DANS QUEL ORDRE ?

Dans quel ordre on voit :

a Sa Majesté Carnaval ;

b le Père Noël ;

c des crêpes ;

d des géants de papier ;

e des santons ?

2 VRAI OU FAUX ?

1 On décore la crèche de Noël avec des santons.

2 On ne fait pas de crêpes en Bretagne.

3 Le thème du carnaval de Nice est différent tous les ans.

4 On fait toujours un repas de fête pour le carnaval.

5 Le carnaval dure un mois à Nice.

3 ET DANS VOTRE PAYS ?

1 Est-ce qu'on fait des crêpes ?

2 Est-ce qu'on fête Noël ? Sinon, est-ce qu'il y a une fête comparable ?

FÊTES OFFICIELLES ET JOURS FÉRIÉS

- Le 1er janvier est le **jour de l'An**.
- **Pâques** est en mars ou avril.
- La **fête du Travail** est le **1er Mai**.
- Le **8 Mai** est l'armistice de la seconde guerre mondiale.
- Le **jeudi de l'Ascension** est un jour de fête religieuse.
- La **Pentecôte** est aussi une fête religieuse. Elle a lieu le septième dimanche après Pâques.
- Le **14 Juillet** est le jour de la fête nationale.
- Le **15 août** est aussi une fête religieuse : c'est la sainte Marie.
- La **Toussaint** est la fête de tous les saints. Elle a lieu le 1er novembre.
- Le **11 novembre** est l'armistice de la guerre 1914-18.
- **Noël** est le 25 décembre. C'est la dernière fête de l'année. On offre des cadeaux. On décore un arbre de Noël pour les enfants.

On ne travaille pas ces jours-là. Ce sont des **jours fériés**.

- Depuis 1982, **la fête de la Musique** a lieu tous les 21 juin. Dans toute la France, des groupes de musiciens jouent de la musique dans les rues : c'est une grande fête populaire.

La fête de la Musique.

Noël.

épisode **5** — C'EST POUR UNE **ENQUÊTE**

épisode **6** — ON FÊTE NOS **CRÉATIONS**

p. **46**

p. **54**

VOUS ALLEZ APPRENDRE À :

- demander et donner des informations personnelles
- dire ce que vous faites ou ce que d'autres font
- demander et dire d'où on vient
- demander et dire la nationalité
- décrire une personne et la désigner
- exprimer des goûts et des préférences
- demander et donner des raisons

VOUS ALLEZ UTILISER :

- le verbe *faire*, substitut d'autres verbes
- les verbes *aller*, *lire* et *dire*
- des *verbes* terminés *en -ir* à l'infinitif
- les prépositions *en*, *à* et *de* + noms de pays
- les contractions de *à* et *de* + article défini :
  au, *aux*, *du*, *des*
- les adjectifs possessifs aux six personnes
- les adjectifs de nationalité
- *depuis* + expression de temps pour exprimer la durée

C'EST POUR UNE

Découvrez les situations

1 QU'EST-CE QU'ILS FONT ?

Mettez ensemble les phrases et les dessins.

1 Il fait la cuisine.
2 Elle joue du violon.
3 Ils vont au cinéma.
4 Il fait son jardin.

2 INTERPRÉTEZ LES PHOTOS.

1 Où sont les deux jeunes femmes ?
2 Qu'est-ce qu'elles font ?
  a Elles parlent à des gens.
  b Elles attendent un taxi.
3 Qu'est-ce qu'elles ont à la main ?
  a Un livre. **b** Un journal. **c** Un questionnaire.

3 FAITES DES HYPOTHÈSES.

Visionnez l'épisode sans le son et répondez.

1 Julie et Claudia arrêtent des gens dans la rue pour :
  a demander l'identité des gens ;
  b faire une enquête.
2 Qui répond à l'enquête ? Qui refuse ?
3 Qui est efficace ? **a** Julie. **b** Claudia.

 Julie et Claudia font une enquête dans la rue. Une femme passe.

JULIE Excusez-moi, Madame, vous avez cinq minutes ? C'est pour une enquête.

LA FEMME Qu'est-ce que vous dites ? Vous faites une enquête ? Sur quoi ?

JULIE Sur les activités préférées des Français. Qu'est-ce que vous faites pendant le week-end ?

LA FEMME Je lis, je regarde la télévision, j'écoute et je joue de la musique. Mais excusez-moi, je suis pressée.

La femme part. Julie est découragée.

JULIE Ce n'est pas facile ! Tu fais des enquêtes tous les jours ?

CLAUDIA Non. Seulement quand je ne vais pas à la fac.

JULIE Tu fais quoi, comme études ?

CLAUDIA Je fais du droit.

Claudia voit deux jeunes femmes.

CLAUDIA (à Julie) Regarde les deux jeunes femmes. Elles ont l'air sympa.

CLAUDIA (aux jeunes femmes) Excusez-moi, Mesdames, vous faites sûrement des choses passionnantes pendant le week-end ?

Les deux jeunes femmes hésitent à répondre.

LA 1re FEMME Oui, enfin... je fais du sport.

CLAUDIA Quel sport est-ce que vous faites ?

LA 1re FEMME Je joue au tennis, je marche et nous faisons du vélo, mon mari, les enfants et moi.

LA FEMME Non, il ne lit pas beaucoup mais nous allons souvent à la campagne et il adore faire son jardin.

CLAUDIA Et vos enfants, qu'est-ce qu'ils font ?

LA FEMME Du vélo, mais ils préfèrent la musique. Le premier joue du piano. Le deuxième fait de la guitare. Ils lisent beaucoup, ils vont au cinéma et ils adorent les jeux vidéo.

CLAUDIA Voila, c'est tout. Merci beaucoup, Madame.

Claudia parle à la deuxième jeune femme.

CLAUDIA Et vous, Madame, vous faites aussi du sport ?

LA 2e FEMME Oh non ! Mon mari fait du judo, mais, moi, je n'aime pas le sport. Je vais au cinéma et je fais de la photo. Mais pourquoi vous posez toutes ces questions ? C'est un jeu ? Vous donnez des places de cinéma ?

CLAUDIA Non, je ne donne rien. Je fais une enquête.

LA 2e FEMME Oh, c'est pour une enquête ! Je suis désolée mais je n'ai pas le temps.

Claudia se tourne vers la première jeune femme.

CLAUDIA Et vous, Madame, vous avez cinq minutes ?

LA FEMME D'accord. Mais, cinq minutes, hein...

CLAUDIA Vous faites du sport et qu'est-ce que vous faites d'autre ?

LA FEMME Je lis, je vais au cinéma et au théâtre, je visite des musées et je fais des courses, aussi.

CLAUDIA Et votre mari, il a d'autres activités ? Il lit ? Il va au cinéma ?

LA FEMME Très bien. Bon courage, Mademoiselle !

CLAUDIA Merci.

La passante part. Julie s'approche de Claudia. Elle a l'air admiratif.

JULIE Tu es vraiment efficace ! Tu fais des enquêtes depuis quand ?

CLAUDIA Depuis quelques mois. Mais ne te décourage pas ! On apprend vite.

Un peu plus tard. Julie aborde un jeune homme.

JULIE Bonjour, Monsieur. Vous faites sûrement des choses passionnantes le week-end ?

LE JEUNE HOMME Euh, oui... enfin... je lis, je visite des expositions, j'invite des amis à la maison, j'aime beaucoup faire la cuisine...

JULIE Vous faites du sport ?

LE JEUNE HOMME Un peu. Je marche et je fais de la natation. Mais pourquoi toutes ces questions ? C'est pour une invitation ?

JULIE Non, c'est pour une enquête. Vous avez cinq minutes ?

LE JEUNE HOMME Avec vous ? Mais oui.

dossier 3

ORGANISEZ VOTRE COMPRÉHENSION (5)

Observez l'action et les répliques

1 DANS QUEL ORDRE ONT LIEU CES ÉVÉNEMENTS ?

Visionnez l'épisode avec le son et mettez les événements suivants dans l'ordre du film.

a Claudia pose des questions à deux jeunes femmes.

b Julie arrête une femme dans la rue.

c Julie aborde un homme.

d Julie, un peu découragée, parle à Claudia.

e La femme donne une excuse et refuse de répondre.

f Une des deux femmes répond. L'autre refuse, s'excuse et part.

2 QU'EST-CE QU'ELLE FAIT ?

Quelles sont les activités de la dernière jeune femme, de son mari et de ses enfants pendant le week-end ?

1 Faire la cuisine.
2 Faire de la photo.
3 Visiter des musées.
4 Jouer au tennis.
5 Faire des courses.
6 Faire du vélo.
7 Inviter des amis.
8 Jouer du piano.
9 Écouter de la musique.
10 Faire le jardin.
11 Aller au théâtre.
12 Faire de la guitare.

3 QU'EST-CE QU'ILS RÉPONDENT ?

Retrouvez les réponses des personnages aux questions suivantes.

1 Tu fais quoi, comme études ?

2 Vous donnez des places de cinéma ?

3 Et vous, Madame, vous avez cinq minutes ?

4 Et vos enfants, qu'est-ce qu'ils font ?

5 Tu fais des enquêtes depuis quand ?

Observez les comportements

4 QUELLE EST LEUR ATTITUDE ?

Choisissez la bonne réponse.

1 Julie est :
  a découragée ;
  b très contente.

2 La dame est :
  a heureuse ;
  b déçue.

3 Julie est :
  a admirative ;
  b inquiète.

4 Le jeune homme est :
  a aimable ;
  b agressif.

5 QU'EST-CE QU'ON DIT ?

Mettez ensemble l'acte de parole et sa fonction. Qu'est-ce qu'on dit...

1 pour entrer en conversation avec quelqu'un ?
2 pour s'excuser de ne pas répondre à une question ?
3 pour accepter de répondre ?
4 pour demander quelles sont les activités de quelqu'un ?
5 pour remercier quelqu'un ?

a D'accord, mais cinq minutes, hein.
b Qu'est-ce que vous faites pendant le week-end ?
c Merci beaucoup, Madame.
d Excusez-moi, Madame, vous avez cinq minutes ?
e Je suis désolé(e), mais je n'ai pas le temps.

dossier 3

1 Et vous ?

Répondez aux questions suivantes.

1 Qu'est-ce que vous faites en ce moment ?
2 Qu'est-ce que vous faites dans la vie ?
3 Qui fait la cuisine chez vous ?
4 Qu'est-ce que font vos ami(e)s le dimanche ?
5 Qu'est-ce que vos ami(e)s et vous faites pour les anniversaires ?

2 Chacun ses goûts.

Trouvez la question.

> Exemple : Nous, nous jouons de la guitare.
> ➜ **Nous, nous faisons du violon et vous, qu'est-ce que vous faites ?**

1 Eux, ils font de la photo.
2 Moi, je fais du violon.
3 Elles, elles font du sport.
4 Elle, elle écoute de la musique.
5 Nous, nous faisons du VTT (= vélo tout terrain).

Le verbe *faire*

• **Le verbe *faire* au présent**

Je **fais** du sport.	Nous **faisons** les courses.
Tu **fais** de la musique.	Vous **faites** du piano.
Il/elle **fait** de la gymnastique.	Ils/elles **font** la cuisine.

! Attention à la prononciation de *faisons* : [fəzɔ̃].

• **Poser des questions avec le verbe *faire***

1 – Qu'est-ce que vous faites **dans la vie** ?
   – Je suis ingénieur.
2 – Qu'est-ce que vous faites **maintenant** ?
   – Je lis le journal.
3 – Qu'est-ce que vous faites **habituellement** ?
   – Je vais à la campagne tous les dimanches.

3 Depuis quand ?

Posez des questions à votre voisin(e).

> Exemple : – Depuis quand est-ce que Claudia fait des enquêtes ?
> ➜ – **Claudia fait des enquêtes depuis quelques mois.**

4 À quoi ou de quoi est-ce qu'ils jouent ?

1 Regardez les dessins et dites à quoi ou de quoi ils jouent.

> Exemple : **Il joue de la batterie.** ⬅

2 Demandez à votre voisin(e) de quoi ou à quoi il/elle joue.

Les deux constructions du verbe *jouer*

• Jouer **à** un jeu, **à** un sport :
  *jouer **à** la balle, **au** football, **au** basket.*

• Jouer **d'**un instrument **de** musique :
  *jouer **du** violon, **de la** guitare.*

Contractions des prépositions *à* et *de* avec l'article défini

à + le = **au**	de + le = **du**
à + les = **aux**	de + les = **des**
*Jouer **aux** échecs.*	*Faire **du** sport.*

5 Qu'est-ce qu'ils font d'autre ?

Répondez comme dans l'exemple.

> Exemple : Vous allez au théâtre ? (Le concert.)
> ➜ **Oui, et nous allons aussi au concert.**

1 Ils vont à la campagne ? (Le parc.)
2 Elles jouent de la guitare ? (Le piano.)
3 Tu fais de la danse ? (Le judo.)
4 Vous jouez au tennis ? (Les jeux vidéo.)
5 Elle fait des études ? (Des enquêtes.)

dossier 3

6 Conversation.

Écoutez et complétez le dialogue avec les verbes :
faire – dire – lire – aller – travailler.

– Qu'est-ce que vous … ?
– Je … un roman.
– Pardon ? Qu'est-ce que vous … ?
– Je … que je … un roman.
– Ah, vous … . Vous n'… pas au bureau
aujourd'hui ?
– Non, je ne … pas le samedi.

– Et vos enfants, qu'est-ce qu'ils … ?
– Le grand … à la piscine et le petit … à la maison.

7 Qu'est-ce qu'ils aiment ?
Où est-ce qu'ils vont ?

Exemple : Vous aimez la mer, vous ?
➜ **Oui, nous allons à la mer.**

1 Tu aimes la montagne, toi ?
2 Ils aiment le cinéma, eux ?
3 Vous aimez le théâtre, vous ?
4 Elles aiment la mer, elles ?
5 Il aime les concerts, lui ?

Le présent des verbes *aller, lire* et *dire*

• **Aller**

je **vais**	nous **allons**
tu **vas**	vous **allez**
il/elle/on **va**	ils/elles **vont**

➭ Comparez les conjugaisons d'*avoir* et d'*aller*.

• **Lire** et **dire** : **deux radicaux**

je **lis**	nous **lis**ons	je **dis**	nous **dis**ons
tu **lis**	vous **lis**ez	tu **dis**	vous **dites**
il/elle **lit**	ils/elles **lis**ent	il/elle **dit**	ils/elles **disent**

SONS ET LETTRES   la liaison

1 Lisez et écoutez.

*1 Quel(s) sons est-ce que vous entendez entre
les mots soulignés ?*

Exemple : Ils ont des amis.
➜ **J'entends deux sons** [z].

a Elle fait des enquêtes.
b Quelles études est-ce que vous faites ?
c Elles ont des activités.
d Elle a un enfant.
e J'ai un ami.
f Oh, les beaux objets !

*2 Quand est-ce qu'on fait la liaison entre deux
mots ?*

2 Lisez et écoutez.

Quelles liaisons est-ce que vous entendez ?

1 Tu es italienne ?
2 Oui, je suis italienne et aussi un peu française.
3 Tu vas en Italie de temps en temps ?
4 Mais oui. Mes parents attendent mes visites.

Pas de liaison :

• avec *et* : *Ce sont des artistes et des amis.*

• entre *mais* et *oui* : *Mais oui, c'est ça.*

3 Un ou plusieurs ?

*Écoutez et dites si vous entendez un sujet et un
verbe au singulier (S) ou au pluriel (P).*

COMMUNIQUEZ

(5)

1 VISIONNEZ LES VARIATIONS.

1 Demandez des renseignements à votre voisin(e) : numéro de salle de cours, heure des cours...

2 Écoutez et faites une réponse polie. Faites des réponses négatives et donnez chaque fois une excuse.

Aborder quelqu'un et donner un renseignement

1 – Pardon, Madame, vous avez l'heure ?
  – Oui, il est 5 heures 10.
2 – Excusez-moi. Où est la rue du Four, s'il vous plaît ?
  – Désolée, je ne sais pas.
3 – Pardon, Madame, il y a une banque près d'ici ?
  – Oui, là-bas.

Refuser et donner une excuse

1 Ah, c'est pour une enquête ! Je suis désolée, je n'ai pas le temps.
2 Excusez-moi, je suis en retard.
3 Non, vraiment, je suis très pressée.
4 Non, pas question.

2 DES MAGAZINES POUR TOUS.

1 Écoutez les interviews et dites ce qu'ils font, aiment, ne font pas, n'aiment pas.

2 Choisissez un magazine par personne interrogée.

3 L'UN AIME, L'AUTRE N'AIME PAS.

Imaginez la rencontre de l'homme et de la femme, leur conversation sur leurs goûts et leurs préférences. Jouez la scène avec votre voisin(e).

Elle fait de la peinture,
de la sculpture, de la photo,
de la musique...
Il fait du ski, de la moto,
du tennis, de la marche.
Il regarde la télévision...

4 RETENEZ L'ESSENTIEL.

Écoutez et répondez.

1 Pourquoi est-ce que Sophie est fatiguée le mercredi ?
2 Qu'est-ce que Michel fait pour aider sa femme ?
3 Pourquoi est-ce que Catherine téléphone à Sophie ?

5 ET DANS VOTRE PAYS ?

Regardez le tableau d'activités des Français. Discutez en groupes pour comparer les activités des Français avec les activités de vos compatriotes.

LES ACTIVITÉS DES FRANÇAIS

80 % des Français regardent la télévision tous les jours.

68 % des Français ont une activité sportive régulière.

53,4 % des Français lisent régulièrement un quotidien.

49 % des Français vont au moins une fois par an au cinéma.

12 % des Français vont au moins une fois par an au théâtre.

25 % des Français écoutent des disques ou des cassettes tous les jours.

47 % des Français pratiquent une activité artistique à un moment de leur vie : musique, théâtre, danse, arts plastiques, écriture...

80 % des hommes bricolent.

50 % des Français jardinent.

Gérard Mermet, *Francoscopie*, 1997,
© Larousse-Bordas, 1996

ÉCRIT

Le couple et la famille

Les Français se marient tard. Le premier mariage est à 27 ans en moyenne pour les femmes et à 29 ans pour les hommes. Et ils divorcent beaucoup. Mais la famille est la première valeur pour 94 % d'entre eux. La majorité des couples a moins de deux enfants, ce qui n'est pas suffisant pour renouveler les générations. Déjà, un quart des Français a plus de 65 ans !

Beaucoup de femmes travaillent et apportent de l'argent au ménage. Le mari et la femme prennent les décisions importantes ensemble. Mais l'égalité n'existe pas encore pour les travaux domestiques…

1 REGROUPEZ DES MOTS DU TEXTE AUTOUR DE LA NOTION DE FAMILLE.

2 QU'EST-CE QUE VOUS AVEZ COMPRIS ?

1 Quelle est la première valeur pour les Français ?
2 Quel est l'âge moyen pour un premier mariage ?
3 Combien d'enfants par couple sont nécessaires pour renouveler les générations ?
4 Y a-t-il beaucoup de personnes âgées en France ?
5 Qui prend les décisions dans le ménage ?

3 LISEZ LE SONDAGE.

D'après le sondage, dites si l'affirmation est vraie ou fausse et corrigez.

1 Les hommes et les femmes transportent également les enfants.
2 D'après les femmes, 37 % des hommes font la cuisine.
3 D'après les femmes, les hommes n'habillent jamais les enfants.
4 Les hommes, en majorité, font le ménage.

4 QUEL EST LE BON RÉSUMÉ ?

Lisez les deux résumés ci-dessous. Quel résumé est-ce que vous choisissez ? Pourquoi ?

1 Un récent sondage donne les résultats suivants. D'après les femmes, 48 % des hommes font les courses, mais les hommes disent qu'ils sont 54 %. Pour le reste, hommes et femmes partagent les tâches, excepté peut-être pour le ménage.

2 D'après un récent sondage sur la participation des hommes à la vie du ménage, il semble que le partage de quelques travaux domestiques est presque égalitaire, en particulier faire les courses, faire la vaisselle et transporter les enfants. Mais les femmes, en majorité, habillent les enfants, font la cuisine et le ménage.

LA PARTICIPATION DES HOMMES À LA VIE DU MÉNAGE

	Point de vue des femmes	Point de vue des hommes
Faire les courses	48 %	54 %
Faire la vaisselle	48 %	44 %
Transporter les enfants	49 %	49 %
Habiller les enfants	38 %	31 %
Faire la cuisine	37 %	27 %
Faire le ménage	35 %	24 %

5 ÉCRITURE.

Écrivez un court article pour un magazine présentant les tendances du couple et de la famille dans votre pays :

– moyenne d'âge du mariage pour les femmes et pour les hommes ;
– nombre moyen d'enfants par couple ;
– importance de la famille ;
– travail des femmes ;
– participation des hommes à la vie du ménage.

dossier 3

DES MOTS **POUR LE DIRE**

La famille et la description de personnes

La famille de Pierre

le grand-père — la grand-mère — le père — la mère — la tante — l'oncle — le cousin — la cousine — Pierre — la sœur — Le frère

1 DEVINEZ.

> *Exemple :* Qui est le père de votre mère ?
> → **C'est mon grand-père.**

1 Qui est la sœur de votre frère ?
2 Qui est la fille de votre oncle ?
3 Qui est le frère de votre cousine ?
4 Qui est la sœur de votre père ?
5 Qui est la fille de votre grand-mère ?

2 COMMENT SONT-ILS ?

Décrivez les membres de la famille de Pierre.

Pour identifier quelqu'un

- Aspect physique général : jeune/vieux (vieille), grand/petit, gros(se)/mince.
- Yeux : bleus, verts, marron, noirs.
- Avec des lunettes, une moustache, une barbe.
- Cheveux : bruns, blonds, longs, courts, frisés.

3 CHERCHEZ L'ERREUR.

Lisez les descriptions de ces deux personnes et trouvez une erreur dans chacune des descriptions.

1 C'est un gros monsieur avec des lunettes. Il a les cheveux bruns, longs et frisés.

2 C'est une grande jeune femme mince. Elle a des cheveux blonds et courts.

Frontières

– Votre nom ?
– Nancy.
– D'où venez-vous ?
– Caroline.
– Où allez-vous ?
– Florence.
– Passez.

– Votre nom ?
– On m'appelle Rose de Picardie, Blanche de Castille, Violette de Parme ou Bleue de Méthylène.
– Vous êtes mariée ?
– Oui.
– Avec qui ?
– Avec Jaune d'Œuf.
– Passez.

JACQUES PRÉVERT, *Choses et Autres*. © Éditions Gallimard.

Découvrez les situations

1 INTERPRÉTEZ LES PHOTOS.

1 Julie attend devant :
a une station de métro ; **b** une station de taxis.

2 La scène se passe :
   a le matin ;   **b** le soir.

3 Les personnages sont :
   a dans un bureau ;   **b** dans un appartement ;
   c dans une boutique.

2 FAITES DES HYPOTHÈSES.

Visionnez sans le son.

1 Qui sont les jeunes gens dans la boutique ?
   a Des peintres.   **b** Des photographes.
   c Des artistes.

2 Qu'est-ce qu'ils fabriquent ?

3 Qu'est-ce qu'ils fêtent ?
   a Leur nouvelle boutique-atelier.
   b L'anniversaire d'un ami.   **c** Un mariage.

3 QU'EST-CE QUE VOUS VOYEZ ?

Dites si vous voyez les objets suivants.

 ❶ des bijoux

 ❷ un sac

 ❹ un chapeau

 ❸ un foulard

 ❺ une ceinture

 ❻ un chemisier

 Julie attend. Claudia arrive en retard.

CLAUDIA   Excuse-moi. Je suis en retard.

JULIE   Ce n'est pas grave… Tu n'as pas de problèmes ?

CLAUDIA   Non. Je viens de la fac. Créteil, c'est loin et je finis tard le mardi.

Elles partent ensemble. Elles discutent.

JULIE   Excuse-moi, tu as un léger accent. Tu viens d'où ?

CLAUDIA   Je viens d'Italie.

JULIE   Tu es Italienne ! Et tes parents habitent en France ?

CLAUDIA   Non, en Italie, à Milan, mais ils viennent souvent à Paris. Et tes parents, ils habitent où ? à Paris ?

JULIE   Non, ils habitent en banlieue. Ils ne sont pas Parisiens. Ils viennent de Bretagne.

CLAUDIA   Ah ! Et tu pars souvent en vacances en Bretagne ?

JULIE   Oui, nous partons souvent. Mes parents ont une maison là-bas.

CLAUDIA   Vous avez de la chance !

3 dossier

CRÉATIONS

Elles s'arrêtent devant une boutique-atelier. Il y a une fête. Un jeune homme, Yves, est devant la porte.

YVES	Entrez. C'est la fête.
CLAUDIA	Et qu'est-ce que vous fêtez ?
YVES	Tout, notre amitié, notre travail, nos œuvres…
JULIE	Ah ! Vous êtes artiste ?
YVES	Non, moi je suis journaliste. Je m'appelle Yves. Et vous ?
CLAUDIA ET JULIE	Claudia… Julie.

YVES	Violaine, voici Julie et Claudia, deux de tes admiratrices.
VIOLAINE	Oh, merci !
CLAUDIA	Vous travaillez tous ici ?
VIOLAINE	Oui. Le grand brun, là-bas, avec la cravate, c'est François. Regardez ses bijoux.
YVES	Petite sœur, excuse-moi. Je dois partir, parce que j'ai un rendez-vous important.
CLAUDIA	Vous partez déjà ?

Claudia et Julie hésitent à entrer.

YVES	Alors, vous entrez ou vous sortez ?

Elles entrent.

YVES	Super ! Venez avec nous.
CLAUDIA	Qu'est-ce qu'ils font, vos amis ?
YVES	Vous voyez leurs œuvres. Ils créent des bijoux, fabriquent des sacs, des ceintures en cuir et ils décorent des foulards de soie…

Julie admire un foulard.

JULIE	Il est très joli…
YVES	La créatrice aussi est jolie. C'est la jeune femme brune avec le chemisier rose. C'est ma sœur.
JULIE	Ah ! Vous n'avez pas l'air d'être frère et sœur.

La jeune femme, Violaine, vient vers eux.

YVES	C'est gentil de dire ça. À bientôt.

François s'approche du groupe.

FRANÇOIS	Tu parles de moi, Violaine ?
VIOLAINE	Non, je parle de tes créations.

François et Julie se regardent. Julie parle à Violaine et à François.

JULIE	Vous vendez vos créations dans d'autres boutiques ?
FRANÇOIS	Dans d'autres boutiques, je voudrais bien !
VIOLAINE	Moi aussi ! On cherche quelqu'un de sérieux pour présenter nos créations.
JULIE	Quelqu'un de sérieux ? Mais je suis sérieuse, moi. J'aime la vente et j'aime vos créations.
FRANÇOIS	Vous êtes sérieuse. Vous aimez la vente. Vous aimez nos créations. Vous êtes charmante. Vous avez un très joli sourire. Vous présentez bien… Vous commencez quand ?

ORGANISEZ VOTRE COMPRÉHENSION

Observez l'action et les répliques

1 QUI DIT QUOI ?

1 Créteil, c'est loin et je finis tard le mardi.

2 Et tes parents habitent en France ?

3 C'est la jeune femme brune avec le chemisier rose.

4 Le grand brun, là-bas, avec la cravate, c'est François.

5 Dans d'autres boutiques, je voudrais bien !

2 QUEL ÉVÉNEMENT VIENT AVANT L'AUTRE ?

1 **a** Julie interroge Claudia sur ses origines et sa famille.
b Claudia arrive en retard à leur rendez-vous.

2 **a** Yves, le journaliste, invite les deux jeunes femme.
b Yves montre les créations de sa sœur Violaine.

3 **a** Yves part. Il a un rendez-vous.
b Yves présente les deux jeunes femmes à sa sœur.

4 **a** Julie propose de vendre les créations des artistes.
b François lui demande quand elle commence.

3 QU'EST-CE QU'ILS RÉPONDENT ?

Dites qui répond et ce qu'ils répondent.

1 Tu viens d'où ?

2 Tu pars souvent en vacances en Bretagne ?

3 Qu'est-ce que vous fêtez ?

4 Vous partez déjà ?

5 On cherche quelqu'un de sérieux pour présenter nos créations.

Observez les comportements

4 QUEL EST LEUR COMPORTEMENT ?

Décrivez leurs attitudes, leurs gestes, leurs jeux de physionomie.

1 Claudia...

2 Yves...

3 Violaine...

4 Julie...

5 QU'EST-CE QU'ILS DISENT ?

Retrouvez les formules utilisées pour :

1 s'excuser d'un retard ;
2 demander les origines de quelqu'un ;
3 décrire quelqu'un ;
4 exprimer une appréciation ;
5 prendre congé de quelqu'un (avant de partir).

DÉCOUVREZ LA **GRAMMAIRE** ⑥

1 Quel est leur pays d'origine ?

Exemple : D'où est-ce qu'ils viennent (Angleterre) ?
→ **D'Angleterre. Ce sont des Anglais.**
   Ils parlent anglais. Ils habitent à Londres.

1 D'où est-ce que vous venez (Espagne) ?
2 Et elles, d'où est-ce qu'elles viennent (Grèce) ?
3 D'où est-ce qu'elle vient (Italie) ?
4 D'où est-ce que tu viens (Japon) ?

2 Informez-vous.

Demandez à votre voisin(e) d'où il/elle vient, où il/elle habite… et dites quel monument ou quel produit représente sa ville ou sa région.

Le présent du verbe *venir* : verbe à trois radicaux

Je **vien**s souvent ici.
Tu viens avec moi ?
Il/elle vient chez nous.
Nous **ven**ons de Bretagne.
Vous venez de Paris ?
Ils/elles **vienn**ent visiter le pays.

Mêmes formes pour *tenir* :   Je **tien**s
                               Nous **ten**ons
                               Ils **tienn**ent

---

3 Où est-ce qu'il va ?

Un homme va dans une agence de voyages pour préparer ses vacances.
Complétez le dialogue avec des prépositions.

– Bonjour, Monsieur. J'ai un mois de vacances et j'ai quelques pays à visiter.
– Mais c'est parfait, Monsieur.
– Voilà. Mon frère habite … Italie, ma sœur … Allemagne et mes parents … Portugal.
– Et vous voulez aller dans ces trois pays ?
– Oui. Mais, ce n'est pas fini. Ma fiancée vit … Vienne. J'ai également très envie d'aller … Prague. Et aussi … Pays-Bas, si c'est possible, bien sûr.
– Et vous n'avez pas envie d'aller … États-Unis ?
– … États-Unis ? Pourquoi ? Vous avez des promotions ?

Prépositions devant les noms de lieux

- **En** + nom de pays féminin : *en Irlande,* **en** *Israël.*
  En + nom de continent : *en Europe,* **en** *Asie.*
  En + nom de région : **en** *Bretagne,* **en** *Limousin.*

- **Au** ou **aux** + nom de pays masculin :
  au *Danemark,* **aux** *États-Unis,* **aux** *Pays-Bas.*
  À + nom de ville : **à** *Athènes,* **à** *Dublin,* **à** *Tokyo.*

- **De** + nom de continent, de pays féminin, de région féminin ou de ville : **d'**Europe, **d'**Italie.
  Du + nom de pays masculin : **du** *Portugal,*
                                   du *Japon.*

  Des + nom de pays pluriel : **des** *États-Unis,*
                                   des *Pays-Bas.*

---

4 Quelle est la nationalité ?

Écoutez et dites si l'adjectif est masculin (M), féminin (F), ou masculin et féminin (M-F).

Le féminin des adjectifs de nationalité

- **Pas de changement :**
  belge, suisse, russe, tchèque, slovaque.

- **+ e** → pas de changement à l'oral : *espagnol(e) ;*
  → prononciation de la consonne à l'oral : *suédois(e), irlandais(e), anglais(e), allemand(e), portugais(e).*

- **-c** → **que** ou **-que** (pas de changement à l'oral) : *grec/grecque, turc/turque ;*

- **-ien** → **-ienne** : *italien(ne), norvégien(ne), autrichien(ne), brésilien(ne) ;*

- **-ain** → **-aine** : *américain(e), cubain(e).*

! L'adjectif de nationalité s'écrit avec une minuscule (**f**rançais, **i**talien), mais le nom prend une majuscule (un **F**rançais, une **E**spagnole).

---

5 Repérez les possessifs.

Écoutez les messages téléphoniques et dites quels adjectifs possessifs vous entendez.

3
dossier

DÉCOUVREZ LA **GRAMMAIRE**

6 Ils n'ont rien !

Julie interroge ses nouveaux amis. Jouez avec votre voisin(e).

Exemple : Yves, les foulards sont à vous ?
➜ – **Yves, ce sont vos foulards ?**
   – **Non. Moi, je n'ai pas de foulards.**

1 François, les photos sont à eux ?
2 Violaine, les meubles sont à vous ?
3 Claudia, les livres sont à toi ?
4 Yves, les bijoux sont à Violaine ?
5 François, les objets sont à vous ?

Les adjectifs possessifs

Singulier	
Masculin	**Féminin**
mon, ton, son chien	**ma, ta, sa** chienne
	mon, ton, son amie
notre, votre, leur chien, chienne	

Pluriel	
mes, tes, ses chiens, chiennes	
nos, vos, leurs voisins, voisines	

❗ Devant une voyelle, *ma, ta, sa* deviennent *mon, ton, son* : **mon** agence, **ton** amie, **son** identité.

7 Vous commencez quand ?

*Complétez le dialogue avec des formes de **finir**, **sortir**, **partir**.*

– Tu … avec Valérie, aujourd'hui ?
– Non, elle … ses cours à 6 heures.
– Et toi, à quelle heure tu … ?
– Moi, je … à 5 heures.
– Et Valérie, qu'est-ce qu'elle fait après la fac ?
– Elle … avec des copains.
– Ben alors, Valérie et toi, vous … quand ensemble ?
– Nous … le samedi. Mais, pourquoi toutes ces questions ?
– Comme ça…

8 Conjugaison.

*On dit : **je sors/nous sortons**.*
*Donnez les six personnes du verbe **sortir**.*

Le présent du verbe *finir* :
verbe à deux radicaux

Je **finis** mes cours.   Nous **finiss**ons l'enquête.
Tu finis ton travail.   Vous finissez ce livre.
Il/elle finit de parler.   Ils/elle finissent ce soir.

⇨ À quelles personnes est-ce que le radical du verbe change ?

SONS ET LETTRES la liaison

1 Lisez et écoutez.

Dans quels cas est-ce qu'on fait la liaison ?

1 Mais oui.
2 Il joue du violon et aussi de la guitare.
3 Entrons au café.
4 Vous avez un moment ?
5 Vous faites aussi du sport ?

2 Verbe, adjectif ou nom ?

*Écoutez et dites si c'est : **a** un verbe à la 3e personne ; **b** un adjectif ou un nom.*

3 Quelles liaisons entendez-vous ?

1 Écoutez les phrases suivantes.
Citez les liaisons en [z], en [t] et en [n].

2 Lisez, puis écoutez l'enregistrement pour vérifier votre prononciation.

a Mes amis ont un chien.
b Ton appartement est à Paris.
c Les artistes ont des amis.
d Tes nouveaux amis ont une boutique.
e Vous êtes un grand artiste.
f Les amis de nos amis sont nos amis.

dossier 3

1 VISIONNEZ LES VARIATIONS.

1 Exprimez des souhaits.

> Exemple : **Aller dans un grand hôtel, je voudrais bien !**

2 Imaginez les conversations. Jouez avec votre voisin(e). Variez les expressions utilisées.

S'inquiéter de l'état de quelqu'un

1 – Tu n'as pas de problèmes ?
   – Non, non, je viens de la fac.
2 – Ça ne va pas ?
   – Si, si, tout va très bien.
3 – Ça ne va pas ?
   – Pas très bien, non.
4 – Ça n'a pas l'air d'aller !
   – Mais si, tout va bien.
5 – Ça n'a pas l'air d'aller !
   – Non, j'ai des problèmes.
6 – Tu as des problèmes ?
   – Non, pourquoi ?
7 – Tu as des problèmes ?
   – Oui, ça va mal.

Exprimer un souhait

1 Dans d'autres boutiques, je voudrais bien !
2 Dans d'autres boutiques, ah, si c'était vrai !
3 Dans d'autres boutiques, on ne souhaite que ça !
4 Dans d'autres boutiques, on peut toujours rêver...

2 RETENEZ L'ESSENTIEL.

Écoutez le dialogue et dites comment l'homme et la femme décrivent l'homme recherché par la police.

3 DÉCRIVEZ L'ACTEUR.

Vous êtes directeur de casting. Vous téléphonez au metteur en scène pour décrire les deux acteurs ci-contre (âge, description physique, vêtements). Jouez avec votre voisin(e).

4 DÉCLARATION DE PERTE.

Vous descendez de l'avion et vous attendez votre valise dans la salle des bagages. La valise n'arrive pas ! Vous allez au bureau des réclamations. L'employé(e) demande votre nom, adresse, téléphone, le numéro de votre vol et la description de votre valise et de son contenu : nombre, taille, couleur des vêtements et des objets.

5 QUI EST-CE ?

Jouez à deux. L'un choisit l'une des personnalités, l'autre pose des questions.

> Exemple : **– C'est un homme ou une femme ?**
> **– Il est de quelle nationalité ?...**
> **– Il/elle est grand(e), blond(e)...**

✳ Yves Saint-Laurent
Date de naissance : le 1er août 1936 à Oran (Algérie).
Résidence principale : Paris.
Profession : dessinateur de modèles, couturier.
Œuvres : costumes de ballet et de films.
Expositions : New York, Pékin, Paris.

✳ Victoria Abril
Date de naissance : le 4 juillet 1959.
Résidence principale : Paris.

✳ Zinédine Zidane
Date de naissance : 1972 à Marseille.
Résidence principale : Turin, Italie.
Profession : footballeur.
1997 : joue à la Juventus de Turin.
1998 : champion du monde au Mondial.

....

État civil : divorcée, 2 enfants.
Profession : danseuse, puis actrice.
A joué dans 80 films.

Artisanat et métiers d'art

Une potière.

Mais que fait cet homme ? Ah, c'est un horloger ! Il répare tous les mécanismes d'horloges

anciennes. Il travaille avec beaucoup de précision et utilise des outils très particuliers. Et devinez quel est son passe-temps favori ? Il fabrique des automates !

Il y a aussi des artisans plus modestes. Des centaines de vieux vélos attendent dans cet atelier. Dans cette petite entreprise, une vingtaine de jeunes réparent les vieux vélos. Ils apprennent ici le métier d'artisan mécanicien.

Observons maintenant le travail de ces artisans d'art. Nous sommes dans une cristallerie à Baccarat. Les maîtres verriers soufflent dans le verre en fusion, le tournent, le modèlent, le sculptent, créent des formes nouvelles. D'autres artistes inventent des modèles et

colorent le cristal. On exporte ces magnifiques objets dans le monde entier pour le grand renom de la cristallerie française.

1 QU'EST-CE QUE VOUS AVEZ VU ?

1 Quel est le passe-temps favori de l'horloger ?
a Fabriquer des automates.
b Faire des bijoux.

2 Quel objet est-ce que les souffleurs de verre sortent du four ?
 a Une bouteille.
 b Un vase.

3 En quelle matière sont les verres et les bouteilles sur la table ?
 a En verre.
 b En cristal.
 c En plastique.

2 ASSOCIEZ L'ARTISAN ET SON TRAVAIL.

1 L'horloger
2 Le mécanicien
3 Le maître-verrier

a colore le cristal.
b souffle le verre en fusion.
c utilise des outils de précision.
d répare des vélos.
e répare des mécanismes.

3 ET DANS VOTRE PAYS ?

1 Quels sont les artisanats typiques de votre pays ?
2 Quels produits d'artisanat est-ce que votre pays exporte ?

RÉPARTITION DES ENTREPRISES ARTISANALES

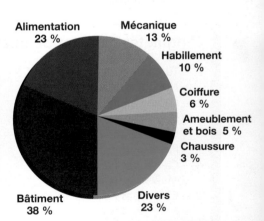

Alimentation 23 %
Mécanique 13 %
Habillement 10 %
Coiffure 6 %
Ameublement et bois 5 %
Chaussure 3 %
Bâtiment 38 %
Divers 23 %

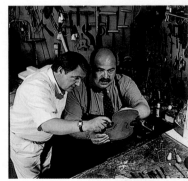

Un luthier.

DOSSIER 4

épisode  JOUR DE **GRÈVE !**

épisode AU CENTRE **CULTUREL**

p. 62

p. 70

VOUS ALLEZ APPRENDRE À :

– demander et donner des informations sur les transports
– demander et dire où on va
– exprimer la présence ou l'absence de quelqu'un ou de quelque chose
– attirer l'attention de quelqu'un
– exprimer des conditions
– exprimer des goûts
– parler d'événements passés
– parler d'événements proches ou d'intentions
– rassurer quelqu'un
– dire l'heure

VOUS ALLEZ UTILISER :

– *aller* + infinitif (futur proche)
– les verbes *mettre* et *prendre*
– *il y a* et *il n'y a pas de*
– la réponse *si* à une question à la forme négative
– *si* + proposition principale au présent
– le passé composé avec l'auxiliaire *avoir*
– des participes passés réguliers et irréguliers
– des adverbes de fréquence (*jamais, souvent, quelquefois, toujours*)
– l'interrogation indirecte

Découvrez les situations

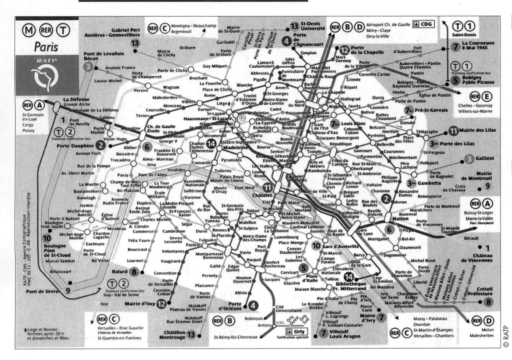

1 LE MÉTRO PARISIEN.

Observez le plan et dites quelles sont les stations terminales des lignes 2, 3 et 13. Nommez quelques stations de correspondance de ligne à ligne.

2 FAITES DES HYPOTHÈSES.

Visionnez le film sans le son.

1 Benoît écoute les informations à la radio. Qu'est-ce qu'il se passe ?
2 À qui appartient la moto ?
3 Pourquoi Pascal a-t-il besoin d'une moto ?
4 Qu'est-ce que Pascal va faire dans le centre culturel ?

Benoît, seul dans la cuisine, prend son petit-déjeuner. La radio annonce des perturbations dans les transports parisiens à cause d'une grève générale.

LA RADIO — À la suite d'un mouvement de grève, les lignes 4, 6, 9 et 11 du métro sont fermées et on signale des perturbations importantes sur les autres lignes. Il n'y pas de trains sur les lignes A et B du RER. Si vous prenez votre voiture, attention aux embouteillages sur les périphériques. La circulation est complètement bloquée entre la porte de la Chapelle et la porte Maillot. Dans le centre de Paris, un autobus sur quatre est en circulation. Si vous allez en banlieue, renseignez-vous au numéro vert 08 64 64 64 64.

Pascal, un peu endormi, entre dans la cuisine.

PASCAL — Qu'est-ce qui se passe ? Il est 6 heures et demie.

BENOÎT — Tu entends les informations. Il n'y a pas de métro et très peu de bus. Tout est bloqué. Et comment je vais au bureau ? À pied !

4 dossier

GRÈVE !

Pascal s'assoit.

PASCAL   Grève des transports en commun. Et justement aujourd'hui. C'est bien ma chance !

BENOÎT   Dis donc, on parle de ces grèves depuis deux semaines. Lis les journaux ! Qu'est-ce que tu as de spécial à faire, aujourd'hui ?

PASCAL   Je fais un remplacement dans un centre culturel... au Blanc-Mesnil.

_____

Julie arrive en robe de chambre.

JULIE   Salut !

BENOÎT ET PASCAL   Salut !

JULIE   Hum, ça sent bon !

François est sur le trottoir. Pascal est sur la moto de François.

FRANÇOIS   Tu mets le casque, hein ?

PASCAL   Oui, je mets le casque. Ne t'inquiète pas.

Pascal démarre et s'en va.

_____

Un peu plus tard. Pascal arrive au centre culturel. Il laisse sa moto devant le centre et entre dans le bâtiment. Pascal traverse le hall. Il pose une question à un jeune.

PASCAL   Salut ! Je cherche le directeur, M. Fernandez. Tu sais où est son bureau ?

Elle verse une tasse de café. Les garçons n'ont pas l'air joyeux.

JULIE   Vous en faites une tête ! Il y a un problème ?

BENOÎT   Un problème ! Il y a une grève générale des transports en commun. Je vais au bureau à pied.

JULIE   À pied ! Tu mets combien de temps ?

BENOÎT   Je mets une heure, si je marche vite. Mais je ne sais pas comment Pascal va au Blanc-Mesnil.

JULIE   Au Blanc-Mesnil ? C'est où, ça ?

PASCAL   C'est loin, très loin... en plus, avec le temps qu'il fait !

JULIE   De quoi tu te plains, il fait beau ! Si c'est vraiment important, prends un taxi.

BENOÎT   Un taxi ! C'est trop cher. Elle est folle !

JULIE   Oh, j'ai une idée... François... il a une petite moto.

UN JEUNE   C'est par là-bas, au premier étage.

_____

M. Fernandez est assis derrière le bureau. Pascal entre.

PASCAL   Bonjour, Monsieur. Je viens de la part de l'agence pour l'emploi. Je suis Pascal Lefèvre.

M. FERNANDEZ   Bonjour. Je suis content de vous voir.

M. Fernandez lui montre un porte-manteau.

M. FERNANDEZ   Mettez votre manteau ici et asseyez-vous. Vous êtes à l'heure, bravo. Avec ces grèves...

PASCAL   Oui, je suis en moto.

M. FERNANDEZ   En moto ? Elle est devant le bâtiment ?

PASCAL   Oui, pourquoi ? Il y a des risques de vol ?

M. FERNANDEZ   Des risques, il y en a partout. Non, non je plaisante. Il n'y a pas trop de problèmes ici.

ORGANISEZ VOTRE COMPRÉHENSION ⑦

Observez l'action et les répliques

1 QU'EST-CE QU'ON DIT À LA RADIO ?

Visionnez le début de l'épisode avec le son.
Écoutez l'information donnée à la radio et répondez aux questions.

1 Quelles lignes du métro ne marchent pas ?
2 À quel numéro est-ce qu'on téléphone pour obtenir des renseignements ?
3 Où sont les principaux embouteillages ?
4 Combien d'autobus fonctionnent ?
5 Sur quelles lignes du RER n'y a-t-il pas de trains ?

2 DANS QUEL ORDRE ?

1 Visionnez l'épisode entier avec le son et recomposez les phrases.
2 Puis mettez les événements dans le bon ordre.

1 Pascal part
2 Pascal se présente
3 La radio donne des informations
4 Un jeune dit à Pascal
5 Julie, Benoît et Pascal prennent

a où se trouve le bureau du directeur.
b leur petit-déjeuner.
c sur la moto de François.
d sur la grève des transports.
e au directeur du centre.

3 QUI DIT CES PHRASES ?

Dites qui dit ces phrases : Pascal, Benoît, Julie, François ou M. Fernandez ?

1 Grève des transports en commun. Et justement aujourd'hui. C'est bien ma chance !
2 Hum, ça sent bon !
3 Vous en faites une tête ! Il y a un problème ?
4 Tu mets le casque, hein ?
5 Je vais au bureau à pied.
6 Je suis content de vous voir.

Observez les comportements

4 AVEZ-VOUS REMARQUÉ ?

1 Benoît fronce les sourcils, regarde Pascal en face.
Son visage exprime :
a de la curiosité ; b de l'indifférence.

2 Pascal lève les yeux au ciel, baisse la tête, ouvre la main.
Il a l'air :
a découragé ; b agressif.

3 L'attitude de Benoît montre :
a qu'il est d'accord avec la proposition de Julie ;
b qu'il trouve sa proposition stupide.

4 M. Fernandez exprime :
a de l'étonnement ;
b de l'amusement ;
c de l'admiration.

5 COMMENT ILS LE DISENT ?

Trouvez dans les dialogues :

1 deux demandes d'information ;
2 une façon de rassurer ;
3 l'expression d'une condition ;
4 une recommandation ;
5 une formule polie pour accueillir quelqu'un.

1 Qu'est-ce qu'il y a ?
Qu'est-ce qu'il n'y a pas ?

Dites ce qu'il y a et ce qu'il n'y a pas :
– dans la salle de classe ;
– dans l'appartement de Julie, Benoît et Pascal.
Jouez avec votre voisin(e).

Exemple : – **Dans la salle de classe, il y a des chaises.**
– **Oui, mais il n'y a pas de fauteuils.**

Il y a, il n'y a pas

Il y a est invariable.
L'absence est exprimée par la forme négative :
il n'y a pas de…
*Il y a des taxis, mais **il n'y a pas de** bus.*

Question : *Est-ce qu'il y a des étudiants ?*
Y a-t-il des étudiants ?

! **Qu'est-ce qu'il y a ?** est une question posée sur les événements en cours (= qu'est-ce qui se passe ?).

2 Donnez l'heure.

1 Observez ci-dessous la façon d'indiquer l'heure.
Il est :

dix heures 5

9 heures moins le quart

3 heures et quart

5 heures moins 25

7 heures et demie

2 Écoutez et notez les heures.

3 Que faire si… ?

Complétez avec la forme correcte du verbe entre parenthèses.

1 Si je n'arrive pas à l'heure, (attendre) jusqu'à 4 heures.
2 S'il y a grève des transports, (prendre) votre voiture.
3 Si tout est bloqué, ne (partir) pas.
4 S'il y a des embouteillages, (aller) au bureau à pied.
5 Si tu ne (mettre) pas ton casque, tu (prendre) des risques.
6 Si vous n' (entendre) pas, vous ne (comprendre) pas.

Exprimer la condition avec *si* + proposition au présent

Le verbe de la proposition principale est au présent (indicatif ou impératif).
*S'il fait beau, **va** au bureau à pied.*
*Si tu m'attends, je **pars** avec toi.*

4 Elle prend sa moto.

Complétez le dialogue avec : **attendre – mettre – entendre – prendre – apprendre.**

– Vous … le métro aujourd'hui ?
– Non, je … la moto de mon frère. Mais, j' … son retour.
– Vous … un casque, j'espère.
– Bien sûr.
– Vous n' … pas à conduire une voiture ?
– Non, mon frère et moi, nous … d'avoir de l'argent.
– Tiens, j' … quelqu'un arriver.
– Oui, c'est sûrement lui.

5 Vous mettez combien de temps ?

Demandez à votre voisin(e) combien de temps il/elle met pour aller à son bureau, en ville, en banlieue, à la poste, à la banque, à la gare… à pied, en autobus, en métro, en taxi, en voiture.

Exemple : – **Tu vas à ton bureau à pied le matin ?**
– **Non, je prends le métro.**
– **Combien de temps tu mets ?…**

dossier 4

DÉCOUVREZ LA **GRAMMAIRE**

Mettre et *prendre* au présent de l'indicatif

Mettre	Prendre
je **mets**	je **prends**
tu mets	tu prends
il/elle met	il/elle prend
nous **mett**ons	nous **pren**ons
vous mettez	vous prenez
ils/elles mettent	ils/elles **prenn**ent

⇨ Combien de radicaux est-ce que *mettre* et *prendre* ont au présent ?

Comprendre et *apprendre* se conjuguent comme *prendre*.

! Mais *attendre* et *entendre* n'ont qu'**un radical** : *J'attends, nous attendons.*

6 Est-ce qu'ils savent ?

*Demandez des renseignements à votre voisin(e). Utilisez **vous savez** dans votre demande. Votre voisin(e) invente le renseignement.*

Exemple : Quand est-ce que la grève commence ?
➡ **– Vous savez quand la grève commence ?**
  – Elle commence demain matin à 5 heures.

1 Est-ce qu'il y a des bus ?
2 Pourquoi est-ce que la circulation est bloquée ?
3 Où est-ce qu'on prend le bus ?
4 Comment est-ce qu'on va à la porte Maillot ?
5 Combien de temps est-ce qu'on met pour aller à la place de la Concorde ?
6 Comment est-ce qu'on se renseigne ?
7 Qu'est-ce qui se passe dans le centre ?
8 Est-ce que la grève est terminée ?

L'interrogation indirecte

– Proposition principale : **Je me demande..., elle veut savoir..., vous savez...**
– Proposition subordonnée introduite par un mot interrogatif : **qui, ce que, ce qui, si, quand, où...**
*Tu sais **si** le métro fonctionne ?*
*Je me demande **quand** il arrive.*

! Les mots interrogatifs suivants se transforment dans l'interrogation indirecte :
  – est-ce que ➡ si
  Est-ce que la circulation est bloquée ?
  *Il se demande **si** la circulation est bloquée.*
  – qu'est-ce que ➡ ce que
  – qu'est-ce qui ➡ ce qui

SONS ET LETTRES l'enchaînement

1 On enchaîne.

Lisez, puis écoutez et répétez.

1 Tu es à Angers avec elle ?
2 Il est toujours à l'heure.
3 Je mets une heure pour aller en ville.
4 Il y a une moto au garage.
5 Il y a déjà eu des problèmes ici ?

La **liaison** se fait à **l'intérieur d'un groupe rythmique.**
Mais l'enchaînement est obligatoire partout.
On ne dit pas : *Il va // à Alger,*
mais : *Il va à Alger.*

! **On ne respecte pas la limite des mots écrits dans la prononciation.**
On ne dit pas : *pour // aller, mais pour aller.*

1 VISIONNEZ LES VARIATIONS.

1 Trouvez d'autres façons de rassurer quelqu'un. Pensez à des expressions plus simples.

2 Avec quel(s) geste(s) est-ce que vous attirez l'attention de quelqu'un ?

3 Avec votre voisin(e), créez et jouez des dialogues dans les situations suivantes :

a Un(e) de vos ami(e)s a des problèmes dans son travail et dans sa famille. Vous rassurez votre ami(e). Ce n'est qu'un mauvais moment à passer.

b Vous cherchez quoi faire dimanche prochain. Votre ami(e) a des idées : son oncle a une maison à la campagne, son frère a une voiture, il/elle a des places de théâtre gratuites…

Attirer l'attention de quelqu'un

1 Oh, j'ai une idée ! François… il a une petite moto.

2 Dis donc ! François… il a une petite moto.

3 Oh, mais j'y pense, François… il a une petite moto.

4 Tiens, je pense à quelque chose. François… il a une petite moto.

Rassurer quelqu'un

1 Non, non, je plaisante. Il n'y a pas trop de problèmes ici.

2 Ne vous inquiétez pas.

3 Ne vous en faites pas.

4 N'ayez pas peur.

2 RETENEZ L'ESSENTIEL

Écoutez les quatre messages laissés sur les répondeurs et dites :

1 quel est le problème de Jean-Pierre ;

2 ce qu'ils vont faire ;

3 quel jour et à quelle heure Raoul fait ses courses ;

4 quel jour et à quelle heure le rendez-vous est fixé.

3 QUEL FILM CHOISIR ?

Vous téléphonez à un(e) ami(e) pour aller au cinéma. Vous vous mettez d'accord sur un film (titre, horaire, cinéma…) et vous fixez un rendez-vous.

GAUMONT CONVENTION, 27, rue Alain-Chartier, M° Convention, (# 116). (H). CG. Pl. 8€. TR. 6,50€ : CV, ET (du lun 13h au ven 18h). TU. 5,50€ : - de 12 ans. CB. Pass : 18€ /mois. Cinéma non permanent.
1) *GAUMONT RAMA. Séances 13h50, 16h25, 19h, 21h35. Film 20 mn après :*
PANIC ROOM (vo) (Dolby SRD)
2) *GAUMONT RAMA. Séances 14h, 16h35, 19h10, 21h45. Film 20 mn après :*
PARLE AVEC ELLE (vo) (Dolby SRD)
3) *Séances 13h30, 15h40, 17h50, 20h, 22h10. Film 10 mn après :*
LE BOULET (Dolby SR)
4) *Séances 14h, 16h, 18h, 20h, 22h. Film 15 mn après :*
FÉROCE (Dolby SR)
5) *Séances 13h30, 16h10, 18h50, 21h30. Film 15 mn après :*
LA REPENTIE (Dolby SR)
6) *Séances 13h55, 15h55, 17h55 et (sf mar) 19h55 et 21h55. Film 15 mn après :*
LES PETITES COULEURS (Dolby SR)
Mar 20h et 22h en avant-première :
Une affaire privée (Dolby SR)

GAUMONT KINOPANORAMA, 60, av. Motte-Picquet, M° Motte-Picquet, (# 117). Salle climat. CG. Pl. 8,50€. TR. 7€ : ET et CV. TU. 5,50€ : - de 12 ans. CB. Pass : 18€ /mois. Cinéma non permanent.
ECRAN PANORAMIQUE. Séances en vf : 14h05, 16h40. En vo (sf mar) : 19h20, 21h55. Film 15 mn après :
◆**LE VOYAGE DE CHIHIRO** (vf et vo) (Son numérique DTS)
Mar 20h30 en avant-première :
Samsara (vo)

4 ILS ONT TOUS QUELQUE CHOSE À FAIRE !

Écoutez et dites ce que Julien, Marielle et Michel font.

1 Qui prend : **a** le train ? **b** le bus ? **c** le métro ?

2 Qui part en voiture ?

3 À quelle heure ?

4 Pour quoi faire ?

5 COMMENT Y ALLER ?

Vous êtes dans le métro parisien. Des personnes vous demandent comment aller à différentes stations. Utilisez la carte du métro parisien page 62.
Jouez avec votre voisin(e). Demandez un renseignement chacun à votre tour.

Exemple : – **Nous sommes à Sèvres-Babylone. Comment est-ce qu'on va à la Défense ?**
– **Vous prenez la direction porte de la Chapelle et vous changez à Concorde. Ensuite, vous prenez la direction La Défense.**

Les transports

En octobre 1998, la société Matra Transport International a mis en circulation Météor, le premier métro lourd automatique dans le monde. Ce métro intelligent du futur équipera bientôt d'autres lignes, la société travaillant actuellement sur plusieurs chantiers en France et dans le monde.

« En onze ans, je n'ai jamais raté un seul train ! » Pour Jean-Pierre Balli, la vie quotidienne est rythmée par un double impératif : le TGV Tours-Paris de 7 h 04 et le Paris-Tours de 18 h 50. « J'ai déjà fait trois fois et demie le tour de la Terre pour me rendre quotidiennement à mon travail », indique-t-il avec fierté. Habiter Tours, c'est choisir la qualité de la vie ; travailler à Paris, c'est la certitude d'une vie professionnelle plus active.

URGENT
Paris-Bordeaux
Cherche passager pour Bordeaux en échange du partage des frais d'essence. Départ le 17 avril, 8 heures en Peugeot 306. Laisser un message pour Alain sur le panneau.

Cherche voiture pour Marseille, fin mai de préférence.
Suis prêt à partager les frais.
Téléphoner à Jean-Paul, 01 43 56 37 22 le soir de préférence.

LA VOITURE PLÉBISCITÉE

Au moment des grands départs pour les vacances d'été, fin juillet, il y a régulièrement des embouteillages sur les autoroutes. Aucun remède, sauf d'attendre des heures dans la chaleur et la poussière !

1 QU'EST-CE QU'ILS ONT EN COMMUN ?

1 Quel est le thème commun à tous ces textes ?
2 Quels documents parlent de voyages en train ?
3 Quels documents traitent de transports individuels ?
4 Quel document exprime l'avis d'un usager du TGV ?

2 DISTINGUEZ ENTRE LES GENRES DE TEXTE.

1 Quels sont les articles de journaux ?
2 Quelle est la petite annonce ?
3 Quelle est la légende de photo ?

3 À VOS STYLOS !

1 Vous cherchez un compagnon de voyage. Rédigez une annonce.
2 Vous cherchez une voiture pour faire un voyage. Écrivez une annonce.

4
dossier

DES MOTS **POUR LE DIRE**

En ville et sur la route

Un **agent de police** règle la circulation à un **carrefour**.
Un **piéton** traverse sur un passage pour piétons.
Des gens attendent à un **arrêt** pour monter dans l'autobus.
Un taxi s'arrête pour prendre des **passagers**.

Le **chauffeur** met les **bagages** dans le **coffre** de la voiture.
L'**automobiliste** fait **le plein d'essence** à la **station-service**.
Deux jeunes gens font de l'**auto-stop**.

1 FAITES DES LISTES.

Retrouvez dans le texte :

1 des mots désignant des moyens de transport ;
2 des acteurs de la circulation ;
3 des lieux ;
4 des actions (verbes et noms).

2 QU'EST-CE QUI VA ENSEMBLE ?

Faites correspondre un panneau de circulation pour chaque phrase.

1 La vitesse est limitée à 80 kilomètres à l'heure.
2 Il est interdit de tourner à droite.
3 Défense de pénétrer en voiture dans cette rue.
4 Attention, le tournant est dangereux.

a   b   c   d

3 QU'EST-CE QU'ILS ONT EN COMMUN ?

Observez les mots suivants et répondez aux questions.

Bouchon – trajet – arrêt – chemin – accident – permis – taxi – camion – train – bateau – piéton – agent.

1 Par quel son est-ce que ces mots se terminent ?
  a Un son de consonne. b Un son de voyelle.
2 Quel est leur genre ?
  a Masculin. b Féminin.
3 Quelle hypothèse peut-on faire sur le genre des noms terminés par un son de voyelle ?

Tête de station

la borne de taxi sonne désespérément
il n'y a personne pour répondre
tous ces gens qui sonnent désespérément
et qui ne trouvent jamais personne pour leur répondre

RAYMOND QUENEAU,

Courir les rues, © Éditions Gallimard, 1967.

AU CENTRE

⑧

Découvrez les situations

1 INTERPRÉTEZ LES PHOTOS.

Dites :

1 où est Pascal et avec qui il est ;
2 ce qu'il fait avec la jeune femme ;
3 quel spectacle est-ce qu'ils regardent ;
4 pourquoi le jeune garçon vient voir Pascal.

2 FAITES DES HYPOTHÈSES.

Visionnez sans le son et dites :

1 Pour qui est-ce que ce centre fonctionne ?
2 Quelles activités est-ce qu'on pratique dans le centre ?
3 Pourquoi est-ce que Pascal et le jeune garçon courent pour sortir du centre ?
4 Que va faire Pascal dans le centre ?

3 REGARDEZ LES IMAGES.

Dites :

1 dans quel ordre les personnages apparaissent ;
2 comment sont habillés :
  a Pascal ;
  b M. Fernandez ;
  c les deux danseurs de hip-hop ;
3 quels sont les différents lieux visités :
  a atelier de danse ;
  b cuisines ;
  c cafétéria ;
  d atelier d'écriture ;
  e bar du centre.

 Pascal et M. Fernandez sont dans le hall du centre. Ils se dirigent vers une femme d'une trentaine d'années, Isabelle, en jeans et baskets.

M. FERNANDEZ Voilà Isabelle. On travaille ensemble depuis l'ouverture du centre. Elle est toujours disponible et jamais de mauvaise humeur.

Isabelle sourit.

ISABELLE Tu exagères toujours !

M. Fernandez fait les présentations.

M. FERNANDEZ Isabelle, Pascal Lefèvre. Il remplace Julien. Tu vas t'occuper de lui. Fais les présentations. Moi, je vais finir le courrier.

ISABELLE D'accord.
M. FERNANDEZ Dis donc, tu n'as pas vu Clara et Monique ? J'ai besoin d'elles.
ISABELLE Si, elles sont au sous-sol.
M. FERNANDEZ À tout à l'heure.

M. Fernandez part.

———

ISABELLE Elles ont organisé des cours de cuisine. Alors, on a installé une cuisine au sous-sol. Elles vont souvent aider les apprentis cuisiniers !
PASCAL Ah, d'accord.

CULTUREL

Isabelle et Pascal commencent leur visite.

PASCAL : Il y a beaucoup de cours dans ce centre ?

ISABELLE : Ce ne sont pas vraiment des cours. Ce sont des activités : il y a de la danse, de la musique, du théâtre, un atelier d'écriture et une médiathèque, bien sûr. Tu as déjà été animateur ?

PASCAL : Oui. J'ai animé des stages d'écriture. J'aime bien. Et les jeunes, ils ont quel âge ?

ISABELLE : En moyenne entre 10 et 16-17 ans.

Pascal et Akim sortent de l'immeuble. Ils courent.

PASCAL : Tu as rêvé, il n'y a personne

AKIM : Non, je n'ai pas rêvé ! J'ai vu trois ou quatre garçons…

PASCAL : Ils ont eu peur de toi. Tu viens souvent au centre ?

AKIM : Deux ou trois fois par semaine.

PASCAL : Alors je compte sur toi pour surveiller ma moto ?

AKIM : Quand je suis là, pas de problème… Mais mettez quand même un antivol, c'est mieux.

PASCAL : Je n'ai pas vu beaucoup d'animateurs ?

ISABELLE : C'est à cause des grèves. En général ils sont toujours à l'heure.

PASCAL : Il y a déjà eu des problèmes, ici, avec les jeunes ?

ISABELLE : Non, jamais. Enfin… pas trop.

_____

Isabelle et Pascal sont à nouveau dans le hall d'accueil. On entend de la musique.

PASCAL : C'est la fête, ici ?

ISABELLE : C'est toujours la fête, ici ! C'est l'atelier de rap et de hip-hop. Ça a beaucoup de succès.

Ils entrent dans la salle de danse. Deux danseurs sont en train de répéter.

PASCAL : C'est impressionnant !

Akim, un jeune d'environ 14 ans, s'approche d'eux.

AKIM : Vous avez garé votre moto devant l'immeuble, m'sieur ?

PASCAL : Oui, il y a un problème ?

AKIM : Pas encore. Mais il y a des jeunes autour.

PASCAL : Viens avec moi. Allons voir.

PASCAL : Tu as raison. En plus, elle n'est pas à moi.

Ils retournent vers le bâtiment.

M. Fernandez et Pascal boivent un verre au bar du centre.

M. FERNANDEZ : Vous avez passé une journée intéressante ?

PASCAL : Très. Les jeunes sont sympas, dynamiques, pleins d'idées.

M. FERNANDEZ : Super. Alors, on se voit demain, et ici on se tutoie. C'est la règle.

PASCAL : D'accord. Il y a juste une petite question à régler.

M. FERNANDEZ : Oui ?

PASCAL : La rémunération. À l'agence pour l'emploi, ils n'ont rien dit.

M. FERNANDEZ : La rémunération… Il y a les indemnités de transport, les repas à la cafétéria. Ici, les animateurs touchent un petit salaire.

PASCAL : Petit… petit ? Parce que, moi, j'ai besoin d'argent !

M. FERNANDEZ : Je sais… Je sais… Mais, écoute, passe demain dans mon bureau. On va bien trouver une solution.

Observez l'action et les répliques

1 QU'EST-CE QU'ILS ONT RÉPONDU ?

*Visionnez avec le son. Dites : a qui pose la
question ; b à qui ; c quelle est la réponse.*

1 Il y a beaucoup de cours dans ce centre ?
2 Et les jeunes, ils ont quel âge ?
3 Je n'ai pas vu beaucoup d'animateurs ?
4 Vous avez passé une journée intéressante ?
5 La rémunération. À l'agence pour l'emploi, ils
n'ont rien dit.

2 RÉTABLISSEZ LA VÉRITÉ.

1 M. Fernandez et Isabelle ne travaillent pas
ensemble depuis longtemps.
2 Clara et Monique ne sont pas au centre à cause
de la grève.
3 Pascal n'a jamais travaillé comme animateur.
4 Pascal ne visite pas d'atelier.
5 Les animateurs n'ont pas de salaire au centre.

3 AVEZ-VOUS BIEN OBSERVÉ ?

Vous parlez des gens du centre.

1 Décrivez M. Fernandez :
Physiquement :
a Il est :
• grand ; • de taille moyenne ; • petit.
b Il est :
• mince ; • gros.
c Il a des cheveux :
• blonds ; • bruns ; • châtain.

Dans son comportement :
a Il a des gestes :
• rapides (vifs) ; • lents.
b Il est :
• sympathique ; • antipathique.
c Il parle de façon :
• claire et nette ; • embarrassée.
2 De la même manière,
décrivez Isabelle.

Observez les comportements

4 COMMENT EST-CE QU'ILS RÉAGISSENT ?

1 Fernandez fait des compliments à Isabelle. Elle sourit.
Que dit-elle ?
2 Pascal et Akim courent pour sortir du centre. Pascal est :
a inquiet ; b curieux.
3 Quand il aborde le sujet de la rémunération, Pascal se touche le nez. C'est un signe :
a de gêne, d'embarras ; b d'ennui.
4 Avant de partir, M. Fernandez touche le bras de Pascal et sourit. C'est un signe :
a d'amitié ; b d'au revoir.

5 COMMENT EST-CE QU'ILS LE DISENT ?

Mettez ensemble l'acte de parole et sa fonction.

1 Non, jamais. Enfin… pas trop.
2 Elle est toujours disponible et
jamais de mauvaise humeur.
3   Ici, on se tutoie. C'est la règle.
4 C'est à cause des grèves.
5 Oui, il y a un problème ?

a Une expression de cause.
b Une expression d'inquiétude.
c Une appréciation positive.
d Une façon d'atténuer une affirmation.
e Une proposition de tutoiement.

4
dossier

DÉCOUVREZ LA GRAMMAIRE

1 Présent ou passé ?

Écoutez et dites si vous entendez un verbe au présent ou au passé composé.

2 Associez les formes.

Mettez ensemble l'infinitif et le participe passé.

1 Être.	**a** Garé.
2 Avoir.	**b** Vendu.
3 Mettre.	**c** Dit.
4 Vendre.	**d** Entendu.
5 Dire.	**e** Mis.
6 Faire.	**f** Été.
7 Comprendre.	**g** Attendu.
8 Voir.	**h** Fait.
9 Entendre.	**i** Eu.
10 Garer.	**j** Compris.
11 Attendre.	**k** Vu.

3 Complétez la lettre.

Pascal a écrit à ses parents. Complétez sa lettre.

Hier, je (commencer) à travailler comme animateur social. Je (rencontrer) M. Fernandez et son assistante, Isabelle. Nous (faire) le tour du centre tous les deux. Je (visiter) les différents cours, je (observer) les animateurs et je (parler) avec des jeunes. Je même (voir) une séance de hip-hop. Je (discuter) avec M. Fernandez. Il (comprendre) mes problèmes d'argent et il me (promettre) de trouver une solution. À bientôt.

Parler de faits et d'événements passés : le passé composé

*Hier, j'**ai acheté** une moto.*
*La semaine dernière, tu **as lu** la brochure.*

● Le participe passé des verbes en **-er** est en **-é** : *acheté, allé, aidé...*

● Le participe passé des verbes en **-ir** est, en général, en **-i** : *fini, sorti, parti...*

● **Participes passés irréguliers**

être : **été**	*prendre* : **pris**	*mettre* : **mis**
avoir : **eu**	*attendre* : **attendu**	*voir* : **vu**
faire : **fait**	*connaître* : **connu**	*lire* : **lu**

4 Qu'est-ce que vous faites ?

1 Dites ce que vous faites :
a toujours ; b souvent ; c quelquefois ; d jamais.
2 Demandez à votre voisin(e) ce qu'il/elle fait...

> *Exemple :* Faire la cuisine.
> → **Moi, je ne fais jamais la cuisine. Et toi, tu fais la cuisine ?**

1 Visiter des musées.
2 Faire des voyages.
3 Lire des journaux.
4 Inviter des amis.
5 Écouter de la musique.
6 Prendre des vacances.
7 Suivre des cours.
8 Faire du sport.

Les adverbes de fréquence

● **Toujours**   100 % de fois
*Le directeur est **toujours** au centre.*

● **Souvent**   75 %
*Il va **souvent** au centre, deux ou trois fois par semaine.*

● **Quelquefois**   25 %
*Il va **quelquefois** au centre, deux ou trois fois par mois.*

● **Jamais**   0 %
*Il ne va **jamais** au cinéma.*

❗ *Ne... jamais* est utilisé comme négation.

5 Qu'est-ce qu'ils ont l'intention de faire ?

Dites ce qu'ils vont faire.

> *Exemple :* Pascal – rendre la moto à François.
> → **Pascal va rendre la moto à François.**

1 Pascal – animer des ateliers d'écriture.
2 Akim – surveiller la moto de Pascal.
3 Isabelle – présenter Clara et Monique à Pascal.
4 Monsieur Fernandez – réfléchir au problème de Pascal.
5 Les animateurs – rattraper leur retard.

dossier 4

6 Non, pas encore.

Transformez l'affirmation en question-réponse.
Jouez avec votre voisin(e).

Exemple : Ils n'ont pas encore commencé, mais ils
vont préparer la fête.
→ **– Vous avez déjà préparé la fête ?**
– Non, pas encore, mais nous allons
commencer.

1 Ils n'ont pas encore fait leur choix, mais ils vont
acheter un cadeau pour leur ami.

2 Ils n'ont pas encore fait de liste, mais ils vont
envoyer les invitations.

3 Ils n'ont pas encore décidé du menu, mais ils vont
téléphoner à un cuisinier.

4 Ils n'ont pas encore eu besoin d'aide, mais ils vont
parler à leurs amis.

Le futur proche ou d'intention : *aller* + infinitif

Le futur proche, ou futur d'intention, se forme
avec *aller* + infinitif.
Je **vais vendre** ma moto.
Elles **vont jouer** au tennis.

La réponse affirmative *si* à une question négative

– Tu **n'as pas** vu Clara et Monique ?
– **Si**, elles sont au sous-sol.

---

7 *Qui est-ce qui* ou *qu'est-ce qui* ?

Répondez aux questions.
*Ne confondez pas **qui est-ce qui** (personnes)*
*et **qu'est-ce qui** (choses).*

Exemple : Qui est-ce qui n'a plus de clients à cause
de la mauvaise circulation ?
→ **Les chauffeurs de taxis n'ont plus de**
clients.

1 Qu'est-ce qui ne fonctionne plus à cause de la
grève ?

2 Qu'est-ce qui n'avance plus à cause des
embouteillages ?

3 Qui est-ce qui ne travaille plus à cause des
perturbations ?

4 Qu'est-ce qui ne circule plus à cause du mauvais
temps ?

5 Qui est-ce qui n'arrive plus à l'heure à cause des
retards des transports ?

8 *Si* ou *non* ?

– Tu n'as pas vu mon ami Georges ?
– ..., il est passé au bureau hier. Il n'a pas téléphoné
ce matin ?
– ..., mais il n'a pas laissé de message.
– Tu n'as pas encore parlé avec lui des projets pour
le centre ?
– ..., je n'ai pas eu le temps.
– Tu ne vas pas le voir aujourd'hui ?
– ..., j'ai rendez-vous avec lui à midi.
– Bon, tu vois, il n'y a pas de temps perdu !

SONS ET LETTRES liaison et enchaînements

1 Marquez les enchaînements et les liaisons.

Écoutez l'enregistrement et lisez les phrases. Tenez
compte des lettres muettes.

1 Faites attention aux embouteillages en ville.
2 Le trafic est interrompu pour aller en banlieue.
3 Elle est allée en Italie à Aoste.
4 Elle a une idée pour rentrer à l'école.
5 Il a animé des ateliers au centre.

2 Précisez la différence.

Redéfinissez la différence entre liaisons et
enchaînements et donnez des exemples.

3 [e] ou [ɛ] ?

Combien de graphies différentes de é fermé [e] et
de è ouvert [ɛ] est-ce que vous avez repérées dans
l'épisode ? Classez-les et donnez des exemples.

4
dossier

COMMUNIQUEZ

1 VISIONNEZ LES VARIATIONS.

1 Vous ne voulez pas répondre tout de suite à une demande d'aide ou d'argent. Qu'est-ce que vous dites ?
2 Jouez les scènes suivantes avec votre voisin(e).

a Soyez sincère ! Quelqu'un vous demande si vous aimez le hip-hop, le théâtre d'avant-garde, la peinture contemporaine. Variez les expressions.

b Imaginez. Vous discutez du prix d'un objet avec un commerçant. Vous êtes tou(te)s les deux intéressé(e)s, lui/elle pour vendre et vous pour acheter. Chacun(e) de vous fait un effort pour montrer sa bonne volonté. Faites un court dialogue et employez différentes expressions.

Dire qu'on aime

1 Oui, j'ai animé des stages d'écriture. Ça me plaît beaucoup
2 C'est très intéressant.
3 C'est passionnant.
4 J'adore ça !

Dire qu'on n'aime pas

1 J'ai animé des stages mais ça ne me plaît pas.
2 C'est sans intérêt.
3 C'est nul !
4 Je déteste ça !

Montrer sa bonne volonté, rassurer

1 Passe demain dans mon bureau. On va bien trouver une solution.
2 On va y réfléchir.
3 Je vais voir ce que je peux faire.
4 On peut toujours s'arranger.

2 RETENEZ L'ESSENTIEL.

Écoutez l'interview et répondez aux questions.

1 Quel âge a Laura ?
2 Quand est-ce qu'elle a quitté Lyon ?
3 Est-ce qu'elle a déjà chanté sur une grande scène à Paris ?
4 Est-ce qu'elle a déjà eu peur sur scène ?

3 UN BON SUJET.

Écoutez et répondez aux questions.

1 La personne qui répond aux questions est :
a un cuisinier ; **b** un ingénieur ; **c** un journaliste.
2 Il a visité le centre avec :
a le directeur ;
b son assistante ; **c** un animateur.
3 Le centre a organisé des cours :
a d'informatique ; **b** de cuisine.
4 Est-ce que ces nouveaux cours ont du succès ?
a Oui. **b** Non.
5 De quoi est-ce que les jeunes et les animateurs ont parlé ?

4 OÙ ALLEZ-VOUS PARTIR EN VACANCES ?

Vous demandez à votre voisin(e) où il/elle va passer ses prochaines vacances ou son prochain week-end, quel moyen de transport il/elle va utiliser, ce qu'il/elle a l'intention de faire, pourquoi il/elle a choisi l'endroit…
Changez les rôles pour que chacun pose des questions et donne ses réponses.

Ploumanach.

5 FAITES LE PRÉSENTATEUR.

Toute votre ville est bloquée (grève, travaux, accident, visite d'une personnalité…) Composez un bulletin d'informations à la radio pour tenir vos auditeurs au courant. En plus de l'information, vous les conseillez sur l'itinéraire à prendre ou le moyen de transport à utiliser.
Jouez devant le groupe entier.

CIVILISATION

Les transports urbains

Le tramway de Nantes.

Pour de nombreux Français, le transport c'est la voiture. Mais il faut stationner en ville. Ce n'est pas toujours facile et c'est cher. Et la voiture a un problème : elle pollue. Il y a bien des contrôles antipollution, mais sont-ils vraiment efficaces ?

La solution, c'est les transports en commun. À Nantes, on a retrouvé le bon vieux tramway oublié depuis des générations et modernisé aujourd'hui grâce à tous les moyens des technologies de pointe !

À Paris, les autobus et les métros se sont modernisés. Heureusement ! Les stations sont accueillantes. Certaines sont de véritables musées toujours ouverts au public.

D'autres villes, comme Lyon ou Toulouse, ont des lignes de métro très modernes.

Mais d'autres solutions sont également utilisées. Ce bus, à Lille, fonctionne au méthane, un carburant écologique, obtenu à partir des eaux usées. Il permet également de réduire la pollution.

1 TROUVEZ LE VERBE.

Exemple : Transport.
→ **Transporter.**

1 Pollution.
2 Stationnement.
3 Contrôle.
4 Oubli.
5 Fonctionnement.
6 Réduction.

2 AVEZ-VOUS UNE BONNE MÉMOIRE ?

1 Quels problèmes posent les voitures ?
2 Qui fait le contrôle antipollution dans le reportage ?
3 Avec quelle source d'énergie fonctionnent :
   a es tramways ; b le bus utilisé à Lille ?
4 Qu'est-ce qui est exposé dans la station de métro parisienne ?
   a Des tableaux. b Des statues.
   c Des affiches. d Des plans.

3 ET DANS VOTRE PAYS ?

1 Quels transports en commun est-ce que vous utilisez ?
2 Dans quelles villes avez-vous :
   a des métros ; b des bus ;
   c des tramways ?
3 Qu'est-ce qu'on fait contre la pollution ?

Un batobus.

PRENEZ LE BATEAU

Des batobus fonctionnent sur la Seine entre la tour Eiffel et Notre-Dame de mai à octobre. Trois vedettes, nommées d'après des acteurs et des chanteurs célèbres : Jean Gabin, Édith Piaf et Yves Montand, partent toutes les 25 minutes. On gagne du temps et on admire le cœur de Paris.

Le métro de Toulouse.

4

dossier

épisode

RAVI DE FAIRE VOTRE CONNAISSANCE

épisode ⑩

UN VISITEUR DE MARQUE

p. 78

p. 86

VOUS ALLEZ APPRENDRE À :

– décrire les activités d'une journée
– faire un compliment à quelqu'un sur sa tenue
– rappeler à quelqu'un ce qu'il doit faire
– dire ce qui est permis et ce qui est interdit
– demander et donner une autorisation
– parler d'événements futurs
– situer des lieux extérieurs
– demander quelle est la cause ou l'intention
– demander et donner des informations sur le temps qu'il fait
– indiquer la fréquence

VOUS ALLEZ UTILISER :

– le passé composé avec *être*
– des verbes pronominaux
– le verbe *pouvoir* au présent
– le futur simple
– des adverbes et des prépositions de lieu
– les adjectifs démonstratifs
– les verbes *connaître* et *savoir*
– *pourquoi ? parce que... ou pour...*

RAVI DE FAIRE VOTRE

épisode

Découvrez les situations

1 QUELLE EST LA PHOTO ?

Lisez les légendes et donnez le numéro des photos correspondantes.

1 Il est bien élégant ce matin !
2 Vous allez à l'aéroport, n'est-ce pas ?
3 C'est la photo du visiteur japonais ?
4 D'où vient l'avion ?

2 FAITES DES HYPOTHÈSES.

Visionnez sans le son.

1 Quel air a le collègue quand Benoît arrive ?
a Triste. **b** Heureux. **c** Moqueur.

2 Quels personnages nouveaux est-ce que vous avez vus ? Qui sont-ils ?

3 Benoît tient une photo. Qui est sur cette photo ?

4 Le Japonais est-il la personne attendue par Benoît ?

3 QU'EST-CE QUE VOUS AVEZ VU ?

Dans l'aéroport de Roissy, quels objets avez-vous vu ?

une pancarte   une horloge   un panneau
d'arrivée
des vols

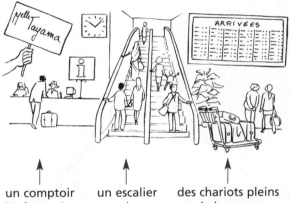

un comptoir   un escalier   des chariots pleins
d'information   roulant   de bagages

Benoît, en costume-cravate, très élégant, prend son café dans la cuisine. Julie arrive, en robe de chambre.

JULIE	Salut !
BENOÎT	Salut !
JULIE	Tu es tombé du lit ! Il n'y a pas grève pourtant, aujourd'hui.
BENOÎT	Non, mais je me suis levé tôt. J'ai beaucoup de travail. Dis donc, tu es rentrée tard cette nuit.
JULIE	Oui, je suis sortie avec Claudia, Violaine, Yves et François.
BENOÎT	Vous êtes allés où ?
JULIE	On est allés danser. Claudia, Violaine et Yves sont partis de bonne heure. François et moi, on est restés tard. Je n'ai pas beaucoup dormi.
BENOÎT	Tiens, tiens...
JULIE	Je suis majeure, hein... Et toi, tu es bien élégant, ce matin. Pourquoi est-ce que tu t'es habillé comme ça ?
BENOÎT	Je vais chercher quelqu'un à l'aéroport cet après-midi.
JULIE	C'est le président de la République !

5
dossier

CONNAISSANCE

BENOÎT	C'est ça. Ne m'attendez pas pour dîner ce soir. Mangez tous les deux.
JULIE	Tu sors ce soir ? Tu vas où ?
BENOÎT	À l'Élysée… Eh, moi aussi, je suis majeur…

Benoît entre dans l'immeuble. Il arrive essoufflé.

UN COLLÈGUE	Salut Benoît ! Qu'est-ce qui t'arrive ? Pourquoi est-ce que tu es essoufflé ?
BENOÎT	Parce que je suis monté à pied.
LE COLLÈGUE	Pour garder la ligne ! Et pourquoi tu es aussi élégant aujourd'hui ?
BENOÎT	Parce que j'ai un rendez-vous important. Tu es bien curieux !
ANNIE	N'écoute pas. Il est jaloux.

LE CHEF	Parfait. Alors, on se voit demain.

Le chef de service sort du bureau.

LE COLLÈGUE	(ironique) Elle est comment, cette demoiselle ?
BENOÎT	Ravissante.
LE COLLÈGUE	Et pourquoi est-ce qu'elle vient à Paris ?
BENOÎT	Parce qu'elle est chargée d'organiser un voyage cet été pour un groupe de paysagistes japonais. Au programme : visite des beaux parcs de la capitale.
LE COLLÈGUE	Dites-le avec des fleurs…

Un homme de cinquante ans entre dans le bureau de Benoît. C'est le chef du service.

LE CHEF	Alors, Royer, vous n'avez pas oublié ? Vous allez chercher Mlle Tayama aujourd'hui à Roissy.
BENOÎT	Non, non, Monsieur, je n'ai pas oublié. Son avion arrive à 17 h 20.
LE CHEF	Vous n'avez pas préparé de pancarte à votre nom ?
BENOÎT	Si, et elle a envoyé sa photo. Je ne pense pas avoir de problème pour trouver Mlle Tayama.
LE CHEF	Vous avez gardé votre soirée pour vous occuper d'elle, bien entendu ?
BENOÎT	Bien sûr. J'ai réservé deux couverts dans un bon restaurant.

Un taxi s'arrête devant l'aéroport de Roissy.
Benoît descend du taxi et entre dans l'aérogare.
Il regarde les panneaux d'arrivée. Le vol en provenance de Tokyo est annoncé pour 17 h 20.
Benoît attend. Il tient une pancarte à la main et une photo. Les voyageurs sortent.
Pas de Mlle Tayama ! Benoît est inquiet.

Un Japonais s'approche de lui.

M. IKEDA	Monsieur Benoît Royer ?
BENOÎT	Oui, c'est moi.
M. IKEDA	Je m'appelle Ikeda. Je remplace Mlle Tayama. Elle est partie hier pour les États-Unis. Elle est désolée.
BENOÎT	(surpris) Mais… je suis ravi de faire votre connaissance, Monsieur Ikeda.

ORGANISEZ VOTRE COMPRÉHENSION ⑨

Observez l'action et les répliques

1 QUEL ÉVÉNEMENT A PRÉCÉDÉ L'AUTRE ?

Visionnez avec le son.
Quel est le premier événement de chaque groupe ?

1 a Julie a posé des questions à Benoît dans la cuisine.
   b Benoît a interrogé Julie sur sa soirée.
2 a Le chef de service a rappelé son rendez-vous à Benoît.
   b Un collègue a posé des questions à Benoît sur Mlle Tayama.
3 a Benoît a pris un taxi pour aller à Roissy.
   b Benoît est monté au bureau à pied et il est essoufflé.
4 a Un Japonais s'est présenté à Benoît. Il remplace Mlle Tayama.
   b Benoît a attendu la sortie des voyageurs du vol en provenance de Tokyo.

4 QUI DIT QUOI ? À QUI ?

Retrouvez les paroles des personnages.

2 REPÉREZ LES EXPRESSIONS DE TEMPS.

Revoyez le film et notez les expressions de temps. Classez-les selon les catégories suivantes :

1 indication du jour ;
2 moment de la journée ;
3 heure.

3 QU'EST-CE QU'ILS ONT RÉPONDU ?

Essayez de vous rappeler la réplique suivante de mémoire. Sinon, retrouvez-la dans le film.

1 Vous êtes allés où ?
2 Tu sors ce soir ? Tu vas où ?
3 Et pourquoi tu es aussi élégant aujourd'hui ?
4 Vous n'avez pas préparé de pancarte à votre nom ?
5 Elle est comment, cette demoiselle ?

Observez les comportements

5 COMMENT EST-CE QU'ILS ONT RÉAGI ?

Dans quelle situation un personnage a été :

1 surpris ?
2 irrité ?
3 curieux ?
4 ironique ?
5 surpris et déçu ?
6 autoritaire ?

6 DITES-LE COMME EUX.

Imitez les intonations des personnages.

1 BENOIT : Tiens, tiens…
2 JULIE : Je suis majeure, hein.
3 LE COLLÈGUE : Elle est comment, cette demoiselle ?
4 BENOIT : Mais… je suis ravi de faire votre connaissance.

DÉCOUVREZ LA GRAMMAIRE

9

1 Qu'est-ce qu'elles ont fait ?

1 Écoutez le dialogue et trouvez les verbes au passé composé.

a Être.
b Sortir.
c Aller.
d Arriver.
e Venir.
f Rentrer.
g Se reposer.
h Sortir.
i Rester.
j Téléphoner.
k Répondre.
l Danser.
m Adorer.
n Repartir.
o Prendre.
p Se lever.
q Dire.

2 Dites comment les deux femmes ont passé la soirée.

2 Racontez.

Mettez les verbes entre parenthèses au passé composé.

Des amis (venir) nous voir hier soir. Nous (sortir) à 8 heures. Nous (aller) au cinéma. Ensuite, tout le monde (aller) au café. Nous (parler). Yves (partir) de bonne heure. Violaine (rentrer) à 11 heures. François et moi, nous (rester) plus tard. Je (rentrer) chez moi à deux heures du matin. Je (passer) une soirée très agréable.

Le passé composé avec *être*

Les verbes *aller/venir, entrer/sortir, arriver/partir, monter/descendre, tomber, passer, rester, devenir, naître/mourir* et leurs composés forment leur **passé composé** avec l'auxiliaire ***être***.

❗ Leur participe passé s'accorde en genre et en nombre avec le sujet :
***Elles** sont entrées. **Ils** sont partis.*
*Qu'est-ce qu'**ils** sont devenus ?*

❗ Si les verbes *monter, descendre, passer* ont un complément d'objet direct, ils forment leur passé composé avec l'**auxiliaire *avoir*** :
*Ils **sont** montés,*
mais : *Ils **ont** monté les bagages.*

3 Distinguez entre les pronominaux.

Lisez les phrases suivantes et dites si le pronom est réfléchi ou réciproque.

> *Exemple :* Nous nous habillons ➜ **pronom réfléchi**.
> Nous nous parlons ➜ **pronom réciproque**.

1 Tu te rases tous les matins ?
2 Ils se téléphonent tous les jours.
3 Nous nous préparons.
4 Elles se racontent leurs aventures.
5 Vous vous voyez souvent ?
6 Vous vous habillez très bien.

Les verbes pronominaux

• Les **verbes pronominaux** sont de deux types :
– **réfléchi** : *Je **me** regarde dans la glace* ;
– **réciproque** : *Ils **se** regardent* (l'un l'autre).

• **Ils forment leur passé composé avec l'auxiliaire *être*.**

⇨ Faites la différence entre :
– *Julie se maquille* (= Julie maquille Julie).
– *Julie et Clara se parlent* (= Julie parle à Clara et Clara parle à Julie).

❗ Si le pronom (*me, te, se, nous, vous, se*) est complément d'objet direct, le participe passé s'accorde en genre et en nombre avec le sujet :
Tu t'es coiffé(e). Elles se sont habillées,
mais : *Ils se sont parlé.*

4 Expliquez ce qu'ils ont fait.

Répondez affirmativement et donnez une explication.

> *Exemple :* Vous ne vous êtes pas couchés tard ?
> ➜ **Si, nous sommes allés au théâtre.**
> **Nous sommes rentrés à minuit.**

1 Elles ne sont pas rentrées tard la nuit dernière ?
2 Ils ne se sont pas levés tôt ce matin ?
3 Vous n'êtes pas parties en voiture ?
4 Tu n'es pas allée au bureau ?
5 Ils n'ont pas téléphoné ?

dossier **5**

DÉCOUVREZ LA GRAMMAIRE

9

5 Qu'est-ce que vous avez fait ?

Vous posez des questions à votre voisin(e) sur son emploi du temps de la veille et du matin. Lui/elle aussi vous interroge.

> *Exemple :* Tu es sorti(e), hier soir ?
> → **Oui, je suis allé(e) au cinéma…**

6 Ça s'est passé hier.

Racontez l'histoire de Paul et de Virginie.

Hier, Virginie est rentrée de voyage…

7 Pourquoi Benoît a-t-il fait tout ça ?

Trouvez les questions.

1 Pour garder la ligne.
2 Parce qu'il a un rendez-vous important.
3 Pour emmener Mlle Tayama au restaurant.
4 Parce qu'il ne connaît pas Mlle Tayama.
5 Pour aller attendre Mlle Tayama.

Demander la cause ou l'intention, le but

La réponse à la question *pourquoi* ? peut exprimer la cause (*parce que*) ou l'intention (*pour* + infinitif).
– *Pourquoi* est-ce que tu t'es levé tôt ?
– *Parce que* j'ai un travail urgent à finir. (Cause.)
– *Pour aller* chercher quelqu'un à l'aéroport. (Intention, but.)

SONS ET LETTRES

le pluriel à l'oral et les graphies du son [s]

1 Quelles sont les marques orales du pluriel ?

Dites combien de marques du pluriel vous entendez.

2 Comment ça s'écrit ?

1 Écoutez et écrivez les phrases suivantes.
2 Combien de façons différentes y a-t-il d'écrire le son [s] ?
3 Comment se prononce la lettre s entre deux voyelles ?

Les graphies de [s]

s   *danser, rester, sortir*
ss *ravissante, intéresser, aussi, essoufflé*
c   *ce soir, parce que, c'est*
ç   *ça, garçon*

! La lettre **s** entre deux voyelles se prononce [z] : *réserver, l'Asie, poser…*

COMMUNIQUEZ

1 VISIONNEZ LES VARIATIONS.

1 Complimentez votre voisin(e) sur sa tenue.
2 Rappelez à votre voisin(e) qu'il/elle doit faire quelque chose aujourd'hui.
Inversez les rôles.

Faire un compliment à quelqu'un sur sa tenue

1 Eh bien, dis donc, tu t'es fait beau aujourd'hui !
2 Quelle élégance !
3 Que tu es chic !
4 Tu es très distingué !
5 Tu as mis ton costume du dimanche ?
6 Tu fais un concours d'élégance aujourd'hui ?

Rappeler à quelqu'un qu'il doit faire quelque chose

1 Alors, Royer, vous vous souvenez ? Vous allez chercher Mlle Tayama aujourd'hui à Roissy.
2 Alors, Royer, c'est toujours d'accord ?
3 Alors, Royer, c'est entendu ?

Calmer la curiosité de quelqu'un

1 Tu es bien curieux !
2 Qu'est-ce que ça peut te faire ?
3 Si on te le demande…
4 Dis donc, ça te regarde ?

2 EN SITUATION.

1 Écoutez ces mini-dialogues et dites si les compliments sont ironiques ou sincères.

2 Changez ces dialogues et introduisez des expressions pour calmer la curiosité de quelqu'un. Jouez-les avec votre voisin(e).

3 RETENEZ L'ESSENTIEL.

Écoutez et dites :

1 à quel aéroport on va ;
2 à quelle heure est l'avion ;
3 quelle est la provenance de l'avion attendu ;
4 à quel terminal il arrive ;
5 combien de temps est-ce qu'on met pour aller à l'aéroport.

4 LES PARTICIPANTS AU CONGRÈS.

Votre association a organisé un congrès. Vous êtes chargé(e) d'aller accueillir trois participants à l'aéroport. L'un arrive de Pékin, l'autre de Buenos-Aires et le troisième de Moscou.
Vous consultez le tableau des arrivées, mais les avions ont du retard.
Vous vous adressez au bureau d'informations pour savoir quelles sont les heures d'arrivée prévues, à quelle sortie attendre les voyageurs.
Vous donnez le numéro des vols et dites le nom de la compagnie. L'hôtesse vous renseigne.
Elle vous donne la raison des retards.

VOL	PROVENANCE	ARRIVÉE	PORTE
AR 604	BUENOS-AIRES	15 H 55	D
DB 728	LONDRES	16 H 10	B
AF 232	NICE	16 H 25	E
AF 027	PÉKIN	16 H 30	C
SU 514	MOSCOU	16 H 40	A

5 RENSEIGNEZ-VOUS BIEN !

Un(e) ami(e) vous téléphone. Il/elle est malade et vous demande d'aller chercher quelqu'un à la gare à sa place.
Vous demandez et vous notez tous les renseignements nécessaires pour trouver la personne à la sortie du quai : nom et description de la personne, provenance, heure d'arrivée…

ÉCRIT

Après la pluie, le beau temps

Le temps aujourd'hui

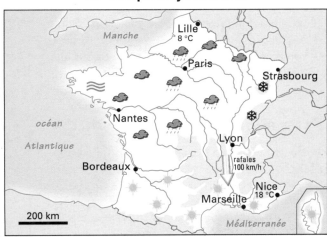

Sur l'ouest de la France, le temps reste gris. Le ciel est couvert de nuages. Un brouillard dense recouvre la Bretagne. Sur le nord et l'est, la température ne dépasse pas les 8 degrés centigrades et la neige tombe au-dessus de 1 500 mètres.

Dans le Centre et le Bassin parisien, la pluie tombe de façon continue.

Dans le Midi-Pyrénées et autour de la Méditerranée, le soleil brille et la température atteint les 18 degrés.

Un vent fort souffle en vallée du Rhône avec des rafales de 100 kilomètres à l'heure et chasse les nuages.

Il fait beau sur la Côte d'Azur et en Corse.

Le soleil brille.   La pluie tombe.

Le ciel est couvert   Le brouillard est dense.
de gros nuages.

Il neige en montagne.   Un vent violent souffle
                           en rafales.

1 QUEL EST CE DOCUMENT ?

Choisissez la bonne réponse.

1 Ce document est :
   a un bulletin météo ;
   b une publicité pour des vacances ;
   c un article sur l'état des routes.

2 Ce document permet :
   a de savoir quel temps il fait aujourd'hui ;
   b de prévoir le temps de demain ;
   c de prévoir l'évolution du temps pendant la semaine.

3 L'information est classée :
   a par régions ;
   b par types de temps ;
   c par ordre chronologique.

4 La carte :
   a est une illustration et n'apporte pas d'information nouvelle ;
   b apporte des informations nouvelles ;
   c permet de se faire rapidement une idée.

2 COMMENT LISEZ-VOUS CE TYPE DE DOCUMENT ?

Choisissez la bonne réponse.

1 Je regarde d'abord la carte.
2 Je lis d'abord le texte.
3 Je lis tout le texte.
4 Je lis seulement le paragraphe qui parle de ma région.

3 FAITES VOTRE PROGRAMME.

Qu'est-ce que vous pouvez faire :

1 si vous êtes dans la région parisienne ;
2 si vous êtes en Bretagne ;
3 si vous êtes dans le Sud-Ouest ;
4 si vous êtes dans le Sud-Est ?

4 À VOS STYLOS !

Écrivez le bulletin météorologique de votre pays pour la journée.

5

dossier

DES MOTS **POUR LE DIRE**

Une journée bien remplie !

Il s'est levé de bonne heure.
Il s'est rasé.
Il s'est coiffé.
Il s'est préparé.

Elle s'est levée tôt. Elle s'est douchée. Elle s'est maquillée. Elle s'est habillée. Elle s'est regardée dans la glace

Ils sont partis au bureau en voiture.
Elle est arrivée au bureau à 8 h 30. Elle s'est mise au travail. Elle s'est servie de l'ordinateur.
Il s'est intéressé aux affaires courantes.
Il est descendu à la cafétéria pour le déjeuner.
Il est resté bavarder quelques minutes avec ses collègues.
Ils sont retournés au travail.

Elle est partie
du bureau à 17 h 30.
Elle est allée faire
des courses dans des
magasins
d'alimentation. Elle
est rentrée chez elle,
fatiguée, à 18 h 30.

Il est revenu vers
19 h 30. Il s'est
occupé du dîner.
Il s'est amusé avec
les enfants.

Ils se sont couchés vers 23 heures.

1 QU'EST-CE QU'ILS ONT EN COMMUN ?

1 Quel est l'infinitif des verbes ci-dessus ?

2 Classez-les en deux catégories :
a verbes pronominaux ; b autres.

3 Connaissez-vous d'autres verbes qui peuvent entrer dans ces deux listes ?

4 Qu'est-ce que tous ces verbes ont en commun dans la formation du passé composé ?

2 ÉCRITURE.

Racontez votre journée d'hier.

Avant la douche

Une goutte d'eau
la pluie
une averse
la brume
le brouillard
une ondée
l'orage
la tempête
la tornade
un sanglot
une larme
allons allons
l'eau est tirée
il faut la boire

PHILIPPE SOUFAULT, *Chansons vécues,*
1948-1949, Eynard. ®

UN VISITEUR

épisode

Découvrez les situations

1 INTERPRÉTEZ LES PHOTOS.

Dites :

1 si M. Ikeda descend dans un grand hôtel ;

2 quelle est la saison de l'année ;

3 pourquoi on utilise des quadricycles dans le Parc floral.

2 COMMENT SE DIRIGER DANS LE PARC ?

Regardez le plan du parc et posez des questions. Utilisez :

*– **où se trouve(nt)… ?***

*– les prépositions : **au fond de, en face de, sur la gauche, de chaque côté de, tout autour de.***

un bassin

Le parc Floral de Vincennes

un jardin

une pelouse

une serre

 Benoît et M. Ikeda discutent dans un taxi.

BENOÎT (Il montre une petite carte.) J'ai réservé une chambre dans cet hôtel. Vous aurez le temps de vous reposer. On ira visiter le parc demain.

M. IKEDA Non, non, je me reposerai plus tard.

M. IKEDA C'est un grand hôtel, n'est ce pas ?

BENOÎT Oui. Et très confortable. Vous connaissez cet hôtel ?

M. IKEDA Oui, oui. Mais je n'aime pas beaucoup les grands hôtels. Je préfère aller là, si cela ne vous dérange pas.

Il sort une autre carte et montre la carte à Benoît.

BENOÎT Euh… Si vous préférez… Mais je ne sais pas s'ils auront une chambre libre…

M. IKEDA Oh, il n'y a pas de problème. J'ai déjà réservé depuis Tokyo. J'aime beaucoup ce petit hôtel. Ce sera plus calme.

BENOÎT Alors, tout va bien. Je vais indiquer l'adresse au chauffeur.

Le taxi s'arrête devant l'hôtel. M. Ikeda descend. Benoît se retourne vers le chauffeur de taxi pour payer la course.

BENOÎT Ça fait combien ?

LE CHAUFFEUR 230 francs (35 euros environ), Monsieur.

DE MARQUE

Benoît lui donne un billet de 500 francs (76 euros environ).

LE CHAUFFEUR   Vous n'avez pas de monnaie, s'il vous plaît ?

BENOÎT   Si, j'ai de la monnaie. Tenez. Gardez la monnaie et donnez-moi un reçu pour 250 francs (38 euros environ), s'il vous plaît.

_____

Benoît et M. Ikeda sont au Parc floral.

BENOÎT   Voici le Parc floral de Paris. D'ici, on ne peut pas le voir en entier, mais il est très grand.

M. IKEDA   Quelle surface fait-il ?

BENOÎT   35 hectares.

M. Ikeda se tourne vers Benoît et lui montre les serres du parc.

M. IKEDA   Ces petits bâtiments en verre, de chaque côté des allées, ce sont des serres, n'est-ce pas ?

BENOÎT   Oui. Ce sont des expositions de plantes rares.

M. IKEDA   Nous pouvons visiter toutes ces serres ?

BENOÎT   Oui, bien sûr. Mais il y en a beaucoup, nous n'aurons pas le temps de tout voir.

M. Ikeda voit passer deux enfants sur un quadricycle.

M. IKEDA   Oh, nous pouvons peut-être prendre un véhicule comme celui-ci ?

M. IKEDA   Je peux prendre des photos ?

BENOÎT   Oui, oui. Vous pouvez, ce n'est pas interdit.

Benoît indique des directions de la main.

BENOÎT   Derrière nous, il y a le château de Vincennes. Et, tout autour, c'est le bois de Vincennes, avec de nombreux terrains de sport.
En face de nous, c'est la vallée des fleurs. Et plus bas, il y a des bassins.

M. IKEDA   Où se trouve le jardin des quatre saisons ?

BENOÎT   Devant nous, tout au bout.

M. IKEDA   Allons-y !

BENOÎT   Oui, mais je vais aller chercher le conservateur, nous avons rendez-vous avec lui à 15 heures.

M. IKEDA   Non, non, je préfère ne pas déranger ce monsieur.

BENOÎT   Vraiment, vous ne préférez pas voir le conservateur ? Il connaît très bien ce parc, et il sait tout ce qu'il faut savoir sur les plantes.

Benoît regarde son plan.

BENOÎT   Oui, un quadricycle. Je vais me renseigner.

_____

M. Ikeda et Benoît pédalent sur leur quadricycle. Ils regardent autour d'eux.

M. IKEDA   Et pour ce soir, vous avez prévu quelque chose ?

Benoît sourit, l'air heureux d'annoncer une bonne nouvelle à son hôte.

BENOÎT   Oui. Pour ce soir, j'ai retenu une table... nous irons dans un bon restaurant... La Tour d'argent, vous connaissez ?

Monsieur Ikeda fronce les sourcils. Il sort de son portefeuille une petite carte et la tend à Benoît.

M. IKEDA   La Tour d'argent, la Tour d'argent. Tout le monde va à la Tour d'argent ! J'ai l'adresse d'un petit bistrot... Vous ne préférez pas ?

BENOÎT   (l'air déçu) Si, si bien sûr, je préfère...

Observez l'action et les répliques

1 QU'EST-CE QU'ILS DISENT ?

Visionnez l'épisode avec le son et retrouvez les paroles des personnages.

2 QU'EST-CE QU'IL S'EST PASSÉ ?

Visionnez l'épisode avec le son, puis éliminez les événements qui ne sont pas dans l'épisode et mettez les événements dans l'ordre du film.

1 Benoît paie la course en taxi et demande un reçu au chauffeur.

2 M. Ikeda et Benoît dînent au restaurant La Tour d'argent.

3 M. Ikeda demande à aller dans un hôtel réservé depuis Tokyo.

4 M. Ikeda et Benoît rencontrent le conservateur du parc.

5 M. Ikeda prend des photos dans le parc.

6 M. Ikeda donne à Benoît l'adresse d'un petit hôtel.

7 M. Ikeda et Benoît visitent le Parc floral sur un quadricycle.

Observez les comportements

3 QUELS GESTES FAIT-IL ?

Pour indiquer les lieux, Benoît fait des gestes. Associez un geste à chacune des indications de lieu.

1 En face.   2 Derrière nous.   3 Tout autour.   4 Plus bas.

4 BENOÎT CHANGE D'EXPRESSION.

Par trois fois, Benoît croit bien faire et, par trois fois, M. Ikeda dit non.
Retrouvez ces trois moments du film, racontez l'histoire et décrivez l'expression de Benoît dans chaque cas.

5 AVEZ-VOUS REMARQUÉ ?

Indiquez les gestes et les jeux de physionomie associés à chacun des actes de parole suivants.

> **Exemple :** Vous connaissez cet hôtel ?
> ➜ **Haussement de sourcils.**

1 Si vous préférez…
2 Tenez. Gardez la monnaie.
3 Voici le Parc floral de Paris.
4 Devant nous, tout au bout.
5 Pour ce soir, j'ai retenu une table dans un bon restaurant.

a Main pointée vers le bout du parc.
b Sourire.
c Léger haussement d'épaules.
d Geste large de la main.
e Main tendue en avant.

6 C'EST DANS LES DIALOGUES.

Dans les dialogues, trouvez :

1 deux demandes de permission ;   2 plusieurs expressions de possibilité ;   3 deux demandes d'information.

dossier 5

DÉCOUVREZ LA **GRAMMAIRE**

1 Quelles sont les formes ?

*1 Relevez les formes du présent du verbe **pouvoir** dans les dialogues. Retrouvez la conjugaison.*
*2 Comment se prononcent les formes des trois personnes du singulier de **pouvoir** ?*

Un verbe à trois radicaux : *pouvoir*

Je **peux** prendre des photos.

Tu **peux** te promener.

Il/elle/on **peut** marcher dans le parc.

Nous **pouv**ons visiter les serres.

Vous **pouvez** prendre un taxi.

Ils/elles **peuv**ent dîner dans un petit bistrot.

! *Pouvoir* est suivi d'un infinitif, sauf dans certaines réponses :
– *Je peux prendre des photos ? – Oui, tu peux.*

! Participe passé : *pu* : *Il a pu visiter des parcs.*
Futur : Je **pourrai**… : *Il pourra visiter des parcs.*

2 Qu'est-ce qu'ils peuvent faire ?

Imaginez ce que ces gens peuvent faire.

Exemple : S'il fait beau, ils…
→ **S'il fait beau, ils peuvent visiter le parc.**

1 S'il n'y a pas de taxis, nous…
2 Si ce n'est pas interdit, M. Ikeda…
3 Si tu as tout lu au sujet du parc, tu…
4 Si l'hôtel ne vous plaît pas, vous…
5 S'ils n'aiment pas La Tour d'argent, ils…

3 *Savoir* ou *connaître* ?

*Complétez par une forme de **savoir** ou de **connaître**. Puis dites dans quels cas on emploie l'un ou l'autre.*

1 J'ai tout lu. Je … beaucoup de choses.
2 Il a déjà rencontré ce monsieur. Il le … .
3 Elle nage depuis l'âge de trois ans : elle … bien nager.
4 Je ne trouve pas les clefs. Ne t'inquiète pas, je … où elles sont.
5 Quand est-ce qu'on a ouvert ce parc ? Je ne … pas.
6 Tu … le règlement ? Mais oui, je … tout ça par cœur !

Savoir, connaître : deux radicaux

● **Connaître** : avoir déjà vu, rencontré.
Je **connais**… nous **connaissons**…
+ nom : *Tu **connais** tes voisins ?*

● **Savoir** : capacité intellectuelle (mémoire).
Je **sais**… nous **savons**…
+ nom : *Tu **sais** ta leçon ?*
+ infinitif : *Tu **sais** compter en français.*
+ proposition interrogative : *Tu **sais** où ils habitent ?*

4 *Savoir* ou *pouvoir* ?

*Utilisez **savoir** ou **pouvoir** selon le sens.*

Exemple : Écrire – un roman.
→ **Je sais écrire, mais je ne peux pas écrire un roman.**

1 Nager – être champion du monde de natation.
2 Monter en avion – piloter un avion.
3 Prendre des photos – prendre des photos d'art.

5 Préparez un programme.

On vous demande de préparer un programme pour un visiteur étranger. Dites ce que vous ferez avec le visiteur et ce qu'il pourra faire seul.

Exemple : **Il arrivera par l'avion de 5 h 40. Je serai à l'aéroport. Nous irons à son hôtel.**

Le futur simple

● En général, il se forme sur l'infinitif du verbe + les terminaisons -ai, -as, -a, -ons, -ez, -ont.

je me **reposerai**	nous **partirons**
tu **travailleras**	vous **comprendrez**
elle **finira**	ils **trouveront**

! Quelques verbes usuels ont un radical irrégulier :

être : je **serai**	voir : ils **verr**ont
avoir : tu **aur**as	savoir : je **saurai**
faire : il **fera**	venir : tu **viendr**as
aller : nous **irons**	pleuvoir : il **pleuvra**

● Le futur simple indique la probabilité :
*Il **viendra** nous voir* (peut-être).
Il sert à faire des prédictions, en météo par exemple : *Il **fera** chaud, le soleil **brillera**…*

dossier **5**

DÉCOUVREZ LA **GRAMMAIRE**

6 Montrez ces objets.

Montrez des objets et dites à votre voisin(e) de regarder, de vous prêter ou de vous donner ces objets.

Les adjectifs démonstratifs

	Masculin	Féminin
Singulier	**ce** jardin **cet** étudiant	**cette** fontaine
Pluriel	**ces** jardins **ces** taxis	**ces** fontaines

❗ **Cet** devant voyelle ou **h** aspiré :
Cet accident, cet hôtel, cet aéroport.

❗ Un seul pluriel en **ces** pour les deux genres :
Ces jardins, ces fleurs.

● **Emploi**
– Pour **montrer** quelqu'un ou quelque chose :
Regardez ces plantes.
– En contexte, comme **reprise** : *Au fond, il y a un bassin. Ce bassin est plein d'eau.*
– Pour **indiquer un espace de temps** présent :
Cette nuit, ce matin, ce mois-ci, cette année.

❗ *Ce jour-là, cette année-là...* se réfèrent à un espace de temps du passé déjà mentionné.

---

7 Avec quelle fréquence ?

1 Combien de fois par semaine est-ce que vous allez au cours de français ?
2 Combien de fois est-ce que vous allez faire du sport ce mois-ci ?
3 Combien de fois est-ce que vous avez regardé la télévision cette semaine ?
4 Combien de fois par an est-ce que vous partez en vacances ?
5 Combien de fois est-ce que vous êtes sorti(e) le soir ces derniers jours ?

Indiquer la fréquence

Question : Combien de fois ?
Deux fois par jour/par mois...
Tous les jours/toutes les semaines...
C'est la première/la cinquième/la dernière fois.

SONS ET LETTRES distinguer des sons et des lettres muettes

1 Quelle est l'orthographe ?

Distinguez c'est – s'est – ses – ces – sait.
Écrivez les formes de [sə] et [sɛ] du dialogue.

2 Faites la différence.

Vous allez entendre des phrases. Dites si vous entendez le son [ø] ou le son [œ].

Exemple : Il peut venir. ➔ [ø]

3 Quelles sont les lettres muettes ?

Lisez, relevez les lettres muettes, puis écoutez l'enregistrement pour vérifier.

1 Une petite chambre.
2 Deux grandes chambres.
3 Le grand hôtel.
4 Trois belles serres.
5 Tout au fond de l'allée.
6 Le parc est ouvert depuis des années.
7 Nous pouvons entrer dans les jardins à thèmes.

COMMUNIQUEZ

1 VISIONNEZ LES VARIATIONS.

1 Jouez les deux premières variations avec votre voisin(e).
2 Jouez les scènes suivantes à deux.

a Un étranger vous demande s'il peut : fumer, marcher sur la pelouse, stationner…
Vous lui dites que non. Jouez la scène à deux.

Interdiction
de fumer

défense de
stationner

b Vous achetez des objets et vous demandez combien ça coûte. On vous demande comment vous payez. Si vous payez en espèces, on vous rend la monnaie

Demander et donner ou refuser une autorisation

1 – C'est permis de prendre des photos ?
  – Oui, c'est permis.
  – Non, ce n'est pas permis.
2 – Ici, les photos, ce n'est pas défendu ?
  – Non, ce n'est pas défendu.
  – Si, c'est défendu.
3 – Je voudrais prendre des photos, c'est possible, ici ?
  – Oui, il n'y a pas d'interdiction.
  – Non, vous ne pouvez pas. C'est interdit.

Demander combien ça coûte

1 – Je vous dois combien ?
  – 230 francs (35 euros environ) plus les bagages.
2 – Qu'est-ce que je vous dois ?
  – 230 francs (35 euros environ) sans les bagages.
3 – C'est combien la course ?
  – 230 francs (35 euros environ) avec les bagages.

Dire qu'on a réservé une table dans un restaurant

1 J'ai réservé deux couverts pour ce soir.
2 J'ai fait une réservation pour ce soir.
3 Nous avons une table réservée pour ce soir.

2 RETENEZ L'ESSENTIEL.

Écoutez et répondez aux questions.

1 Quel jour de la semaine est-on ?
2 En quelle saison est-on ?
3 Une promenade en bateau mouche prend combien de temps ?
4 Qu'est-ce qu'ils vont faire ?

3 LA RÉSERVATION.

Vous téléphonez à un hôtel pour réserver une chambre pour deux personnes. Dites ce que vous voulez : grand lit ou lits jumeaux, salle de bains, vue, calme… et demandez le prix de la chambre et du petit-déjeuner. Vous demandez s'il y a un restaurant dans l'hôtel.
Le réceptionniste vous demande la date et l'heure d'arrivée et de départ et vous demande votre identité et votre numéro de téléphone.

4 IL Y A BEAUCOUP DE CHOSES À VOIR.

Parcs, musées, bateau mouche, monuments… il y a beaucoup de choses à voir à Paris et vous n'avez pas beaucoup de temps.
Vous discutez avec votre ami(e) pour savoir ce que vous allez faire aujourd'hui.
Donnez des arguments pour ou contre : trop loin, trop long à visiter, ce n'est pas la bonne saison, il fait beau, il n'y a personne…
Vous êtes place de la Concorde…

5

dossier

CIVILISATION

Les parcs naturels

Les îles Lavezzi, situées au sud de la Corse, sont restées très sauvages.

Les îles Lavezzi.

Dans cette réserve naturelle, les oiseaux peuvent nicher en toute tranquillité.

L'escalade des rochers des îles Lavezzi est une expérience inoubliable...
Mais on peut aussi parcourir un grand parc naturel, dans les Vosges, à l'est de la France et découvrir de magnifiques spectacles. Pour faciliter et encourager la curiosité des promeneurs, des points de vue ont été soigneusement repérés et signalés le long d'un sentier de 23 kilomètres.
Une autre idée pour découvrir de splendides paysages : traverser les Pyrénées d'est en ouest à cheval. On peut aussi explorer les 300 000 hectares de parc autour du cirque de Gavarnie. Ce site naturel fait partie du patrimoine mondial de l'humanité.

Les journées de Courson.

1 VOUS AVEZ VU QUOI ?

1 Dans les îles Lavezzi, il y a :
   a des touristes.
   b des oiseaux.
   c des rochers.
   d des arbres.
   e des chevaux.
   f de la forêt.

2 Les points de vue du parc des Vosges sont situés :
   a le long d'un sentier en forêt.
   b en haut des collines.

3 Dans le reportage, que font les visiteurs dans le cirque de Gavarnie ?
   a ils marchent.
   b ils traversent le cirque à cheval.
   c ils font de l'escalade.

2 ET DANS VOTRE PAYS ?

1 Quels sont les principaux sites naturels de votre pays ?

2 Est-ce que les randonnées sont populaires ?
   Sous quelle forme ?
   (à pied, à cheval, en voiture)

3 Qu'est-ce que vous aimez faire ?

LES FRANÇAIS ET LEUR JARDIN

- **56% des Français habitent une maison individuelle, de ces maisons 94% ont un jardin.**
- **Quatre jardins sur cinq ont une pelouse.**
- **14% des Français passent leurs week-ends à jardiner.**
- **Les Français dépensent plus de 6 milliards d'euros par an pour leurs jardins.**

D'après *Francoscopie*, 1997.

Le jardin de Monet à Giverny.

dossier 5

épisode

LE STAGE DE **VENTE**

épisode

JULIE FAIT SES PREUVES

p. 94

p. 102

VOUS ALLEZ APPRENDRE À :

– exprimer la volonté
– exprimer la possibilité
– exprimer l'obligation
– exprimer une appréciation
– demander et indiquer des directions
– demander l'avis de quelqu'un
– donner des conseils
– accepter et refuser
– faire patienter quelqu'un

VOUS ALLEZ UTILISER :

– le verbe *vouloir*
– *je voudrais*
– *il (ne) faut (pas)* + infinitif, *on doit* + infinitif
– des compléments d'objet direct
– des compléments d'objet indirect
– l'accord du participe passé avec le complément
  d'objet direct
– des prépositions de lieu
– *je crois que, je pense que, je trouve que, il me semble que*

LE STAGE

épisode

 (11)

Découvrez les situations

1 INTERPRÉTEZ LES PHOTOS.

Dites :

1 ce que Pascal montre à Julie dans la première scène ;
2 ce que Julie demande à la jeune femme dans la rue ;
3 ce que font les personnes assises dans la salle ;
4 pourquoi Julie et Pilar rient.

2 COMMENT EST-ELLE ?

Visionnez l'épisode sans le son.

1 Décrivez Pilar quand elle rencontre Julie pour la première fois.
  a Elle est :   • grande ;   • petite ;   • brune ;   • blonde.
  b Elle a les cheveux : • longs ;   • courts.
  c Elle porte :   • une veste noire ; • une robe noire ; • une jupe verte ; • un pantalon marron.
  d Elle porte :   • un foulard rouge ; • un collier en or.
  e Elle porte un sac :   • à la main ;   • sur l'épaule ;   • en bandoulière.

2 Qu'est-ce qu'elle porte dans la salle de classe ?
3 Est-ce que les deux événements ont lieu le même jour ?

Dans le salon.	**JULIE** C'est ça, si on veut, on peut… Enfin, montre le journal.
PASCAL Julie, tu veux toujours devenir la reine des vendeuses ?	*Julie lit l'annonce.*
Julie lève la tête, un peu étonnée.	**JULIE** Finalement, c'est peut-être pas mal. Ça a l'air intéressant.
JULIE Bien sûr que je le veux ! Pourquoi ? Qu'est-ce que tu as trouvé ?	**PASCAL** Tu peux toujours les appeler.
Pascal lit à haute voix.	*Pascal tend le téléphone à Julie, se lève et prend sa veste.*
PASCAL Écoute ça : « Stage intensif de vente. Méthode unique ! Vous serez en huit jours un spécialiste du démarchage. »	**PASCAL** Bon, c'est l'heure. Je donne des cours de grammaire au fils du boulanger.

dossier **6**

DE VENTE

JULIE — Ah, ça tombe bien, il n'y a plus de pain pour ce soir ! Tu pourras rapporter deux baguettes ?

_____

Julie a l'air de chercher son chemin. Elle regarde le nom de la rue. Elle s'approche d'une jeune femme.

JULIE — Excusez-moi, je cherche la rue Collette. Vous la connaissez ?

PILAR — Oui. Vous tournez à droite au feu rouge et c'est la première à gauche. Mais vous pouvez me suivre, si vous voulez. Je vais dans la même rue.

JULIE — Merci, c'est gentil.

JULIE — Moi, je m'appelle Julie.

_____

Il y a quelques élèves : femmes et hommes. Le professeur est debout près d'un bureau.

LE PROFESSEUR — Bien. Avant de commencer les jeux de rôle, revoyons ensemble les règles d'or de la vente. Alors, qui veut commencer ?

Un homme lève le doigt.

LE PROFESSEUR — Oui, Jean-Pierre. Seulement, il ne faut pas lever le doigt. Nous ne sommes pas à l'école ! Nous sommes des vendeurs.

Les deux jeunes femmes arrivent rue Collette.

PILAR — À quel numéro est-ce que vous allez ?

JULIE — Au 11.

PILAR — Ah, bon, moi aussi. Vous voulez suivre le stage de vente ?

JULIE — Oui, je veux aider des amis artistes à vendre leurs créations.

PILAR — Qu'est-ce qu'ils créent ?

JULIE — Des foulards, des bijoux, des ceintures... Ce sont de très beaux objets.

PILAR — J'aimerais bien les voir. C'est possible ?

JULIE — Pourquoi pas ? Je peux apporter quelques modèles demain.

PILAR — Nous sommes arrivées. Je me présente, je m'appelle Pilar.

JULIE — C'est un joli prénom. Il est espagnol, n'est-ce pas ?

PILAR — Oui. Mes parents sont espagnols.

Tout le monde rit.

JEAN-PIERRE — Il faut bien connaître son produit.

PILAR — Il faut être persuadé de la qualité de son produit.

JULIE — On doit être rapide et précis dans son argumentation.

JEAN-PIERRE — Il faut insister, mais en douceur.

NOËLLE — On doit commencer par se renseigner sur les boutiques.

LE PROFESSEUR — C'est très bien tout ça. Mais, surtout, n'oubliez pas : il ne faut pas se décourager ! Et, ça, c'est très difficile. Bon. Passons aux jeux de rôles. Deux volontaires ?

Les volontaires sont rares. Julie parle à Pilar à l'oreille. Elles se mettent à rire en silence.

LE PROFESSEUR — Eh bien, on a trouvé nos volontaires. Ces deux jeunes femmes veulent faire une démonstration. On vous écoute.

Observez l'action et les répliques

1 QU'EST-CE QU'ILS ONT RÉPONDU ?

Visionnez avec le son et retrouvez la réponse à chacune des répliques suivantes.

1 Julie, tu veux toujours devenir la reine des vendeuses ?
2 Je donne des cours de grammaire au fils du boulanger.
3 J'aimerais bien les voir. C'est possible ?
4 Vous voulez suivre le stage de vente ?
5 C'est un joli prénom. Il est espagnol, n'est-ce pas ?

2 QUELLES SONT LES RÈGLES ?

Retrouvez les règles d'or de la vente.

Il faut…, on doit…

3 CONDENSEZ LES DIALOGUES.

Résumez chacun des événements importants de cet épisode en une phrase.

Observez les comportements

4 QU'EST-CE QUE ÇA VEUT DIRE ?

1 Julie hausse les épaules et les sourcils. Ces gestes signifient :
   a Pourquoi pas ? b Ça n'a pas d'intérêt.
2 Pilar se désigne de la main droite. Cela veut dire :
   a Moi aussi, j'y vais ; b C'est moi.
3 Pilar et Julie rient. Julie met la main devant sa bouche :
   a pour se cacher ; b pour ne pas parler.
4 Quand l'animatrice désigne Pilar et Julie comme volontaires, la moue de Julie veut dire :
   a Chic, alors, j'adore les jeux de rôles !
   b C'est bien ma chance !

5 COMMENT ILS LE DISENT ?

Trouvez dans les dialogues des énoncés correspondant aux actes de parole suivants.

1 Donner une appréciation.
2 Demander à quelqu'un de faire quelque chose.
3 Exprimer un désir.
4 Exprimer une interdiction.
5 Exprimer une obligation.

1 Qu'est-ce qu'ils veulent ?

Trouvez la question.

1 Moi, je veux un café, et toi ?
2 Ils veulent une bonne vendeuse.
3 Oui, elle veut suivre un stage de vente.
4 Non, ils ne veulent pas acheter ces produits.
  Ils veulent les vendre.
5 Oui, nous voulons commencer tout de suite.

2 Est-ce qu'ils peuvent ?

*Regardez les vignettes et dites ce qu'ils veulent
faire. Dites s'ils peuvent ou s'ils ne peuvent pas
le faire. Dites pourquoi.*

> *Exemple :* → **– Elle veut participer au concours
> de beauté.
> – Je ne veux pas être méchant, mais
> je crois qu'elle ne peut pas.
> Elle n'est pas assez belle.**

3 C'est interdit dans l'avion.

Écoutez et répondez.

1 Qu'est-ce que l'homme veut faire ?
2 Pourquoi est-ce qu'il ne peut pas le faire ?
3 Qu'est-ce qu'il doit faire pour pouvoir fumer ?
4 Qu'est-ce que l'hôtesse peut faire pour lui ?

Les verbes *vouloir* et *pouvoir*

• **Conjugaison de *vouloir***

Je	**veux**	marcher.
Tu	**veux**	suivre un stage.
Il/elle	**veut**	aider ses amis.
Nous	**voul**ons	connaître les produits.
Vous	**voul**ez	vous perfectionner.
Ils/elles	**veul**ent	faire de la vente.

participe passé : **voulu**
futur simple : je **voudr**ai

⇨ Comparez les conjugaisons de *vouloir* et *pouvoir* :
Combien de radicaux ont chaque verbe au présent ?
Est-ce qu'il y a un changement de prononciation aux
trois premières personnes du singulier ?

❗ **Je voudrais/j'aimerais** sont souvent utilisés
comme formules polies à la place de *je veux*.

• **Construction**
Vouloir et *pouvoir* peuvent être :
– employés **seuls dans une réponse** :
  – *Tu peux faire les courses ? – Oui, je **peux**.*
– suivis d'un **infinitif** :
  *Je **peux**/je **veux** suivre un stage.*

Seul, *vouloir* peut être **suivi d'un nom** :
*Je **veux** un foulard.*

---

4 Vous connaissez les réponses ?

*Employez un pronom complément d'objet direct
dans chacune de vos réponses.*

> *Exemple :* Est-ce que Julie suit le stage de vente ?
> → **Oui, elle le suit.**

1 Qui a montré l'annonce à Julie ?
2 Est-ce qu'elle a appelé les responsables du stage ?
3 À qui est-ce qu'elle a demandé son chemin ?
4 Pilar veut connaître les créations de ses amis
  artistes ?
5 Est-ce que les deux jeunes femmes peuvent faire
  le jeu de rôles ?

5 Vous êtes d'accord !

Répondez et acceptez la proposition.

> *Exemple :* Écoute-moi.
> → **D'accord. Je t'écoute.**

dossier 6

DÉCOUVREZ LA **GRAMMAIRE**

Les pronoms compléments d'objet direct (COD)

• Ils se placent devant la partie conjuguée du verbe.
Au passé composé, ils se placent avant l'auxiliaire.

Dans la proposition infinitive, ils se placent devant l'infinitif.

• Pronoms de la **première** et de la **deuxième personne** : *me/nous* et *te/vous* :
*On **vous** écoute. Elle **t'**a suivie.*

• Pronoms de la **troisième personne** : *le, la l', les*
(même forme que les articles définis) :
*– Tu veux **la veste** ? – Oui, je **la** veux. Je **l'**ai prise.*

! **À l'impératif affirmatif**, le pronom complément se place **après le verbe** avec un trait d'union (-) et on emploie un pronom tonique. *Me* devient *moi*, et *te* devient *toi* :
*Suivez-**moi**. Lève-**toi**. Faites-**le**.*

! Le pronom *le* peut remplacer toute une proposition :
*– Vous pouvez **animer des ateliers** ?*
*– Oui, je peux **le** faire. Je **l'**ai déjà fait.*

6 Donnez des permissions.

Écoutez et répondez affirmativement.

Exemple : On peut partir en voiture ?
→ **Oui, on peut le faire.**

7 *Il faut* + infinitif.

Jouez à deux. Qu'est-ce que qu'il faut :
1 pour devenir agent de voyages ;
2 pour être animateur dans un centre de jeunes ?

Exemple : **Pour devenir agent de voyages, il faut connaître des langues étrangères.**

Exprimer l'obligation

On peut utiliser *il faut* + infinitif
ou *on doit* + infinitif.
***Il faut** bien connaître son produit.*
***On doit** être rapide et précis.*

8 Faites l'accord.

– Où avez-vous trouvé… ces foulards ?
– Je les ai trouvé… au supermarché.
– Vous les avez acheté… combien ?
– Je les ai acheté… quinze euros.
– Et ces boucles d'oreilles ?
– Je les ai eu… pour huit euros.
– C'est très joli, vous avez fait… de bonnes affaires !

Accord du participe passé avec le complément d'objet direct (COD)

Au passé composé, le participe passé s'accorde en genre et en nombre avec le pronom COD :
*Ces robes, je **les** ai **trouvées** aux Arcades des Arts.*

SONS ET LETTRES

opposition [e] et [ɛ], [ø] et [œ], [o] et [ɔ]

1 Écoutez et répétez.

Faites bien la différence entre la voyelle ouverte et la voyelle fermée.

1 Dans tous les cas, le premier mot contient un son :
a ouvert ; b fermé.
2 Le deuxième mot se termine par un son de :
a voyelle ; b consonne.
3 Les voyelles de la deuxième série sont :
a ouvertes ; b fermées.

2 Écoutez et dites quelle est la voyelle différente.

3 Écoutez et répétez.

1 Il peut rêver. Elles peuvent se perfectionner.
2 Il veut essayer. Elles veulent étudier seules.
3 Elles veulent faire leur enquête. Il veut le vélo.
4 Il veut aider ses amis. Elles veulent le faire.
5 Elle peut chercher. Ils peuvent s'exercer.

COMMUNIQUEZ

1 VISIONNEZ LES VARIATIONS.

Imaginez deux situations. Jouez à deux.

1 Quelqu'un vous demande le nom d'une rue. Dans la première situation, vous connaissez la rue, dans l'autre, vous ne la connaissez pas.

2 Un(e) de vos ami(e)s peint des tableaux. Vous avez envie de les voir. Il/elle ne veut pas les montrer et vous dit pourquoi. Vous insistez.

Exprimer son appréciation

1 Finalement, c'est peut-être pas mal !
2 Ça a l'air intéressant !
3 Ça me semble très bien !
4 Ça me paraît très intéressant !
5 Ça n'a pas l'air si mal que ça !
6 C'est très bien !
7 C'est très intéressant.
8 C'est parfait !

Demander son chemin

1 – Excusez-moi, je cherche la rue Collette. Vous la connaissez ?
  – Oui, vous tournez à droite au feu rouge et c'est la première à gauche.
2 – Excusez-moi, Madame, la rue Collette, s'il vous plaît ?
  – Désolée. Je ne sais pas.
3 – Pardon, Madame, vous savez où se trouve la rue Collette ?
  – Je suis désolé(e), je ne la connais pas.
4 – Pouvez-vous me dire où est la rue Collette ?
  – Je regrette, je ne suis pas du quartier.

Accorder ou refuser une autorisation

1 – J'aimerais bien les voir. C'est possible ?
  – Pourquoi pas ?
2 – Vous pensez que je peux les voir ?
  – Bien sûr.
  – Non, je regrette, c'est impossible.
3 – Il est possible de les voir ?
  – Mais oui, avec plaisir.
  – Je suis désolée, ce n'est pas possible.

2 QUEL EST LE PROBLÈME ?

Écoutez les dialogues et répondez aux questions.

1 Qu'est-ce qu'ils veulent ?
2 Pour quoi faire ?
3 Pourquoi n'est-ce pas possible ?

3 AIDEZ-LA.

Nous sommes dans un magasin de chaussures. La vendeuse ne connaît pas très bien son métier. Écoutez le dialogue.

1 Trouvez les erreurs de la vendeuse.
2 Faites des réponses possibles pour une vendeuse.

4 QU'EST-CE QU'IL FAUT FAIRE QU'EST-CE QU'ON NE DOIT PAS FAIRE ?

Vous êtes médecin et vous donnez des conseils à la radio. Des auditeurs vous parlent de leurs problèmes. Vous leur dites ce qu'il faut faire ou ne pas faire. Préparez ces échanges par groupes de quatre à six apprenants. Puis jouez les scènes.

Exemple : – **Passons à l'auditeur suivant. Je vous écoute, Monsieur.**
– **Je dors très mal depuis un mois. Je me réveille trois ou quatre fois par nuit.**
– **Vous avez des problèmes au travail, dans votre famille ?**

5 DONNEZ DES CONSEILS D'APPRENTISSAGE.

Jouez avec votre voisin(e). Demandez-lui comment il/elle apprend les dialogues, le vocabulaire, la grammaire, les actes de parole... Posez une question et répondez chacun à votre tour.

Exemples : **Est-ce que tu fais des listes de mots ? Est-ce que tu étudies les pages *Des mots pour le dire* ? Est-ce que tu apprends les mots dans des phrases ?**

Une cible privilégiée : les plus de 50 ans

Après le « jeune » et la « ménagère de moins de cinquante ans », le marketing a trouvé sa nouvelle cible : le « vieux » de plus de cinquante ans. Un publicitaire, Jean-Paul Tréguer, les a baptisés les seniors. L'idée est venue des États-Unis. Les spécialistes américains pensent que les seniors ne sont plus « un marché à part, mais des parts de marché ».

Les chiffres sont révélateurs : en 2015, un consommateur sur deux sera un senior. Ils représentent déjà 30 % de la population française. Ils sont 850 000 de plus chaque année et ont un revenu annuel de 122 milliards d'euros.

En France, les entreprises leur consacrent seulement 10 % de leur budget marketing, alors que la stratégie de Coca-Cola ou de McDonald passe par la séduction des grands-parents. Cependant, quelques entreprises s'intéressent déjà à ce public comme Renault ou le Club Med. Les magasins Monoprix font 25 % de leur chiffre d'affaires avec les seniors et privilégient, à leur attention, les livraisons à domicile. La part des quinquagénaires dans l'automobile est de 40 %, comme le prouvent les ventes de la Twingo. Petite voiture jolie, facile à conduire, économique, lancée pour les jeunes, elle est achetée à 39 % par les seniors…

D'après *Challenges*, juin 1996.

1 QUELLE EST LA STRUCTURE DU TEXTE ?

Recopiez et complétez le schémas.

1 **a** Phrase-clef qui annonce le thème du passage : …

b Une nouvelle cible : …

c Nom : …

d Origine : …

2 Des chiffres révélateurs.

a Proportion de la population : …

b Revenu annuel : …

3 La stratégie commerciale.

a Les pionniers : …

b Budget marketing : … %

4 Preuve finale : …

2 VOCABULAIRE.

Relevez le vocabulaire technique de la publicité et du marketing.

3 À VOS STYLOS !

*Sur le modèle de la structure du texte, inventez un court article sur **une cible privilégiée, les sportifs** (ou sur une autre cible de votre choix.)*
Trouvez des idées : quels produits peut-on vendre à un sportif ?

– Équipement (vêtements et matériel) ;
– aliments et boissons énergétiques ;
– séjours sportifs ;
– billets pour manifestations à des prix spéciaux…

dossier .6

DES MOTS POUR LE DIRE

place de la Mairie

Orientez-vous dans la ville

rue Nationale

avenue de la gare

1 QUELS SONT LES DIFFÉRENTS TYPES DE BÂTIMENTS ?

Relevez sur le plan :

1 les noms de bâtiments et de lieux publics ;
2 les noms de boutiques et de magasins ;
3 les noms de lieux culturels et de loisirs.

2 QUEL EST LEUR GENRE ?

Classez les noms du plan selon leur genre (M ou F).

Le genre des noms

● **Sont en général féminins :**
– les noms terminés à l'oral par un son de consonne : *ville, vendeuse* ;
– les noms terminés par -is, -ue, -oue, -ée ;
– les noms dérivés en -ion.

● **Sont en général masculins :**
– les noms terminés par un son de voyelle : *fou, chat* ;
– les noms terminés par une consonne à l'écrit : *sel, noir, sac* ;
– les noms dérivés en -age et en -ment.

! Ici *musée*, nom masculin, fait exception aux repères de détermination du genre des noms.

3 QU'EST-CE QU'ON FAIT DANS CES LIEUX ?

1 Dites ce qu'on peut faire dans une ville : marcher, se promener, prendre un taxi…
2 Dites ce qu'on peut acheter dans les magasins d'alimentation et les boutiques du plan.

Conseils aux touristes

Sur le boulevard Sébastopol
vous pourrez voir l'Acropole
boulevard de la Chapelle
le quartier de Whitechapel
boulevard Jourdan
le Vatican
porte de Pantin
le Kremlin
quai de la Mégisserie
Istamboul et Sainte-Sophie
dans la rue de Beaune
le Pentagone
rue Saint-Marc
Saint-Marc
rue de Traktir
le pont des Soupirs
rue des Beaux-Arts
Time Square
avenue de la porte de Montrouge
la place Rouge
et si l'averse se déverse
vous trouverez refuge au Café du Commerce

RAYMOND QUENEAU, *Courir les rues*, © Éditions Gallimard, 1967.

dossier
6

JULIE FAIT

épisode

(12)

Découvrez les situations

1 INTERPRÉTEZ LES PHOTOS.

1 Qu'est-ce qu'il y a dans la vitrine de la boutique ?

2 Quels objets est-ce que Julie laisse à la vendeuse ?

3 Combien de personnes est-ce qu'il y a dans le magasin lors de la deuxième visite de Julie ?

4 Quel bijou est-ce que la cliente essaye ?

2 REGARDEZ LES IMAGES.

Visionnez l'épisode sans le son et dites si vous avez vu les scènes suivantes.

1 Une cliente entre dans la boutique.

2 La vendeuse touche un des foulards de Julie.

3 La vendeuse fait des gestes pour expliquer le chemin.

4 Une cliente remarque des boucles d'oreilles et demande la permission de les essayer.

5 Un homme s'approche de la cliente.

3 QUELLE EST LA BONNE HYPOTHÈSE ?

1 Une jeune femme parle à Julie.
- **a** C'est la patronne.
- **b** C'est la vendeuse.

2 Julie retourne à la boutique.
- **a** C'est le même jour.
- **b** C'est un autre jour.
- Comment le sait-on ?

3 La patronne :
- **a** est intéressée par les objets ;
- **b** ne les a pas regardés.

4 La cliente appelle son mari :
- **a** pour lui demander son avis ;
- **b** pour lui demander de payer.

5 La patronne sourit à Julie :
- **a** parce qu'elle la trouve sympathique ;
- **b** parce qu'elle va faire des affaires avec elle.

 Julie, sa petite valise noire à la main, regarde la vitrine du magasin. Elle entre dans la boutique, l'air très assuré.

JULIE	Bonjour, Madame.
LA VENDEUSE	Bonjour, Mademoiselle. Un de nos articles en vitrine vous plaît ?

Julie pose sa valise sur la caisse et l'ouvre.

JULIE	Tout me plaît, mais je ne veux rien acheter. Je représente de jeunes artistes et je crois que leurs créations peuvent vous intéresser.

Julie sort des bijoux, des sacs, des foulards…

LA VENDEUSE	Oui, tout ça est très joli, mais ma patronne, Mme Dutertre, a déjà ses fournisseurs. Vous comprenez ?
JULIE	Je comprends très bien et Mme Dutertre les choisit avec beaucoup de goût. Mais je pense que ces modèles peuvent lui plaire.

Julie montre quelques objets à la vendeuse.

JULIE	Écoutez, je vous laisse deux ou trois choses et vous lui montrez : ce foulard par exemple, et aussi ce collier et cette ceinture.

6

dossier

SES PREUVES

LA VENDEUSE	Oui. Si ça vous fait plaisir... Mais n'y comptez pas trop.
JULIE	(avec le sourire) Je suis très optimiste et je crois que j'ai raison. Je vous téléphonerai dans deux ou trois jours.

Julie pose une dernière question à la vendeuse.

JULIE	Oh, à propos, excusez-moi, je cherche la parfumerie Le Bain bleu. Je crois que ce n'est pas loin. Vous connaissez ?
LA VENDEUSE	Oui. Je vais vous expliquer.

La vendeuse explique le chemin à Julie.

JULIE	Je vous ai apporté d'autres pièces. Ça vous donnera une idée plus complète de leur travail.

Julie ouvre sa petite valise pour montrer quelques modèles à la patronne. La cliente s'approche.

LA CLIENTE	Oh ! Elles sont très jolies, ces boucles d'oreilles. (à la patronne) Vous permettez ?

Elle met les boucles d'oreilles, se regarde dans un miroir et appelle son mari.

	(à son mari) Chéri, viens voir ces boucles d'oreilles. Elles me plaisent beaucoup.

LA VENDEUSE	Vous allez tout droit, jusqu'à une poste et vous tournez à gauche. Vous faites une centaine de mètres, vous tournez à droite. Il y a une boucherie qui fait le coin de la rue. C'est la rue Censier. La parfumerie est en face d'un garage Renault.
JULIE	Merci beaucoup. Au revoir.
LA VENDEUSE	Au revoir, Mademoiselle.

Un autre jour, Julie arrive devant la boutique. Elle entre. Un couple est dans le magasin. La patronne est derrière le comptoir. La vendeuse lui dit quelque chose à l'oreille. Julie se dirige vers la patronne.

LA PATRONNE	Vous êtes déjà passée il y a quelques jours, n'est-ce pas ?
JULIE	Oui. Je suis Julie Prévost. J'ai aussi téléphoné hier. C'est au sujet d'accessoires créés par de jeunes artistes. Des modèles uniques !
LA PATRONNE	(l'air indifférent) Ah oui, oui, en effet. J'y ai jeté un coup d'œil.

LE MARI	Moi, je ne les aime pas trop. Ce n'est vraiment pas ton style.
LA FEMME	Comment ça, ce n'est pas mon style ! Elles me vont très bien ces boucles d'oreilles.

La patronne reprend ses réflexes de vendeuse.

LA PATRONNE	Madame a raison. Elles lui vont très bien. Et, de plus, c'est un modèle unique, créé par un jeune artiste.
LE MARI	(résigné) Et elles valent combien, ces merveilles ?

La patronne hésite un peu.

LA PATRONNE	Vous permettez quelques instants ?

Elle se tourne vers Julie, radieuse.

LA PATRONNE	(tout sourire) Mademoiselle, vous pouvez m'accompagner dans mon bureau ?

Observez l'action et les répliques

1 QU'EST-CE QUE VOUS AVEZ COMPRIS ?

Visionnez avec le son. Vérifiez vos réponses aux exercices précédents.

2 QU'EST-CE QU'ILS DISENT ?

Retrouvez la réplique et décrivez la situation.

3 RACONTEZ L'HISTOIRE.

Mettez les phrases suivantes dans le bon ordre et faites un résumé de l'épisode. Évitez les répétitions : remplacez des noms par des pronoms.

a Julie retourne à la boutique quelques jours plus tard.

b Des boucles d'oreilles plaisent beaucoup à une cliente, mais son mari n'est pas d'accord.

c Julie entre dans une boutique, mais la patronne n'est pas là.

d Julie lui montre des bijoux, mais la patronne ne semble pas très intéressée.

e Le client demande le prix.

f La patronne demande à Julie de l'accompagner dans son bureau.

g La vendeuse indique à Julie le chemin de la parfumerie Le Bain bleu.

h Julie a réussi à convaincre la patronne : elle est très contente.

i Julie laisse quelques objets à la vendeuse.

j La patronne est là et Julie peut lui parler.

Observez les comportements

4 AVEZ-VOUS BIEN OBSERVÉ ?

Associez une réplique, un ton de voix et un sentiment.

1 Je suis très optimiste.
2 Ah, oui, en effet.
3 Elles me plaisent beaucoup.
4 Comment ça, ce n'est pas mon style !

a Ton haut et fort.
b Ton haut, enjoué.
c Ton net, ferme.
d Ton neutre, détaché.

e Volonté de persuader.
f Irritation.
g Indifférence.
h Enthousiasme.

5 QU'EST-CE QUE VOUS DITES DANS CES SITUATIONS ?

1 Vous êtes vendeuse. Vous abordez une cliente.
2 Vous faites un compliment sur un vêtement ou un accessoire.
3 Vous demandez le prix d'un article à la vendeuse.
4 Vous voulez faire attendre quelqu'un un petit moment.
5 Vous essayez d'empêcher quelqu'un d'acheter quelque chose.

DÉCOUVREZ LA GRAMMAIRE

1 Quels sont les verbes à complément d'objet indirect ?

1 Relevez les verbes de l'épisode qui peuvent se conjuguer avec un complément précédé de la préposition à (COI).

> Exemple : **Téléphoner à quelqu'un.**

En connaissez-vous d'autres ?

*2 Connaissez-vous des verbes construits avec les prépositions **de** et **pour** ? Lesquels ?*

2 Choisissez le bon pronom.

*Utilisez un pronom complément d'objet indirect de la 3ᵉ personne (**lui** ou **leur**) dans la réponse.*

> Exemple : Est-ce que les boucles d'oreilles vont bien à la dame ?
> → **Oui, elles lui vont bien.**

1 Est-ce que Julie montre des modèles aux patronnes des boutiques ?
2 Est-ce que Julie a laissé des objets à la vendeuse ?
3 Est-ce que la vendeuse a bien expliqué le chemin à Julie ?
4 Est-ce que Julie désire parler à la patronne ?
5 Est-ce que les boucles d'oreilles plaisent au mari de la cliente ?

Les pronoms compléments d'objet indirect (COI)

● Ces pronoms remplacent un complément du verbe précédé de à ou de **pour** :
*Vous désirez parler à **la patronne** ?*
→ *Vous désirez **lui** parler ?*
*J'ai acheté des fleurs **pour elles**.*
→ *Je **leur** ai acheté des fleurs.*

● Pronoms COI (animés) :
me, te, lui, nous, vous, leur.

❗ À l'**impératif affirmatif**, *me* → *moi*, *te* → *toi* :
*Donne-**moi** ce livre. Regarde-**toi** dans la glace.*

❗ N'oubliez pas le **trait d'union** entre l'impératif affirmatif et les pronoms compléments d'objet direct ou indirect.
*Indiquez-**leur** le chemin.*
*Écrivez-**lui** si vous y pensez.*

---

3 Complétez le dialogue.

Utilisez des pronoms compléments.

– Tu as gardé le contact avec les Durand ?
– Oui, mais il y a deux mois que je ne … ai pas vus.
– Tu ne … as pas écrit ?
– Non, mais ils … ont téléphoné il y a un mois.
– Je … ai souhaité leur anniversaire de mariage la semaine dernière.
– Qu'est-ce qu'ils … ont dit ?
– Rien de nouveau. Ils vont bien et ils … embrassent. Ils … ont demandé de … faire leurs amitiés.

4 Quelle est la nature du complément ?

Écoutez et dites s'il s'agit d'un complément d'objet direct (COD) ou indirect (COI).

5 Qu'est-ce que vous en pensez ?

*Vous n'êtes pas absolument certain que votre opinion est la bonne. Utilisez **je pense que, je crois que, je trouve que** ou **il me semble que**.*

> Exemple : Est-ce que Julie va trouver la parfumerie Le Bain bleu ?
> → **Je crois qu'elle va la trouver.**

1 Est-ce que les modèles de Julie vont plaire à la patronne ?
2 Est-ce que la patronne choisit bien ses fournisseurs ?
3 Est-ce que la vendeuse va montrer les objets à sa patronne ?
4 Est-ce que la cliente va acheter les boucles d'oreilles ?
5 Est-ce que la patronne va mettre les créations des amis de Julie dans sa boutique ?

6 Dites-le de façon plus directe.

> Exemple : Je te conseille de lui montrer.
> → **Montre-lui.**

1 Je te demande de leur expliquer le problème.
2 Je vous prie de lui indiquer le chemin.
3 Je te conseille de leur parler maintenant.
4 Je vous suggère de me téléphoner demain.
5 Je vous recommande de lui montrer ces modèles.
6 Je te conseille de penser à tes parents.

7 Indiquez-leur le chemin.

Prenez le plan p. 101.
Des gens passent et vous demandent le chemin.
Écoutez les questions et donnez des indications.

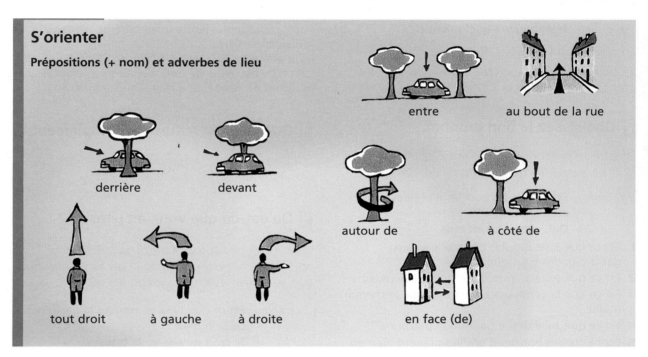

S'orienter

Prépositions (+ nom) et adverbes de lieu

entre

au bout de la rue

derrière

devant

autour de

à côté de

tout droit

à gauche

à droite

en face (de)

SONS ET LETTRES l'accent d'insistance

• **L'accent tonique** porte sur la dernière syllabe du groupe. C'est l'accent de base qui permet de découper la phrase en groupes de sens.

• En plus de l'accent tonique, un deuxième type d'accent permet de marquer des intentions intellectuelles ou de manifester des mouvements affectifs. C'est l'**accent d'insistance.** Il porte sur la première ou la deuxième syllabe du mot :
*C'est une règle **ab**solue. ... avec **beau**coup de goût.* (Accent intellectuel.)
*C'est **te**rrible. C'est é**pou**vantable.* (Accent affectif.)

1 Y a-t-il un accent d'insistance ?

Écoutez et dites si vous entendez un accent d'insistance dans une des deux phrases.
Si oui, sur quelle syllabe est-ce qu'il porte ?

2 Où est l'accent d'insistance ?

Écoutez.
Dites sur quelle syllabe l'accent porte et répétez la phrase.

COMMUNIQUEZ

1 VISIONNEZ LES VARIATIONS.

1 Dites dans quelles situations :
a vous demandez l'avis de quelqu'un ;
b vous faites patienter quelqu'un.
2 Regardez les dessins et imaginez des dialogues.
Variez les expressions et donnez des arguments.
Jouez les sketches à deux.

Demander l'avis de quelqu'un

1 – Regarde, moi, je les trouve très jolies, ces boucles d'oreilles.
– Moi aussi.
– Eh bien, pas moi !

2 – Viens voir, ces boucles d'oreilles sont vraiment faites pour moi.
– Oui, c'est vrai, elles te vont bien.
– Tu trouves ?

3 – Ces boucles d'oreilles, c'est tout à fait mon style, n'est-ce pas ?
– Oui, c'est tout à fait toi.
– Moi, je ne trouve pas.

Faire patienter quelqu'un

1 Vous permettez quelques instants ?
2 Vous pouvez m'attendre un instant ?
3 Excusez-moi, je reviens tout de suite.
4 Excusez-moi, je n'en ai pas pour longtemps.

2 QU'EST-CE QUE C'EST ?

Pensez à un endroit ou à un bâtiment connu de votre ville. Votre voisin(e) vous interroge sur l'itinéraire pour savoir à quoi vous avez pensé.

Exemple : – Quand on sort de l'école, il faut aller tout droit ?
➜ **– Non, il faut tourner à droite…**

3 JE PEUX VOUS AIDER ?

1 Écoutez les deux dialogues. Suivez le chemin indiqué sur le plan et dites ce que cherche la personne.

2 Puis, résumez les explications données : la personne s'assure qu'elle a bien compris.

4 JEU DE RÔLES.

Êtes-vous un(e) bon(ne) représentant(e) ? Vous voulez vendre l'une de ces séries d'objets à un magasin. Vous argumentez pour que le/la responsable les achète. Il/elle trouve des raisons pour ne pas les acheter ou pour faire baisser le prix. Jouez la scène avec votre voisin(e).

Utilisez : beau/laid – inutile – cher – démodé – très moderne – bonne matière/couleur/forme – bon public – original…

CIVILISATION

La fièvre acheteuse

Magasin Tati.

Toute l'année, les acheteurs se bousculent dans les grands magasins et les supermarchés.

Mais on peut préférer le calme des puces parisiennes de Saint-Ouen et des brocantes régionales, très à la mode depuis quelques années. On a le temps de flâner, de marchander, de chercher l'objet rare et pas cher. Des statuettes, des tableaux, des poupées, des bronzes ou des livres anciens compléteront une collection... ou finiront peut-être dans un grenier...

Le marché aux puces de Saint-Ouen.

Mais d'autres cherchent des solutions plus originales. Cette association ariégeoise, le SEL, le Système d'échange local, a remis au goût du jour un moyen de paiement très ancien : le troc. Pourquoi ne pas échanger un fromage contre des travaux de couture, par exemple ? Ce réseau d'entraide fonctionne bien et simplifie la vie de tous.

Mais cela peut-il vraiment calmer la fièvre acheteuse ?

1 DANS QUEL ORDRE ?

1 Dans quel ordre apparaissent :
   a le marché aux puces ;
   b Le SEL ;
   c le grand magasin ?

2 Associez chaque forme d'achat avec un lieu :
   a l'Ariège ;
   b Saint-Ouen (banlieue de Paris) ;
   c Paris ;
   d la province.

2 ET VOUS ?

1 Y a-t-il des Puces dans votre ville ? Y allez-vous ?

2 Quels objets est-ce que vous aimez ? Est-ce que vous en achetez ?

LES CHAMPIONS DU PETIT PRIX

En 1948, un Tunisien, Jules Ouaki, recrée à Paris un des souks de son enfance. Il ouvre une boutique de vêtements très bon marché. Peu d'employés : les clients cherchent et se servent eux-mêmes. Il baptise sa boutique Tati, inversion de Tita, le surnom de sa mère ! Tati est devenu une multinationale avec des magasins dans plusieurs pays et une boutique sur la cinquième avenue à New York. Tati compte aujourd'hui 25 millions de clients, vend annuellement 76 millions d'articles et emploie 1 700 personnes.

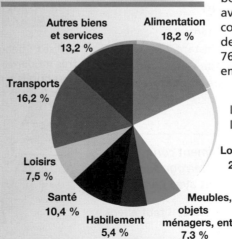

LES DÉPENSES DES FRANÇAIS

- Autres biens et services 13,2 %
- Alimentation 18,2 %
- Transports 16,2 %
- Loisirs 7,5 %
- Santé 10,4 %
- Habillement 5,4 %
- Meubles, objets ménagers, entretien 7,3 %
- Logement 21,8 %

épisode

LE CLIENT EST **ROI !**

épisode ⑭

FAISONS LE MARCHÉ

p. 112

p. 120

VOUS ALLEZ APPRENDRE À :

– offrir un choix de consommations
– commander un plat
– se plaindre
– faire des compliments
– se réconcilier avec quelqu'un
– demander le prix de quelque chose

VOUS ALLEZ UTILISER :

– des quantificateurs
– les articles partitifs
– le pronom *en* (*de* + nom de quantité)
– *combien de ?*
– des expressions pour indiquer la fréquence : *une fois par, tous les…*

LE CLIENT

Découvrez les situations

1 INTERPRÉTEZ LES PHOTOS.

1 Décrivez les deux premières photos.
2 Où entrent les deux personnes de la 3e photo ?
3 Qu'est-ce qu'il se passe avec le cuisinier ?
4 Le patron du restaurant est-il content ?

2 ÊTES-VOUS OBSERVATEUR ?

Visionnez l'épisode sans le son.

1 Le restaurant est situé dans :
 a une grande avenue ; b une petite rue.
2 Il y a : a des tables libres ; b pas de tables libres.
3 La salle est de style : a moderne ; b ancien.

3 FAITES DES HYPOTHÈSES.

Dites pourquoi :

1 Pascal lit le journal pendant que Benoît et Julie sont à table ;
2 le client à la veste à carreaux appelle Pascal ;
3 le client en costume regarde le fromage apporté par Pascal ;
4 Pascal coupe du camembert dans la cuisine.
5 Le patron, Pascal et le cuisinier parlent à la fin.

 Benoît et Julie sont à table.
Pascal arrive avec une serviette pliée sur le bras, comme un serveur, avec plusieurs plats dans les mains. Il sert d'abord Julie, puis Benoît.

PASCAL   Le poisson pour Madame… Et la viande pour Monsieur.

BENOÎT   À quoi tu joues ? Ah, j'ai compris ! C'est ça ton nouveau travail : serveur ?

Pascal continue son jeu.

PASCAL   Du pain pour Madame ? Ah, non, Madame ne mange pas de pain. Monsieur prend de l'eau gazeuse ?

BENOÎT   (jouant) Un peu d'eau gazeuse, oui, s'il vous plaît.

JULIE   Et pour moi, de l'eau plate.

Pascal arrête son jeu et s'assoit.

PASCAL   C'est fatigant d'être serveur. Tu permets, je prends de la viande.

JULIE   Il y a des légumes ?

PASCAL   Ah ! non, il n'y a pas de légumes. J'ai oublié d'en faire.

BENOÎT   Ça commence bien !

PASCAL   Eh, attention ! Je travaille comme serveur, pas comme cuisinier !

JULIE   Alors, c'est fini, le centre culturel ?

PASCAL   Pour le moment, oui. Mais si un nouveau poste d'animateur est créé, j'ai bon espoir de l'obtenir. J'aime vraiment ce métier et comme je m'entends bien avec toute l'équipe…

Julie et Benoît restent seuls à table.

BENOÎT   (reprenant le jeu) Garçon, je peux avoir du fromage ?

EST ROI !

Pascal passe la tête par la porte.

PASCAL   Je regrette, Monsieur, il n'y a pas de fromage. Le fromage n'est pas compris dans le menu.

JULIE   Il y a du dessert, alors ?

PASCAL   Non plus. Le dessert est en supplément.

BENOÎT   Et le pourboire, c'est compris dans le menu ?

Pascal s'approche d'eux.

PASCAL   Pas besoin de pourboire. Mais il y a la vaisselle à faire, et moi, j'en ai assez fait.

LE CUISINIER   Attends ! Tu rigoles. Il l'a à moitié mangée, son entrecôte !

PASCAL   Tu connais la devise de Fernand : le client est roi.

LE CUISINIER   Continue comme ça. Tu vas voir la tête de Fernand !

Pascal apporte un morceau de camembert à un client sur une assiette.

PASCAL   Voilà, Monsieur. C'est du camembert fermier.

Le client regarde le camembert. Pascal est à côté de lui et attend la réaction.

LE CLIENT   C'est peut-être du camembert fermier, mais c'est surtout du plâtre.

④ ⑤ ⑥ ⑦

Deux clients entrent dans le restaurant Le Sybarite. Il y a du monde. Pascal passe entre les tables, les bras chargés de plats. Un client arrête Pascal au passage.

UN CLIENT   Garçon, ce n'est pas de la viande, ça !

PASCAL   Mais si, c'est une entrecôte, Monsieur.

LE CLIENT   Vous appelez ça une entrecôte ! J'ai dit bleue ! Bleue, vous comprenez ?

Pascal prend l'assiette avec la viande entamée du client.

PASCAL   Ne vous inquiétez pas, je vais en chercher une autre.

Pascal pose l'assiette sur le comptoir et s'adresse au cuisinier.

PASCAL   Refais une entrecôte pour la cinq, bleue cette fois.

LE CUISINIER   Sois plus précis dans tes commandes. Tu écris bleu, à point ou très cuit, d'accord ?

PASCAL   D'accord, mais tu en prépares une autre.

Le cuisinier regarde dans l'assiette.

Pascal prend l'air étonné.

PASCAL   Vraiment ?... Ne vous inquiétez pas, je vais en apporter un autre.

À la cuisine. Pascal pose l'assiette de fromage sur une table et prend un morceau d'un autre fromage.

LE CUISINIER   Qu'est-ce que tu fais avec ce fromage ?

PASCAL   C'est du plâtre. Le client est roi !

On voit quatre ou cinq assiettes à moitié consommées. Fernand, Pascal et le cuisinier s'expliquent...

FERNAND   (à Pascal) Non, mais regardez-moi ça. Du poisson, de la viande, du fromage ! Quel gâchis ! Mais tu veux ma ruine, ma parole !

     (au cuisinier) Et toi, tu le laisses faire ! Tu changes les plats sans rien dire !

LE CUISINIER   Ce n'est pas de ma faute : Il n'arrête pas de dire : « Le client est roi ! Le client est roi ! »

FERNAND   Le client est roi ! Le client est roi ! Et moi, qu'est-ce que je suis ? Un pigeon ? ou le roi des pigeons ?

Observez l'action et les répliques

1 QUELLE EST LA BONNE EXPLICATION ?

Visionnez l'épisode avec le son et choisissez la bonne réponse.

1 On ne donne pas de dessert automatiquement parce que :
   a le client n'en veut pas ;
   b ce n'est pas compris dans le menu.

2 La devise du patron, « Le client est roi », veut dire :
   a qu'il faut satisfaire tous les désirs des clients ;
   b qu'il faut faire payer le client très cher parce qu'il est riche.

3 On change le fromage au restaurant quand :
   a le client veut un dessert ;
   b le fromage a l'air d'être du plâtre.

4 Pascal change l'entrecôte du client parce que :
   a elle est bleue ;
   b elle est trop cuite.

2 QU'EST-CE QU'ILS ONT RÉPONDU ?

Retrouvez la réplique qui suit les répliques ci-dessous.

1 Il y a des légumes ?
2 Garçon, je peux avoir du fromage ?
3 D'accord, mais tu en prépares une autre.
4 C'est du camembert fermier.

3 QUELS ACTES DE PAROLE CES PHRASES PEUVENT-ELLES REMPLACER ?

Trouvez dans les dialogues une réplique de sens équivalent.

1 Ah, tu vas servir dans un restaurant bientôt !
2 Mais oui, on va la changer.
3 Dis, je ne vais pas changer une entrecôte entamée !
4 Tu vas voir. Fernand va se mettre en colère !

Observez les comportements

4 QUELLE TÊTE ILS FONT ?

1 Pascal souffle et remue la tête. Ça veut dire :
   a J'en ai assez de ce métier.   b Ça suffit pour aujourd'hui.

2 Pascal a le doigt levé et regarde son interlocuteur bien en face. Par ce geste, il veut :
   a menacer son interlocuteur ;   b souligner l'importance de ce qu'il dit.

3 Le client à la veste à carreaux a le doigt levé et tourne la tête pour suivre les mouvements de Pascal. Il veut :
   a attirer l'attention du garçon ;   b se moquer du garçon.

4 Fernand secoue la tête et fait un geste du bras. Il exprime :
   a son irritation ;   b sa satisfaction.

5 COMMENT EST-CE QU'ILS LE DISENT ?

Trouvez dans les dialogues la façon :

1 de commander un plat au restaurant ;
2 d'exprimer des regrets et d'en donner la raison ;
3 de refuser un plat et de dire pourquoi ;
4 de calmer l'irritation d'un client ;
5 d'exprimer sa colère contre quelqu'un.

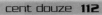

1 Il manque les articles.

Complétez la conversation entre le serveur et le client avec des articles.

– Aujourd'hui, nous avons … poisson comme plat du jour.
– Je n'aime pas beaucoup … poisson. Vous avez … viande ?
– Bien sûr. Nous avons … entrecôte et … poulet.
– Je vais prendre … entrecôte.
– Vous prendrez … fromage ?
– Je ne prendrai pas … fromage, mais je prendrai … dessert.
– Très bien, je vous apporte … pain tout de suite.
– Inutile, je ne mange pas … pain.
– Et comme boisson, vous voulez … eau, … vin ?
– Apportez-moi … eau, je ne bois pas … vin.

Le verbe *boire*

*Je **bois** de l'eau.*
Tu bois du thé.
Il/elle boit du café.

*Nous **buv**ons du cidre.*
Vous buvez du Coca-Cola.
*Ils/elles **boiv**ent du jus de fruits.*

➪ Combien le verbe *boire* a-t-il de radicaux au présent ? À quelles personnes ?

❗ Attention à la forme *mangeons*. Le **e** permet de conserver la prononciation en [ʒ].

2 Qu'est-ce que vous mangez ?
Qu'est-ce que vous buvez ?

*Répondez aux questions. Utilisez le pronom **en** dans la réponse.*

Exemple : Vous achetez des croissants ?
➜ **Oui, j'en achète./Non, je n'en achète pas.**

1 Vous mangez de la viande ? du poisson ? des œufs ?
2 Vous mangez des pâtes ? des légumes ?
3 Vous buvez du cidre ? de l'eau minérale ? du vin ? du café ?
4 Vous mettez du lait, du sucre dans votre café ? dans votre thé ?
5 Vous prenez du fromage et du dessert avec votre déjeuner ?

3 Vous n'aimez pas ça !

*Jouez avec votre voisin(e). Variez la forme de la question. Utilisez : **Vous prenez** – **je vous sers** – **vous voulez**.*

Exemple : – **Tenez, voilà de la viande.**
– **Non merci, je n'aime pas la viande.**

Les articles définis, indéfinis et partitifs

Ils servent à compter en unités, à désigner la totalité ou une partie d'un tout.

● **Le** poisson
= tout le poisson ou le poisson en général :
*J'aime **le** poisson.*

= un poisson déjà vu ou précisé dans le texte :
*Apporte **le** poisson au client.* (Déjà commandé.)
*C'est **le** restaurant de Fernand.*

● **Un** poisson
= un parmi d'autres de même nature (on peut compter en unités) :
*C'est **un** poisson. C'est **un** restaurant.*

● **Du, de la, de l', des**
= une partie de quelque chose (on ne peut pas compter en unités) :
*Donnez-moi **du** poisson et **de l'**eau.*

Rappel : La quantité 0 s'exprime avec *ne… pas de* + nom
– *Tu veux du vin ?*
– *Non merci, je **ne** bois **pas de** vin.*

4 Ils en prennent
ou ils n'en prennent pas ?

Écoutez le dialogue et dites ce qu'il va rapporter ou ne pas rapporter.

7
dossier

Le pronom *en*

Le pronom *en* remplace un article partitif
+ nom :
– *Vous buvez du jus d'orange ?*
– *Oui, j'en bois.*
Si la quantité est précisée, *en* remplace *de*
+ nom et on garde l'expression de la quantité :
Achète un kilo de pommes de terre.
Achètes-en un kilo.

! À l'impératif affirmatif, mettez un trait
d'union (–) entre le verbe et le pronom *en*.
Ajoutez un *s* à la deuxième personne de
l'impératif des verbes en *-er* :
Manges-en. – Ajoutes-en.

5 Combien de fois ?

*Variez chaque fois la forme des réponses mais
utilisez les verbes **manger** ou **prendre** et une
expression de fréquence.*

Exemple :   Il aime le poisson ?
→ **Oui, il en mange trois fois par semaine.**

1 Vous aimez les légumes ?
2 La viande, ça vous plaît ?
3 Le fromage, ça vous fait plaisir ?
4 Tu aimes les gâteaux ?
5 Vous aimez la salade ?
6 Tu achètes des fruits ?

6 Tous les combien ?

*Jouez avec votre voisin(e). Chacun(e) pose une
question à son tour sur ses habitudes de vie :
faire les courses, inviter des amis...*

Exemple :   – **Tu téléphones souvent à tes parents ?**
– **Je les appelle une fois par semaine.**

Exprimer la périodicité

Combien de fois ?
Une **fois par** semaine, trois fois par mois, un jour
sur deux...
Tous les jours, toutes les semaines, tous les ans...
Chaque jour, chaque semaine, chaque année...

7 Un drôle de serveur !

*Écoutez les réponses faites aux clients par un
mauvais serveur.*

1 Trouvez les questions des clients.
2 Faites une réponse de bon serveur.

Exemple :   Je ne vous le conseille pas, Monsieur,
il n'est pas frais.
→ **Vous avez du poisson ?**
→ **Bien sûr, Monsieur.**

SONS ET LETTRES voyelles nasales et accents d'insistance

1 Quelle est la voyelle nasale ?

*Écoutez et dites si la voyelle nasale est en
première, deuxième ou troisième position.*

2 Où sont les accents d'insistance ?

*Écoutez et dites où se situent les accents
d'insistance. Puis répétez la phrase.*

Graphies de [ʒ] et de [g]

[ʒ] **j** : *jeudi, jamais, jour.*
   g devant **i** ou **e** : *mangeons, pigeon, fromage,
      tragique.*

[g] **g** devant **a, o** ou **u** : *gâteau, légumes, gâchis,
      gigot* [ʒigo].

dossier 7

1 VISIONNEZ LES VARIATIONS.

Jouez avec votre voisin(e).

1 L'un de vous joue le rôle d'un serveur ou d'une serveuse, l'autre le rôle de client(e).
Vous commandez des plats. Il n'en reste plus ! Le serveur ou la serveuse présente ses excuses et propose autre chose.

2 Vous êtes invité(e) à dîner chez des amis. Vous faites des compliments à la maîtresse de maison.

Proposer une boisson

1 – Monsieur prend de l'eau gazeuse ?
 – Un peu d'eau gazeuse, oui, s'il vous plaît.
2 – Qu'est-ce que vous voulez boire ?
 – Apportez-moi une bouteille d'eau, s'il vous plaît.
3 – Et comme boisson, qu'est-ce que vous prenez ?
 – Une bouteille de cidre, s'il vous plaît.
4 – Vous avez choisi votre boisson ?
 – Oui, de l'eau, s'il vous plaît.

Commander un plat

• – Garçon, vous avez du fromage ?
1 – Je suis désolé, il ne reste plus de fromage, Monsieur.
2 – Mais oui, Monsieur, tout de suite.

• – Qu'est-ce que vous avez comme fromage ?
3 – Hélas, Monsieur, nous n'avons plus de fromage.
4 – Je vous apporte la carte, Monsieur.

• – Je peux avoir la carte des fromages, s'il vous plaît ?
5 – Nous n'avons plus que des desserts, Monsieur.
6 – Mais oui, je vous la donne immédiatement.

Se plaindre/faire des compliments dans un restaurant

1 Ce n'est pas de la viande ça ! Vous appelez ça une entrecôte !
2 Cette viande n'est pas mangeable !
3 Hum... elle est excellente, cette viande !
4 Ces légumes n'ont aucun goût !
5 Ils sont très bons ces légumes.

2 QU'EST-CE QU'ILS ONT CHOISI ?

Écoutez les deux dialogues et dites :

1 quels sont les deux plats du jour et leurs garnitures ;
2 ce que la femme a choisi ;
3 ce que l'homme va manger.

3 ATTENTION AUX CALORIES !

Un(e) ami(e) veut perdre quelques kilos. Il/elle sait que vous vous intéressez à la diététique et vous demande des conseils. Vous l'interrogez d'abord sur ses habitudes alimentaires. Puis, en fonction de ses réponses et du tableau ci-dessous, vous l'aidez à modifier sa façon de manger. Jouez à deux.

Le nombre de calories est indiqué pour 100 grammes de chacun des aliments.

Céréales et légumes secs		Viandes, poisson et œufs	
pain	250	poisson maigre	90
pâtes	125	poisson gras	180
riz	120	bœuf	180
haricots secs	200	agneau	260
sucre	400	poulet	150
gâteau	300	œufs	60
chocolat	500		
Légumes frais et fruits		**Lait et fromage**	
pommes de terre	120	lait écrémé	50
haricots verts	50	beurre	750
chou	50	fromage	350
carottes	40	crème fraîche	400
tomates	20	glace	400
poireaux	30	yaourt	60
pommes	50		
poires	60	**Boissons**	
oranges	50	cidre	30
bananes	90	jus d'orange	25
raisin	80	Coca-Cola	50

L'organisation chronologique

Une recette du Midi : la bouillabaisse

Ingrédients pour 6 personnes
1 kilo et demi de poisson
6 cuillerées d'huile d'olive
1 gros oignon
6 tomates
6 pommes de terre
12 petites tranches de pain
du fenouil, du persil, du laurier, de l'ail, du safran
du sel, du poivre

Choisissez des filets de poisson à chair ferme. Dans une grande casserole, versez une cuillerée d'huile d'olive par personne. Faites revenir l'oignon à feu doux. Ajoutez les tomates coupées en morceaux, un peu d'ail et le bouquet garni composé de fenouil, de persil et de laurier. Salez et poivrez. Ajoutez un peu de safran. Déposez les pommes de terre découpées en fines tranches. Déposez les filets de poisson. Laissez mijoter* pendant quelques minutes et arrosez ensuite avec 12 verres d'eau bouillante (2 par personne). Portez à ébullition et laissez cuire. Retirez la casserole du feu. Mettez le poisson et la moitié des pommes de terre dans un plat creux. Écrasez le reste des pommes de terre dans le bouillon et versez le bouillon sur les tranches de pain disposées dans des assiettes creuses.

* Mijoter : cuire à feu doux.

1 ORGANISEZ UNE RECETTE.

1 Quand est-ce qu'on lit une recette ?
2 Pendant la réalisation, on la lit :
  a une seule fois en entier ;
  b à chaque étape.
3 Est-ce qu'on peut changer l'ordre des opérations d'une recette ?

2 RÉFLÉCHISSEZ À LA MANIÈRE DE LIRE.

1 Comment lisez-vous :
  a un horaire de train ? **c** une publicité ?
  b un roman ? **d** un manuel de français ?
2 Pour chaque document, vous lisez tout le texte ? Vous le lisez une fois ou plusieurs fois ?
3 Quand le lisez-vous ?
4 Combien y a-t-il de manières de lire ? À quoi s'adapte la lecture ?

3 EN SÉQUENCE.

1 Quels textes sont, en général, organisés chronologiquement ?
  a Un curriculum vitae (CV).
  b Un mode d'emploi.
  c Une description de paysage.
  d Un rapport financier.
  e Un récit d'événements.
2 Quels mots permettent d'organiser un texte chronologiquement.
  a D'abord.   **g** Puis.
  b Enfin.   **h** Une fois.
  c Parce que.   **i** Après.
  d Ensuite.   **j** Combien.
  e Donc.   **k** Premièrement.
  f Avant.   **l** Comment.

4 UNE BONNE RECETTE !

Votre correspondant(e) français(e) vous a demandé de lui donner la recette d'un plat typique de chez vous. Envoyez-lui la recette. N'oubliez pas de faire la liste des ingrédients.

7
dossier

DES MOTS **POUR LE DIRE**

À **table !**

un placard
un lave-vaisselle
un évier
une cafetière
un grille-pain
un réfrigérateur
une cuisinière

1 COMMENT EST-CE QU'ON MET LA TABLE POUR UNE FÊTE ?

1 Observez cette table préparée pour un repas de fête et répondez aux questions.

a Qu'est-ce que vous remarquez ?

b La pointe des fourchettes est-elle en haut ou contre la table ?

c Où se trouvent les verres ? Combien y en a-t-il ?

2 Quelles sont les ressemblances et les différences avec une table de fête dans votre pays ?

une bougie
une carafe
une nappe
un verre à eau
un verre à vin
une tasse
une soucoupe
des couverts (une fourchette, un couteau)
une serviette
une assiette

2 DEVINEZ.

1 On y met de l'eau. On la met sur la table. C'est une…

2 On mange la viande avec une…

3 On boit du café dans une…

4 On mange ses aliments dans une…

5 On boit dans un…

6 On fait cuire des aliments sur une…

7 On range la vaisselle dans les…

8 On conserve les aliments dans un…

3 QUELS CADEAUX CHOISIR ?

Un(e) de vos ami(e)s se marie. Il/elle a déposé une liste de mariage dans un grand magasin. Vous n'avez pas encore acheté le cadeau que vous devez faire. Vous discutez avec un(e) ami(e) invité(e) pour savoir ce que vous allez acheter, soit ensemble, soit séparément.

FAISONS

⑭

Découvrez les situations

1 INTERPRÉTEZ LES PHOTOS.

Répondez aux questions.

1 Que font Fernand et Pascal ?
2 Quels marchands est-ce qu'on voit sur les photos ?
   a Un boucher.
   b Une marchande de fruits et légumes.
   c Un marchand de beurre et fromage.
3 Où repart Fernand avec ses deux sacs pleins ?
4 Est-ce que Pascal a fait beaucoup d'achats ?

2 FAITES DES HYPOTHÈSES.

Visionnez sans le son

1 Fernand et Pascal sont au marché. Quel est le moment de la journée ?
2 Fernand va partir. Qu'est-ce que Pascal lui demande ?
3 À la fin, pourquoi est-ce que Fernand et Pascal ont l'air content ?

3 REGARDEZ LES IMAGES.

Dites si vous avez vu les aliments suivants.

du camembert   du beurre   des pommes de terre   des pommes   des oranges   des bananes

des œufs   des tomates   des haricots verts

❶   ❷   ❸

 Fernand et Pascal font le marché.

FERNAND   Tu n'est pas fâché pour hier ?

PASCAL   Non, je ne suis pas fâché. Et j'ai compris la leçon : le client n'est pas roi !

FERNAND   Oui, enfin, n'exagère pas trop quand même. Pas trop fatigué ?

PASCAL   Un peu. Je n'ai pas l'habitude de me lever à 6 heures du matin pour faire le marché.

FERNAND   Eh ! restaurateur, ce n'est pas un métier facile. Bon, je mets ça dans la camionnette et je file au restaurant. Toi, tu continues.

PASCAL   On a déjà le poisson. Je prends un peu de fromage, de la viande, des fruits et des légumes ?

FERNAND   C'est ça.

PASCAL   Comme fromage, qu'est-ce que je prends ? Du camembert fermier ?

FERNAND   Petit malin... Tu prends du gruyère, du chèvre, et... du camembert fermier ! Tu prends aussi du beurre, des œufs et de la crème. Allez, à plus tard, et n'oublie pas ma devise : « La qualité oui, mais au meilleur prix ! »

PASCAL   Tes devises, hein...

LE MARCHÉ

Fernand part avec deux grands sacs à provisions.

Pascal continue et s'arrête chez le boucher.

LE BOUCHER	Salut Pascal, tu remplaces le patron, ce matin ?
PASCAL	Eh oui, je monte en grade… Ton plat de côtes, il est bien ?
LE BOUCHER	Extra ! Tu fais un pot au feu super avec ça. Tu en prends combien ?
PASCAL	Je vais en prendre 10 kilos. Tu as du veau ?

PASCAL	Les pommes là, elles ont l'air bien. Il n'y a pas d'étiquette. Combien elles coûtent ?
LA FRUITIÈRE	Elles ne sont pas chères, cette semaine. 5 francs (1 euro environ) le kilo. Vous envoulez combien ?
PASCAL	Dix kilos. Je vais aussi prendre des pommes de terre.
LA FRUITIÈRE	Combien j'en mets ?
PASCAL	Une vingtaine de kilos. Et vos haricots, ils sont à quel prix ?
LA FRUITIÈRE	30 francs (5 euros environ) le kilo. Production française ! Ils sont beaux.

LE BOUCHER	J'en ai toujours. Une petite blanquette ?
PASCAL	Oui, entre 4 et 5 kilos. Et puis je vais prendre des biftecks.
LE BOUCHER	Oui, tu en veux combien ?
PASCAL	Combien il en prend d'habitude, Fernand ?
LE BOUCHER	Il en prend une trentaine. Et ils sont en promotion, aujourd'hui !

Pascal est chez la marchande de fruits et légumes.

LA FRUITIÈRE	Vous êtes bien matinal aujourd'hui, Monsieur Pascal.
PASCAL	Eh oui, aujourd'hui je fais les courses pour Fernand, le restaurateur.
LA FRUITIÈRE	Ah, vous travaillez pour Fernand. C'est bien ça, vous êtes courageux… Qu'est-ce que vous prenez aujourd'hui ?

PASCAL	Ils sont beaux, mais chers. Enfin, je vais en prendre un peu.
LA FRUITIÈRE	Allez, je vais vous faire un bon prix.
PASCAL	C'est gentil.

Pascal a fini ses courses. Il pousse un chariot chargé de cageots.

Pascal et Fernand font les comptes.

FERNAND	Alors ça, bravo ! Tu sais acheter !

Pascal est tout heureux.

FERNAND	J'ai une idée. À partir d'aujourd'hui, moi, je sers au restaurant et, toi, tu fais le marché.
PASCAL	Le marché ? À six heures du matin ? Tous les jours ?
FERNAND	Non, pas tous les jours. Il n'y en a pas le lundi !

Observez l'action et les répliques

|1 QU'EST-CE QU'IL S'EST PASSÉ ?

Visionnez l'épisode avec le son.
Dans la liste ci-dessous, certains événements
n'appartiennent pas à l'épisode.
1 Éliminez-les.
2 Mettez les autres en ordre.

a Pascal fait des commandes à la boucherie.

b Pascal discute avec une marchande de légumes.

c Fernand félicite Pascal pour ses achats et lui dit qu'il va faire le marché tous les jours.

d Pascal revient en voiture au restaurant avec tous ses achats.

e Fernand et Pascal font des courses au marché.

f Fernand repart à son restaurant et laisse Pascal continuer tout seul.

g Fernand revient au marché pour aider Pascal.

h Pascal demande à Fernand ce qu'il doit acheter.

|2 TERMINEZ LES RÉPLIQUES.

1 PASCAL : Et j'ai compris la leçon…

2 FERNAND : Allez, à plus tard, et n'oublie pas ma devise…

3 LA FRUITIÈRE : Ah, vous travaillez pour Fernand. C'est…

4 PASCAL : Il n'y a pas d'étiquette…

|3 VRAI OU FAUX ?

Dites si l'affirmation est vraie. Sinon, rétablissez la vérité.

1 Pascal aime se lever à 6 heures du matin.

2 Pascal achète du veau pour faire un pot au feu.

3 Pascal n'achète pas de biftecks parce qu'ils sont en promotion.

4 Le marché a lieu tous les jours.

Observez les comportements

|4 AVEZ-VOUS REMARQUÉ ?

1 Dites ce que les personnages expriment.

1 La mimique du boucher exprime :
  a L'amitié et la connivence.
  b L'inquiétude.

2 La mimique et le geste de Pascal veulent dire :
  a Non, tu peux les garder.
  b Bon, si c'est en promotion, j'en prends.

3 L'attitude de la fruitière veut dire :
  a Vous m'êtes sympathique.
  b Si vous n'en voulez pas, laissez-les.

4 Le geste de Fernand signifie :
  a Tu as le choix.
  b Je l'ai décidé.

*2 Caractérisez les personnages avec les expressions suivantes : **hocher la tête – fermer les yeux – ouvrir les bras – lever la main – hausser les sourcils – faire un clin d'œil – sourire – montrer du doigt.***

|5 QU'EST-CE QU'ON DIT ?

Trouvez dans le dialogue plusieurs manières de :

1 demander le prix ;   **2** indiquer le prix ;   **3** demander au client ce qu'il veut.

7
dossier

DÉCOUVREZ LA **GRAMMAIRE** ⑭

1 **Allez faire les courses.**

Écoutez le dialogue et faites la liste des courses.

2 **Quelle quantité en voulez-vous ?**

Vous voulez préparer un dîner pour quatre personnes et vous voulez cuisiner les plats ci-dessous. Vous faites vos courses et vous répondez aux questions des commerçants.

Soufflé au fromage

◆ Ingrédients (4 pers.) :
100 g de beurre,
100 g de farine,
1/2 litre de lait,
125 g de gruyère,
5 œufs, sel, poivre.

◆ Faire une sauce béchamel très épaisse, ajouter le gruyère râpé.
Mettre ensuite les jaunes d'œufs, les blancs battus, vérifier l'assaisonnement et faire cuire à four moyen, puis chaud, dans un plat beurré.

Poulet sauté

◆ Ingrédients (4 pers.) :
1 poulet, 50 g de farine,
50 g de beurre,
100 g d'oignons,
150 g de champignons,
2 dl de bouillon, 3 carottes,
sel, poivre.

Exemple : Vous prenez du lait ?
➔ **Oui, je vais en prendre un litre.**

1 Combien de gruyère est-ce que je vous mets ?
2 Des champignons, vous en voulez combien ?
3 Je vous donne des carottes ? Combien ?
4 Il vous faut du beurre aujourd'hui ?
5 Vous n'avez pas besoin d'œufs ?
6 Et de la farine, vous en avez ?
7 Il vous faut beaucoup d'oignons ?
8 Le poulet, vous le voulez gros, petit, moyen ?

3 **Quelle quantité ?**

Vous téléphonez à un(e) ami(e) pour lui donner la recette du soufflé. Les quantités que vous lui donnez ne sont pas assez précises. Il/elle vous demande d'être plus précis(e) et vous lui donnez les quantités exactes.

Exemple : **– Tu veux faire un soufflé au gruyère ? Il te faut un peu de farine, du beurre, du lait, un peu de gruyère et des œufs.**
– Ça veut dire quoi un peu de farine ? 10 g, 15 gr ?
– Mais non ! Pour 4 personnes, il faut...

Les quantificateurs ou mots qui précisent une quantité

● **Interroger sur la quantité**
– ***Combien d'œufs*** est-ce que vous désirez ?
– *J'en veux une douzaine.*
– *Il vous faut **combien de beurre** ?*
– *Donnez-moi 250 grammes de beurre.*

● **Indéfinis** (quantité approximative)
quelques (adjectif et pronom)
Expressions : **un peu de, assez de, beaucoup de, trop de** pain, viande...
Quantité 0 : pas de fruits, pas de pommes, pas d'eau.

● **Définis** (quantité précise)
250 grammes de beurre,
une **livre** (= 0,5 kilo) de tomates,
un **kilo** de pommes de terre,
une **boîte** de bonbons,
une **bouteille** d'eau minérale,
un **paquet** de café,
une **plaque** de chocolat,
une **caisse** de fruits,
un **litre** de lait.

! **Remarquez** : la préposition *de* suit les expressions de quantité : *un peu de, beaucoup de, une boîte de, pas de...*

7 dossier

DÉCOUVREZ LA **GRAMMAIRE**

4 Un régime bien équilibré.

Complétez le texte.

Ne mangez pas … pain, ni … fromage. Mangez … viande ou … poisson à chaque repas. Prenez … fruits, mais entre les repas. Mangez … pâtes deux fois par semaine. N'hésitez pas à manger … légumes verts tous les jours. Buvez … eau, mais pas … Coca-Cola.

5 Vous en voulez combien ?

Exemple : – Voilà un paquet de café. Vous en avez assez ?
→ **Non, donnez-m'en un autre paquet.**
– Voilà 10 kilos d'oranges. Vous en avez trop ?
→ **Oui, je n'en veux que deux kilos.**

1 Prenez ce pot de confitures. Vous en avez assez ?
2 Voilà 5 litres d'huile. Vous en avez trop ?
3 Je vous donne une bouteille d'eau minérale. Vous en voulez d'autres ?
4 Voilà dix boîtes de biscuits. Vous en avez trop ?
5 Voilà un paquet de thé. Vous en avez assez ?
6 Deux plaques de chocolat, c'est assez ?

6 Combien est-ce que vous en prenez ?

Exemple : Combien de morceaux de sucre est-ce que vous mettez dans votre café ?
→ **J'en mets deux morceaux.**

1 Combien de morceaux de pain est-ce que vous mangez au déjeuner ?
2 Combien de lait est-ce que vous mettez dans votre thé ?
3 Combien d'œufs est-ce que vous mettez dans une omelette ?
4 Combien de lait est-ce que vous buvez par jour ?

7 Tu en prends maintenant ?

*Au café. Jouez à deux. Utilisez : **café – thé – cidre – lait – eau – jus d'orange – fromage – yaourt.***

Exemple : **– Tiens ! je vais prendre un thé.
– Comment ! Tu n'aimes pas le thé et tu en prends !**

SONS ET LETTRES les voyelles nasales

1 Que de nasales !

Lisez, repérez les nasales, prononcez puis écoutez.

1 Il mange du poisson et du pain.
2 Il demande un supplément au restaurant.
3 Le client a très faim.
4 Garçon, le pain, ça vient ?
5 Mange. Prends ton temps.

2 Écrivez.

Étudiez le tableau ci-contre, puis écoutez les phrases et écrivez-les.

Comment elles s'écrivent

[ã] **an, am, en, em** : *demander, chambre, prendre, temps.*
[ɛ̃] **in, im, ain, aim** : *fin, timbre, pain, faim.*
[ɔ̃] **on, om** : *mouton, tomber.*

❗ La lettre **n** est remplacée par **m** devant **p** et **b**.

❗ Pas de nasalisation si la voyelle est suivie d'une consonne double : *Commander, commencer, immobile* mais *emmener* avec nasalisation de *em-*.

1 VISIONNEZ LES VARIATIONS.

Jouez les scènes suivantes avec votre voisin(e).

1 Vous vous êtes fâché(e) avec un(e) ami(e). Imaginez la raison de votre dispute. Téléphonez-lui pour reprendre des relations normales.

2 Vous êtes chez un(e) marchand(e) de fruits et légumes. Vous en achetez pour la semaine. Vous demandez le prix des produits avant de vous décider.

Se réconcilier avec quelqu'un

1 – Tu n'es pas fâché pour hier ?
– Non, je ne suis pas fâché.

2 – Tu ne m'en veux pas pour hier ?
– Mais non.

3 – Tu m'excuses pour hier ?
– Mais oui. Ne t'inquiète pas.

4 – Sans rancune pour hier ?
– Mais oui, ce n'est rien.

Demandez le prix de quelque chose

1 – Combien elles coûtent ?
– Cinq francs (0,80 euro environ) le kilo.

2 – Ça coûte combien les haricots verts ?
– Cinq euros le kilo.

3 – Elles valent combien ces pommes de terre ?
– Un euro le kilo.

4 – Quel est le prix du bifteck ?
– Il est à quatorze euros le kilo.

2 LA CLIENTE EST REINE !

*1 Écoutez la conversation entre une vendeuse d'épicerie fine et une cliente.
Relevez :*

a une façon de se plaindre ;
b une façon de rejeter la faute sur quelqu'un ;
c une demande de prix ;
d une demande de réconciliation.

2 Jouez la scène avec votre voisin(e). Changez le sujet de la plainte.

3 QU'EST-CE QU'IL VA ACHETER ?

*Imaginez la conversation entre le mari et la femme. Utilisez : **beaucoup – trop – assez de – quelques.***

Exemple : – Bon, alors, tu vas faire les provisions pour toute la semaine.
– D'accord. Mais qu'est-ce que je prends ?

4 FAITES UNE ENQUÊTE.

*Vous êtes journaliste pour un magazine de santé. Vous faites un sondage pour savoir ce que mangent les Français ou vos compatriotes chaque jour aux trois repas. Pensez à des aliments simples : viande, poisson, eau… Donnez une idée des quantités générales (un peu, beaucoup) ou plus précises.
Interrogez votre voisin(e).*

UN AN DE NOURRITURE Évolution des quantités de certains aliments consommés par personne et par an *(en kg)*.		
	1993	1970
● Pommes de terre	72,2	95,6
● Légumes frais	89,6	70,4
● Bœuf	17,1	15,6
● Volaille	22,2	14,2
● Œufs	14,2	11,5
● Poissons, coquillages, crustacés (frais et surgelés)	15,8	10,8
● Lait frais *(litre)*	73,9	95,2
● Huile alimentaire	11,0	8,1
● Sucre	9,3	20,4
● Vin *(litre)*	24,9	8,0
● Bière *(litre)*	37,9	41,4
● Eau minérale et de source *(litre)*	92,3	39,9

dossier 7

Tous à table !

La fougasse.

Le sübrot.

Le pain de mie.   Le bâtard.   Le pain de campagne.

La baguette.

Même si beaucoup de jeunes Français préfèrent les hamburgers aux biftecks frites, le Coca-Cola au jus d'orange, les corn flakes aux tartines beurrées du matin, leurs parents restent, en majorité, fidèles à la cuisine traditionnelle. Les familles aiment se retrouver autour d'une table.

À côté de la bonne cuisine familiale, il y a la grande cuisine ! Les grands chefs, véritables créateurs, sont toujours à la recherche de nouveaux plats, de nouvelles saveurs. S'ils gardent jalousement leurs secrets, ils savent partager leur savoir-faire. Et les jeunes futurs grands chefs apprennent avec eux à devenir les porte-parole de la grande cuisine française.

Et maintenant, bon appétit !

Le pain aux céréales.

1 QU'EST-CE QUE VOUS AVEZ VU ?

1 Des apprentis cuisiniers.
2 Une cuisine très moderne.
3 Un chef en train de préparer un plat.
4 Des jeunes en train de prendre leur petit déjeuner.
5 Une famille en train de dîner autour de la table.

2 DANS QUEL ORDRE ?

Mettez les images de l'exercice 1 dans l'ordre d'apparition.

3 ET DANS VOTRE PAYS ?

1 Quels sont les produits de base de votre cuisine traditionnelle ?
2 De quelles régions sont originaires vos spécialités culinaires ?
3 Citez deux plats de votre région.

LA BAGUETTE ET LES AUTRES

On compte plus de quatre-vingts sortes de pains, mais la France reste le pays de la baguette !

Avec la même pâte, les boulangers proposent des pains de poids et de formes différentes :
– le petit pain de 50 grammes pour le petit déjeuner et le goûter des enfants ;
– la ficelle de 125 grammes, longue et fine ;
– la flûte de 200 grammes ;
– la baguette de 250 grammes. On en vend 10 millions par jour ;
– le bâtard de 250 grammes, gros et court ;
– le pain de 450 grammes, long et large.

On trouve aussi un grand nombre de pains spéciaux : pain au son, pain complet, pain de seigle, pain aux noix, aux céréales... et des spécialités régionales comme la fougasse dans le Sud ou la faluche dans le Nord !

Le Petit Zinc

épisode **15** — ON **DÉMÉNAGE**

épisode **16** — BENOÎT **S'INSTALLE**

p. 126

p. 134

VOUS ALLEZ APPRENDRE À :

– indiquer le chemin à l'intérieur d'un lieu
– exprimer de l'étonnement
– exprimer du mécontentement
– conforter/mettre en doute l'opinion de quelqu'un
– exprimer une appréciation
– se plaindre
– proposer de l'aide à quelqu'un
– atténuer une affirmation
– exprimer une restriction

VOUS ALLEZ UTILISER :

– *être en train de* + infinitif
– *ne... que...*
– l'interrogation marquée par l'inversion du sujet et du verbe
– les pronoms *en* et *y* (lieu)
– des prépositions et des locutions prépositionnelles de lieu
– des adverbes de lieu
– *personne ne..., rien ne...*

Découvrez les situations

1 INTERPRÉTEZ LES PHOTOS.

Regardez les photos et dites ce qu'elles vous suggèrent.

1 Benoît tient un blouson dans la main. Imaginez ce qu'il dit à Pascal.

2 Benoît fait des gestes. Qu'est-ce qu'il explique à son collègue ?

3 Dans l'escalier, on voit des cartons. Qu'est-ce qu'ils contiennent ?

4 De quoi est-ce que Benoît et ses collègues parlent photo 5 ?

5 Qu'est-ce que Benoît et ses cinq collègues regardent ?

6 Imaginez ce qu'on voit sur la photo 7 ?

2 REGARDEZ LES IMAGES.

Visionnez l'épisode sans le son.

1 Comment est le nouveau bureau de Nicole ?
a Grand.   **c** Clair.   **e** En ordre.
b Petit.   **d** Sombre.   **f** En désordre.

2 Que fait Nicole dans son bureau ?

3 Quels objets est-ce qu'on y voit ?

3 FAITES DES HYPOTHÈSES.

1 Qu'est-ce qui se passe dans l'agence de voyages ?

2 Qu'est-ce que Benoît explique à son collègue ?

3 Pourquoi Benoît et son collègue vont-ils dans le bureau de Nicole ?

4 À qui est le bureau vide ?

 Pascal est dans le salon. Benoît apparaît à la porte. Il est en jeans. Pascal lui tourne le dos.

BENOÎT   Salut ! Tu as bien dormi ?

Pascal se retourne.

PASCAL   Comme un bébé !

Pascal regarde Benoît.

PASCAL   (étonné) Tu vas travailler en jeans, maintenant ?

BENOÎT   Non, mais aujourd'hui, on va déménager les bureaux. Je ne vais pas y aller en costume.

PASCAL   Tu vas bien t'amuser !

BENOÎT   Au fait... tu ne mets pas mon blouson, aujourd'hui, je peux le prendre ?

PASCAL   Oh, oui... aujourd'hui, tu peux le prendre.

BENOÎT   Merci.

Benoît s'en va.

___

Benoît rencontre un collègue dans un couloir de l'agence de voyages.

8
dossier

DÉMÉNAG

BENOÎT	Salut, où tu vas ?
UN COLLÈGUE	J'ai un dossier urgent à envoyer en e-mail et mon nouvel ordinateur n'est pas encore installé. Je vais voir chez Nicole. Tu sais où est son bureau ?
BENOÎT	Oui. J'en viens.
LE COLLÈGUE	Alors, explique-moi. Parce que je ne comprends rien à la nouvelle répartition des bureaux.
BENOÎT	Mais si, c'est très simple. Tout le troisième étage passe au rez-de-chaussée. Le rez-de-chaussée passe au deuxième. Et le deuxième est transféré au sixième.
LE COLLÈGUE	Et le sixième, alors ?
BENOÎT	Le sixième ?... Je recommence.
LE COLLÈGUE	Non, non. Le bureau de Nicole.

LE COLLÈGUE	Excuse-moi, Nicole. Je suis pressé. Je peux utiliser ton ordinateur ? J'ai un e-mail à envoyer.
NICOLE	Mon ordinateur ? Je ne l'ai pas branché. Mais si tu veux le faire...
LE COLLÈGUE	(soupir) Non, non, ça ne fait rien. C'est pour Paris. Je préfère appeler un coursier.

Au moment où Benoît et son collègue vont sortir du bureau, un deuxième collègue passe et s'adresse à Benoît.

LE DEUXIÈME COLLÈGUE	(à Benoît) Alors, ça y est, Benoît, tu as rangé ton bureau de directeur ?
NICOLE	Qu'est-ce que tu veux dire ? Benoît a un bureau de directeur ?
BENOÎT	Ne l'écoutez pas, il exagère.

BENOÎT	Viens, je t'accompagne. Tu vas voir, c'est facile. C'est au rez-de-chaussée, au fond du couloir, la deuxième porte à gauche après l'ascenseur.
LE COLLÈGUE	Et toi, ton nouveau bureau, il est bien ?
BENOÎT	Pas mal...

La porte est ouverte. Le bureau, comme les autres, est en désordre. Nicole est en train de ranger des dossiers.

LE COLLÈGUE	Eh bien, tu es bien installée.
NICOLE	Tu plaisantes ? Tu as vu la taille de l'armoire ? Je ne vais jamais y ranger tous mes dossiers. Et puis, il n'y a pas de lumière et, en plus, je suis à côté du local de la chaudière. Je vais mourir de chaud cet hiver.

LE DEUXIÈME COLLÈGUE	Mais pas du tout. M. Royer a un bureau au sixième étage avec vue sur le parc, juste à côté de la salle de réunions, en face du bureau de M. Joubert, notre P.-D.G.
NICOLE	Ah bah, je veux voir ça. On y va tout de suite.
BENOÎT	Si vous voulez le voir...

La porte est ouverte.
Le petit groupe arrive. Benoît arrive derrière eux.
Ils regardent tous par la porte.
Le bureau est complètement vide.

LE GROUPE	Mais il est vide !
BENOÎT	Quoi ! Et où sont passées mes affaires ?

ORGANISEZ VOTRE COMPRÉHENSION ⑮

Observez l'action et les répliques

1 METTEZ EN ORDRE.

Visionnez l'épisode avec le son, puis éliminez les événements qui n'appartiennent pas à l'épisode et mettez les autres en ordre.

a Un collègue décrit le nouveau bureau de Benoît au sixième étage.
b Benoît explique la nouvelle répartition des bureaux à un collègue.
c Benoît transporte tous ses dossiers dans son nouveau bureau.
d Ils vont tous voir le beau bureau de Benoît.
e Nicole offre du café à ses collègues dans son bureau.
f Benoît part au bureau en jeans et en blouson.
g Nicole se plaint d'avoir un bureau trop petit.
h Benoît s'installe dans son bureau du sixième étage.

2 QUI RÉPOND ? QU'EST-CE QU'IL RÉPOND ?

1 BENOÎT : Salut ! Tu as bien dormi ?
2 PASCAL : Tu vas travailler en jeans, maintenant ?
3 LE COLLÈGUE : Je peux utiliser ton ordinateur ? J'ai un e-mail à envoyer.
4 NICOLE : Benoît a un bureau de directeur ?

3 AVEZ-VOUS BIEN COMPRIS ?

1 Pourquoi est-ce que Benoît a mis un jeans et un blouson ?
2 Est-ce que Nicole est contente de son nouveau bureau ? Pourquoi ?
3 Pourquoi est-ce que le collègue de Benoît veut aller dans le bureau de Nicole ?
4 Pourquoi est-ce que ses collègues veulent aller voir le nouveau bureau de Benoît ?
5 Où est ce nouveau bureau et comment est-il ?

Observez les comportements

4 AVEZ-VOUS REMARQUÉ ?

Décrivez l'attitude du personnage et dites ce qu'elle exprime.

1 On demande à Nicole si elle est bien installée.
   a Que fait-elle ? b Que dit-elle ?
2 Nicole dit à son collègue qu'il peut brancher son ordinateur.
   a Quelle réaction a-t-il ? b Qu'est-ce que ça exprime ?
3 Nicole entend dire que Benoît a un bureau de directeur.
   a Quelle réaction a-t-elle immédiatement ?
   b Que signifient son attitude et son ton ?
4 À la fin, tous les collègues se mettent à rire. Qu'est-ce que ce rire exprime ?

5 COMMENT EST-CE QU'ILS L'EXPRIMENT ?

Quels actes de parole est-ce que les personnages utilisent pour :

1 donner un accord ?
2 exprimer l'incompréhension ?
3 indiquer le chemin dans un grand bâtiment ?
4 se plaindre ?
5 minimiser l'affirmation de quelqu'un ?

DÉCOUVREZ LA GRAMMAIRE

⑮

1 Donnez l'ordre.

*Remplacez les expressions soulignées par le pronom qui remplace **de** + nom.*
Mettez bien le trait d'union entre le verbe à l'impératif et le pronom.

> *Exemple :* Tu n'as pas encore envoyé d'invitations pour la réunion ?
> → **Alors, envoies-en.**

1 Tu n'as pas encore fait <u>de photocopies pour les participants</u> ?

2 Tu n'as pas encore préparé <u>de dossiers</u> ?

3 Tu n'as pas encore commandé <u>de formulaires pour notre enquête</u> ?

4 Tu n'as pas encore rédigé <u>de commentaires sur le rapport</u> ?

5 Tu n'as pas encore acheté <u>de café et de gâteaux</u> ?

2 Il y pense.

*Répondez aux questions en employant **y**, pronom complément d'objet indirect.*

> *Exemple :* Benoît pense à son bureau du sixième ?
> → **Oui, il y pense.**

1 Nicole réfléchit à l'aménagement de son bureau ?

2 Nicole arrive à ranger ses affaires ?

3 Elle s'intéresse aux problèmes des autres ?

4 Les collègues de Benoît tiennent à voir son bureau ?

5 Benoît s'attend à trouver son bureau vide ?

Y, adverbe ou pronom

Ne confondez pas :
- l'**adverbe de lieu** *y* (= endroit où on va) :
*Ils vont à **Paris**. Ils **y** vont.*

- le **pronom** *y* à la place d'un COI précédé de *à* :
*Il pense à **son travail**. Il **y** pense.*

❗ Pour les personnes, conservez les prépositions *de* et *à* suivies d'un pronom COI :
*Il pense à ses meilleurs amis. Il pense à **eux**.*

❗ En langage familier, on utilise les pronoms *y* et *en*, même quand il s'agit de personnes.

❗ Pensez à ajouter un *s* à l'impératif, deuxième personne du singulier, des verbes en *-er* suivis de *en* ou de *y* : *Penses-**y**. Parles-**en**.*

Les trois *en*

Ne confondez pas :
- la **préposition** *en* + nom (sens de *dans*) :
*Il vivent **en** France.* → Lieu.
*Il va travailler **en** costume.* → Manière.
*Ils ne voyagent qu'**en** train.* → Moyen.

❗ Pas d'article devant le nom après *en*.

- l'**adverbe de lieu** *en* :
*Elle vient d'Espagne. Elle **en** vient.*
→ Endroit d'où on vient.

- le **pronom** *en* qui remplace un complément d'objet direct avec partitif ou un complément d'objet indirect précédé de *de* :
– *Tu prends des légumes ?*
– *Oui, j'**en** prends.* → COD.
– *Ils se plaignent du manque d'espace.*
– *Ils s'**en** plaignent.* → COI.

❗ Pour les personnes, conservez les prépositions *de* et *à* suivies d'un pronom COI :
*Il s'occupe de ses enfants. Il s'occupe **d'eux**.*

3 Ils en viennent ou ils y vont ?

*Faites pour chaque dessin une phrase avec **en** et une phrase avec **y**.*

> *Exemple :* → **Ils y entrent.**

❶

❷

❸

dossier 8

4 *Y* ou *en* ?

Remplacez les compléments soulignés par **y** *ou* **en** *selon les cas.*

1 Ils se plaignent du manque de dynamisme de la société.
2 Ils s'intéressent à un nouveau projet.
3 Ils nous ont parlé de ce projet de façon très vague.
4 Ils disent qu'ils se préparent à le présenter.
5 Mais, ce matin, ils ont téléphoné : ils ont renoncé au projet.
6 Nous ne comprenons rien à tout ça.
7 Le directeur s'oppose à ce type de projet.

5 *En*, *y*, *lui* ou *leur* ?

Répondez aux questions. Utilisez **en, y, lui** *ou* **leur** *dans la réponse.*

Exemple : Tu as envoyé les nouvelles brochures aux clients de l'agence ?
→ **Oui, je leur ai envoyé.**

1 Tu as demandé à Benoît où est le bureau du service ?
2 Il s'est informé des nouvelles règles ?
3 Tu crois qu'ils vont s'intéresser à nos projets ?
4 Tu vas t'occuper de remettre de l'ordre ?
5 Tu vas annoncer la nouvelle à nos collègues ?
6 Tu vas réfléchir aux conséquences de la décision ?

6 C'est impératif !

Employez un pronom complément d'objet indirect.

Exemple : – Tu as réfléchi aux propositions ?
→ **– Non, je n'y ai pas réfléchi.**
– Alors, réfléchis-y.

1 Tu as discuté des décisions à prendre ?
2 Tu as parlé de tous les problèmes ?
3 Tu as proposé des solutions ?
4 Tu penses à la prochaine réunion ?
5 Tu t'es occupé du nouveau stagiaire ?

7 Il n'a rien obtenu !

Écoutez et répondez négativement aux questions posées par la femme de l'employé.

Exemple : – Tu leur as demandé quelque chose ?
→ **Non, je ne leur ai rien demandé.**
– Tu as vu quelqu'un à ce sujet ?
→ **Non, je n'ai vu personne.**

> ### *Personne ne..., rien ne...*
> À la forme négative, on emploie *ne... personne* et *ne... rien* si *personne* et *rien* sont des compléments.
> Mais on emploie *personne ne...* et *rien ne...* si ce sont des sujets :
> *Personne n'est venu. Rien ne lui a plu.*

SONS ET LETTRES les voyelles nasales

1 Liaison interdite.

On sait que les liaisons sont interdites entre les groupes rythmiques.
Elles le sont aussi, à l'intérieur d'un groupe, entre une voyelle nasale finale de mot et une voyelle orale.
Écoutez et répétez les groupes suivants.

2 Transformations grammaticales.

1 Mettez au féminin les noms et les adjectifs suivants, puis écoutez et répétez si nécessaire.

a Européen.
b Pharmacien.
c Américain.
d Chien.
e Musicien.
f Certain.
g Bon.
h Partisan.

2 Mettez à la 3e personne du singulier ou du pluriel et écoutez.

a Il tient.
b Il contient.
c Ils obtiennent.

COMMUNIQUEZ

1 VISIONNEZ LES VARIATIONS.

Jouez ces situations avec votre voisin(e).

1 Vous êtes en hiver. Il fait froid. Un(e) de vos ami(e)s met des vêtements d'été pour sortir. Vous vous étonnez, vous le/la mettez en garde et vous lui donnez des conseils.

2 Un(e) de vos collègues vient de déménager dans un nouvel appartement. Vous voulez savoir s'il/elle est bien.

2 RETENEZ L'ESSENTIEL.

Écoutez la conversation téléphonique entre une cliente et un employé de l'agence de voyages et prenez note des demandes. Faites une fiche.

Qui : ...
À quel sujet : ...
Recherche à faire : ...
Personne et numéro à rappeler : ...

3 À L'ACCUEIL.

Écoutez ce que dit l'hôtesse d'accueil et placez le numéro des bureaux et le nom des occupants.

Exprimer son étonnement/répondre

1 – Tu vas travailler en jeans maintenant ?
 – Non...
2 – Des jeans pour aller travailler !
 – Pourquoi pas ?
3 – Tu t'habilles comme ça, aujourd'hui ?
 – Eh oui, tu vois.
4 – Tu ne vas pas travailler habillé comme ça ?
 – Mais si. Ça t'étonne ?

S'informer par curiosité

1 – Et toi, ton nouveau bureau, il est bien ?
 – Pas mal.
2 – Il est comment ton nouveau bureau ?
 – Ça peut aller.
3 – Il est comment ton nouveau bureau ?
 – Pas terrible !
4 – Tu te sens bien dans ton nouveau bureau ?
 – Oui, ça va...
5 – Tu te sens bien dans ton nouveau bureau ?
 – Non, pas du tout !
6 – Et ton nouveau bureau, il te convient ?
 – Je ne me plains pas.
7 – Et ton nouveau bureau, il te convient ?
 – Ah ! non, alors !

ÉCRIT

Les Français au travail

Les actifs représentent en France 43 % de la population. C'est un pourcentage moyen par rapport aux autres pays européens. Un événement social très significatif, ces dernières années, est l'augmentation du travail féminin : 59 % des femmes de 15 à 65 ans travaillent. Autre fait important, le temps de travail diminue. En l'an 2000, il passe de 39 à 35 heures de travail par semaine. Mais les cadres, employés à statut privilégié, travaillent bien au-delà de cette durée hebdomadaire.

La France a trois spécificités. C'est d'abord la forte proportion de salariés du secteur public. On compte 5 millions et demi de fonctionnaires : un actif sur quatre est un salarié de l'État. La deuxième est un fort taux de chômage, plus de 12 % des actifs. Depuis 1964, le chômage en France a été multiplié par 10 ! La dernière est le nombre très faible des syndiqués, moins de 10 %. La cause en est sans doute la disparition progressive de la classe ouvrière, mais c'est aussi parce que les salariés reprochent aux syndicats leur activité politique et leur opposition à beaucoup de réformes.

1 REPÉREZ LES INFORMATIONS.

1 Le pourcentage des actifs est-il anormal par rapport à celui des autres pays européens ?
2 Quels changements sont en train de se produire dans le monde du travail ?
3 Quelle est la proportion de fonctionnaires et de gens qui travaillent pour l'État ?
4 Dans quel secteur de la population le chômage est-il actuellement le plus élevé ?
5 Quels reproches est-ce que les salariés font aux syndicats ?

2 QUELLE EST LA STRUCTURE DES PARAGRAPHES ?

1 Quelle est la phrase-clef de chacun des deux paragraphes ?
2 Reproduisez et complétez le schéma suivant.

a Premier paragraphe : actifs : 43 %
   Deux faits significatifs : 1. ...   2. ...
b Deuxième paragraphe :
   Trois spécificités :   1. ...   2. ...   3. ...

3 MOTS DÉRIVÉS.

Indiquez le nom ou le verbe correspondant.

1 Augmenter.   4 Disparaître.
2 Diminution.   5 Durer.
3 Multiplication.   6 (S') opposer (à).

4 LECTURE SÉLECTIVE.

1 Quels sont les deux postes proposés dans ces annonces ?
2 Les emplois sont-ils tous fixes ?
3 Les salaires sont-ils écrits dans l'annonce ?
4 S'agit-il d'emplois pour débutants ?
5 Que doit-on faire pour prendre contact ?

◆ Société européenne de télécommunications recherche **technicien téléphonie privée**, PABX, bonne expérience.
Tél. : 04 93 69 92 69.

◆ École de français pour adultes cherche **professeur de français** parlant anglais, août-septembre, 10h30-15h30. Expérience impérative. Envoyer CV : Institut de français, 06230 Villefranche-sur-mer.

5 À VOS STYLOS !

1 Vous cherchez du personnel. Examinez les offres d'emploi ci-dessus. Puis, pensez à une entreprise que vous connaissez et rédigez une offre d'emploi pour recruter un programmeur ou une secrétaire.
2 Répondez à une des annonces.

dossier 8

DES MOTS POUR LE DIRE

L'entreprise

Président-directeur général (P.-D.G.)

Relations humaines | Communication | Recherche | Marketing | Gestion et Finances | Production | Commercialisation

1 QUELLES SONT LEURS RESPONSABILITÉS ?

Attribuez un ensemble de responsabilités à chacun des services de l'organigramme.

1 Vendre les produits.
   Chercher de nouveaux clients…
2 Faire passer des entretiens d'embauche pour recruter du personnel.
   S'occuper des carrières des salariés de l'entreprise…
3 Diriger les services administratifs.
   Préparer les budgets et établir les bilans…
4 Assumer la responsabilité générale de l'entreprise.
   Présider le conseil d'administration.
   Superviser l'ensemble des directions…
5 Concevoir et tester de nouveaux produits…
6 Faire des études de marché.
   Étudier et mettre au point les nouveaux produits…
7 Concevoir la publicité de l'entreprise.
   Faire circuler l'information à l'intérieur de l'entreprise…
8 Fabriquer les produits…

Dans les bureaux…

Un chef de service dirige le service.
Il a sous ses ordres des rédacteurs, des programmeurs, des comptables, des secrétaires…

Dans les usines…

Un directeur de fabrication dirige des cadres techniques, ingénieurs et techniciens, et des équipes d'ouvriers.

DES VACANCES ?!? Vous plaisantez, Dubois ? Est-ce que j'en prends, moi, des vacances ?

2 À QUI EST-CE QUE VOUS ALLEZ VOUS ADRESSER ?

Dans chaque cas, dites à quel service ou à quel dirigeant vous devez vous adresser.

1 Vous voulez monter un plan commercial.
2 Vous pensez à une restructuration de la hiérarchie du personnel.
3 Vous avez une nouvelle publicité à mettre au point.
4 Vous êtes chargé(e) d'établir un rapport budgétaire.
5 Vous voulez proposer un nouveau procédé de fabrication.

3 LE GENRE DES NOMS.

Recherchez dans la page les noms qui ne suivent pas les règles de différenciation des genres.

Exemple : **un ensemble, un service…**

dossier 8

Découvrez les situations

1 OÙ SONT LES BUREAUX ?

Regardez le plan ci-contre et dites où sont situés les bureaux.

2 FAITES DES HYPOTHÈSES.

Visionnez l'épisode sans le son.

1 Pourquoi Benoît va-t-il voir la responsable de l'attribution des locaux ?
2 Imaginez ce que peut lui dire la responsable.
3 Quel est le problème de Laurent ?
4 Comment est le bureau de Benoît ? Est-ce qu'il va pouvoir ranger toutes ses affaires ?
5 Qu'est-ce que Julie demande à Benoît quand il arrive ?

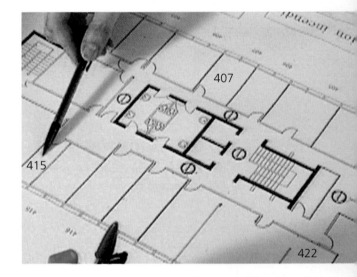

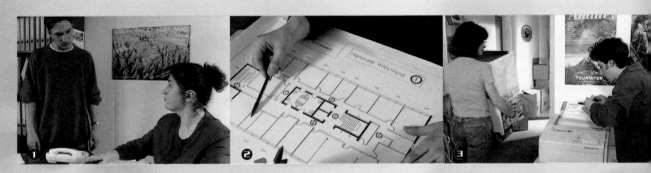

 Benoît est dans le bureau de la responsable de l'intendance. Il est très énervé.

BENOÎT : Je veux des explications ! Qu'est-ce qui s'est passé ?

LA RESPONSABLE : Il y a eu une erreur d'attribution. On est désolés.

BENOÎT : C'est ça, oui. Et moi, qu'est ce que je deviens ?

LA RESPONSABLE : Ça va s'arranger. Je vais vous montrer le plan.

Elle lui montre un plan de l'implantation de l'immeuble.

Il ne reste que trois bureaux libres pour votre service. Le 407, vous voyez ici, en face des toilettes, à côté du local de la photocopie… Évidemment, c'est un peu bruyant. Le 415, il est situé de l'autre côté du couloir. Il a une jolie vue, mais il est un peu petit.

BENOÎT : Un peu petit ! 9 m^2, c'est un placard à balais, oui !

LA RESPONSABLE : (imperturbable) Et voici le dernier, le 422. Il fait 12 m^s. Il est un peu sombre en hiver.

BENOÎT : Je résume : j'ai le choix entre un lieu de passage, un placard à balais et des lampes allumées toute la journée.

LA RESPONSABLE : Je regrette, mais il n'y a que ces trois possibilités. Alors, quel bureau choisissez-vous ?

BENOÎT : (soupirant) Le placard à balais. Au moins, il y a une vue.

S'INSTALL

LA RESPONSABLE (imperturbable) Vous avez fait le bon choix.

___

Laurent est en train de passer un fax.

LAURENT Ah, tu tombes bien. Je n'arrive pas à envoyer ce fax.

BENOÎT Qu'est-ce qui se passe ?

LAURENT Je ne sais pas. J'ai fait le numéro, mais ça se bloque.

BENOÎT Tu l'envoies où ?

LAURENT En Argentine.

Benoît regarde le fax.

BENOÎT Évidemment, tu n'as pas fait le 00. Pour l'étranger, il faut toujours faire le 00 avant le numéro. Tu ne sais pas encore ça ?

BENOÎT Je suis en train de ranger. Ça ne se voit pas ?

LE DEUXIÈME COLLÈGUE Te fâche pas ! Je peux t'aider ?

BENOÎT Puisque tu le proposes si gentiment…

Benoît s'adresse au premier collègue. Il montre des boîtes de dossiers.

BENOÎT Je monte sur la chaise. Tu me passes ces dossiers. Je vais les mettre au-dessus de l'armoire.

Benoît monte sur la chaise.

LE DEUXIÈME COLLÈGUE Bon, et moi, qu'est-ce que je peux faire ?

BENOÎT Je ne sais pas !

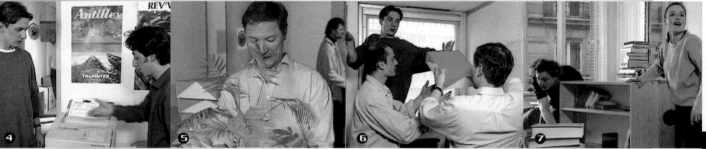

4 5 6 7 8

LAURENT On en apprend tous les jours, chef !

___

Il y a des cartons empilés, des dossiers en vrac sur le bureau, etc. Benoît essaye de mettre de l'ordre. Un collègue arrive avec une plante.

LE COLLÈGUE Tu ne veux pas une plante ?

BENOÎT Une plante ?

LE COLLÈGUE Mais oui ! Regarde. Tu mets cette chaise dans le coin, près de l'armoire, le lampadaire derrière la porte, et ma plante devant la fenêtre.

Benoît n'a pas l'air convaincu.

LE COLLÈGUE Bon ! Ben, si tu ne veux pas de ma plante, tu veux peut-être un coup de main ?

BENOÎT Ça, c'est une idée…

Un deuxième collègue arrive.

LE DEUXIÈME COLLÈGUE Qu'est-ce que tu fais ?

LE DEUXIÈME COLLÈGUE Bon, ben, s'il n'y a rien à faire, je retourne dans mon bureau.

BENOÎT Non, non, attends. Tu vois la pile, près de la table. Ce sont les nouvelles brochures si tu peux trouver un endroit…

Le deuxième collègue regarde autour de lui et désigne un petit casier.

LE DEUXIÈME COLLÈGUE Ça va si je mets ce casier sous la fenêtre ? Il est parfait pour les brochures. Et on peut mettre cette superbe plante dessus.

LE PREMIER COLLÈGUE Ah, bon, tu vois !

BENOÎT Bon, bon, d'accord, d'accord.

Pascal et Julie sont dans le salon en train de déplacer des meubles. Benoît, l'air très fatigué, apparaît.

JULIE Ah, tu arrives bien ! On est en train de faire un peu de rangement. Tu peux nous donner un coup de main ?

ORGANISEZ VOTRE COMPRÉHENSION

Observez l'action et les répliques

1 TOUT EST FAUX : DITES LA VÉRITÉ !

1 Benoît a choisi le bureau 407.
2 Laurent envoie un fax au Japon.
3 Le bureau de Benoît est entièrement rangé.
4 Benoît n'a pas besoin de ses collègues.
5 Julie demande à Benoît comment son déménagement s'est passé.

2 VOUS AVEZ UNE BONNE MÉMOIRE ?

1 Quels sont les inconvénients du bureau 422 ?
2 À quoi est-ce que Benoît compare le bureau 415 ?
3 Qu'est-ce qu'il faut faire quand on envoie un fax à l'étranger ?
4 Qu'est-ce que le deuxième collègue demande à Benoît ?
5 Où est-ce que Benoît va mettre la plante ?

Observez les comportements

3 AVEZ-VOUS BIEN OBSERVÉ ?

1 Quand la responsable lui propose le bureau 407, l'expression de Benoît montre :
   a qu'il est d'accord ; b qu'il croit qu'on se moque de lui.
2 Quand Benoît explique le fonctionnement du fax à Laurent :
   a il parle lentement et fait des gestes du bras pour souligner ce qu'il dit ;
   b il parle assez vite et montre le fax de la main.
3 Quand Benoît lui fait un léger reproche et lui donne un conseil, Laurent :
   a fait un geste pour se protéger ; b fait un salut militaire et sourit.
4 Quand Julie demande à Benoît de l'aider à déplacer les meubles dans l'appartement, Benoît soupire, la bouche fermée. Ça veut dire :
   a Mais oui, avec plaisir. b Encore ! Ce n'est pas possible.

4 COMMENT EST-CE QU'ILS LE DISENT ?

À chacun des énoncés associez un des actes de parole suivants.

1 Je veux des explications !
2 Tu ne sais pas encore ça ?
3 On en apprend tous les jours, chef !
4 Je suis en train de ranger. Ça ne se voit pas ?
5 Bon ! Si tu ne veux pas de ma plante, tu veux peut-être un coup de main

a Offrir de l'aide.
b S'excuser avec une plaisanterie.
c Exiger une réponse.
d Faire un reproche.
e Exprimer de l'irritation.

5 QUELS SONT LES ÉQUIVALENTS ?

Trouvez dans les dialogues des expressions de même sens.

1 On ne peut pas vous l'attribuer.
2 On va bien trouver une solution.
3 Ça s'apprend vite ça, pourtant !
4 Tu peux trouver un endroit.
5 Tu peux nous aider ?

dossier 8

1 Décrivez-le.

Décrivez ce tableau pour un catalogue d'exposition. Soyez précis dans votre description. Utilisez : au-dessus (de), au-dessous (de), contre, au milieu (de), entre, dans le coin...

2 Comment est votre bureau ?

Vous avez changé de bureau. Vous décrivez votre nouveau bureau à votre famille. On vous pose des questions. Jouez à deux.

3 Ils ne font que ça !

1 Beaucoup de gens ont des passions ou des habitudes exclusives. Décrivez-les.

Exemple : Les amateurs de vieux films.
→ **Les vieux films, ils ne regardent que ça.**

a Les gros travailleurs.
b Les fous de télévision.
c Les gens passionnés par un sport.
d Les amateurs de vieilles voitures.
e Les collectionneurs de timbres.

2 Et vous ? Est-ce qu'il y a des choses que vous faites exclusivement ? Confiez-vous à votre voisin(e) et interrogez-le/la.

Exprimer une restriction : *ne... que..., seulement*

Je **ne** pense **qu'**à ça. (= Seulement à ça.)
– *Tu prends tes vacances en juin ?*
– *Oui, je **ne** prends mes vacances **qu'**en juin.*
– *Tu penses à ton examen ?*
– *Oui, je **ne** pense **qu'**à ça !*

4 Il n'y a pas que ça !

Vous avez visité un appartement de 60 m², au sixième sans ascenseur, avec un salon de 20 m², deux chambres, une cuisine partiellement équipée, une salle de bains sans fenêtre, avec une jolie vue sur un parc, une petite terrasse, en proche banlieue, au prix de cent cinquante deux mille euros. Vous en discutez et vous donnez un argument négatif, compensé aussitôt par un aspect positif.

Exemple : **La chambre d'enfant ne fait que 9 m², mais elle a une jolie vue.**

5 Faites l'inversion.

Vous entendez des questions. Vous les dites avec l'inversion du sujet et du verbe. Ces inversions sont surtout réservées à l'écrit.

Exemple : Elle s'est fiancée, avec qui ?
→ **Avec qui s'est-elle fiancée ?**

DÉCOUVREZ LA **GRAMMAIRE**

6 Posez les questions en langage soigné.

Faites l'inversion du sujet et du verbe.

1 Oui, je veux en changer.
2 Je prends le 215.
3 Il est situé en face du local de la photocopie.
4 Ils peuvent mettre la table devant la fenêtre.
5 Je suis en train de préparer un rapport.

L'interrogation par inversion du sujet et du verbe

● **Le sujet est un pronom** :
Tu veux…? ➜ *Est-ce que tu veux… ? Veux-tu …*
On cherche quoi ? ➜ *Qu'est-ce qu'on cherche ?*
Que cherche-t-on ?

● **Le sujet est un groupe nominal** :
On utilise un **pronom de reprise** en langage soigné.
Pierre vient ? ➜ *Pierre vient-il ?*
De quoi nos enfants se plaignent-ils ?

❗ Ne confondez pas :
Qui cherche Pascal ? (*Qui* est le sujet, *Pascal* est la personne recherchée.)
et : *Qui Pascal cherche-t-il ?* (*Pascal* est le sujet, *qui* la personne recherchée.)

❗ Si la troisième personne du verbe se termine par une voyelle, on ajoute **-t-** pour éviter la rencontre de deux voyelles :
On va où ? ➜ *Où va-t-on ?*

7 Qu'est-ce qu'ils sont en train de faire ?

Le téléphone sonne, mais ils sont tous en train de faire quelque chose d'important.
Imaginez ce qu'ils disent.

Exemple : ➜ **Va répondre, mais dis qu'on est en train de manger.**

Insister sur le fait que l'action est en cours : *être en train de* + infinitif

Si on veut insister sur le fait que **l'action est en cours**, on peut utiliser la locution *être en train de* : *Ils **sont en train de** regarder la télévision.*

❗ On ne peut pas utiliser *être en train de* au passé composé.

SONS ET LETTRES les voyelles centrales : [y], [ø], [œ]

1 Entraînement.

Prononcez les mots suivants et écoutez.

1 Si – su.
2 Sous – su.
3 Dit – du.
4 Vie – vu.
5 Dé – deux.
6 Dos – deux.
7 Fée – feu.
8 Faux – feu.
9 Père – peur.
10 Port – peur.
11 Serre – sœur.
12 Sort – sœur.

2 Sons sans suite.

Écoutez et répétez.

1 Dans la rue Dufour, vous avez eu peur.
2 Vous avez vu les deux feux rouges du port.
3 Leurs deux sœurs sortent ce soir.
4 Éléonor adore les sœurs de son père.
5 Au bord de la mer, elles peuvent jouer.

8
dossier

COMMUNIQUEZ

1 VISIONNEZ LES VARIATIONS.

Jouez les situations suivantes avec votre voisin(e).

1 Vous recevez une lettre de licenciement. Vous n'êtes pas d'accord. Vous demandez au chef du personnel des explications.

2 Vous avez loué un appartement sans consulter votre ami(e). Il/elle n'est pas content(e).

3 Un(e) de vos ami(e)s a des problèmes. Vous l'interrogez et vous lui proposez de l'aide.

2 CHANGEMENT DE DÉCOR.

Écoutez et trouvez :

1 une marque d'étonnement ;

2 un accord ;

3 une marque de mécontentement ;

4 une condition ;

5 une demande d'aide.

Exprimer son mécontentement

1 Je veux des explications !

2 Mais qu'est-ce que ça veut dire ?

3 On n'a jamais vu ça !

4 Ce n'est pas une façon de traiter les gens.

Conforter ou mettre en doute l'opinion de quelqu'un.

1 Vous avez fait le bon choix.

2 On ne peut pas mieux choisir.

3 On ne peut pas choisir plus mal.

4 C'est le meilleur choix.

5 Ce n'est pas le meilleur choix !

6 Vous avez tout à fait raison.

7 Vous avez tort.

Proposer de l'aide.

1 – Tu veux un coup de main ?
  – Puisque tu le proposes si gentiment.

2 – Je peux t'aider ?
  – Oui, avec plaisir.

3 – Tu as besoin d'aide ?
  – Oui, merci.

4 – On peut faire quelque chose pour toi ?
  – Certainement. Merci.

3 OÙ SE TROUVENT CES ENDROITS ?

1 Vous êtes au bureau d'information à l'entrée d'un grand magasin. Des visiteurs francophones demandent des renseignements. L'hôtesse leur répond. Écoutez et dites chaque fois ce que la personne a demandé et où ça se trouve.

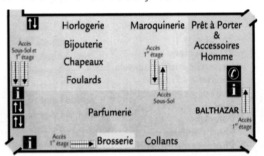

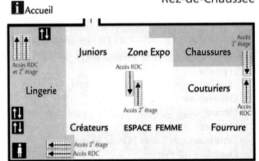

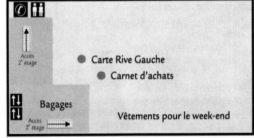

2 Maintenant, jouez à deux. L'un(e) joue le rôle de l'hôtesse, l'autre celui du visiteur. Inversez les rôles.

4 DÉCOREZ UNE PIÈCE.

Vous êtes décorateur/décoratrice. Un(e) client(e) vous demande de placer des meubles dans une pièce. Vous lui faites des suggestions. Il n'est pas toujours de votre avis. Chacun exprime ses raisons. Jouez la scène avec votre voisin(e).

Des entreprises innovantes

Pour être performante, une entreprise doit toujours chercher de nouvelles idées.

Dans le Jura, on fabrique traditionnellement du fromage et, en particulier, du comté. Une vache, du lait, du fromage, jusqu'ici rien de très innovant. Même si l'équipement de cette fabrique est très moderne, ce n'est pas l'originalité de cette fromagerie. Montée par de jeunes agriculteurs écologistes, elle n'utilise que des produits biologiques.

Apprendre en chantant, n'est-ce pas le rêve de tout collégien ? Ce rêve est devenu une réalité grâce à l'entreprise de logiciels Ubisoft qui crée des programmes éducatifs originaux. Les créateurs ont moins de trente ans. Ils n'hésitent pas à faire apprendre le théorème de Pythagore ou des règles d'orthographe sur le rythme syncopé du rap.

Méphisto, une affaire qui marche. Qui marche, c'est normal pour une fabrique de chaussures. Mais pas n'importe quelles chaussures ! Toutes les innovations technologiques sont concentrées dans ces chaussures fabriquées en grande partie à la main dans cette usine de Lorraine. De nombreuses personnalités, et non des moindres, Margaret Thatcher, Helmut Kohl et Robert Redford, ont confié leurs pieds sensibles au confort de ces semelles. Le pape lui-même, dit-on, se chausse en Méphisto !

Contrôle-qualité du verre à l'usine de Saint-Gobin.

1 VRAI OU FAUX ?

1 Le comté est un fromage fabriqué dans le Jura.
2 L'originalité de la fromagerie est son équipement très moderne.
3 Ubisoft crée des livres de mathématiques et d'orthographe.
4 Avec les logiciels d'Ubisoft, les enfants apprennent sur des rythmes de rap.
5 Les chaussures Méphisto sont fabriquées entièrement à la main.
6 Ces chaussures sont surtout originales par leur forme.

2 RÉPONDEZ AUX QUESTIONS.

1 Quels produits utilise la fromagerie ?
2 Pour qui sont créés les logiciels ?
3 Quel âge ont les créateurs d'Ubisoft ?
4 Citez trois personnalités qui portent des chaussures Méphisto.

3 ET DANS VOTRE PAYS ?

1 Quelles sont les entreprises innovantes ?
2 Quelles sont les branches les plus innovantes ?
3 Qu'est-ce que votre pays exporte le plus et vers quels pays ?

Contrôle-qualité des petits pois.

dossier 8

épisode

DANS LES BOUTIQUES

épisode

UNE VOITURE MAL GARÉE !

p. 142

p. 150

VOUS ALLEZ APPRENDRE À :

– exprimer des états et des habitudes passés
– proposer de l'aide à quelqu'un
– demander l'avis de quelqu'un
– refuser de l'aide (refus aimable)
– exprimer de l'inquiétude et des reproches
– prendre la défense de quelqu'un
– insister
– se justifier, donner une excuse
– calmer l'impatience de quelqu'un

VOUS ALLEZ UTILISER :

– l'imparfait opposé au passé composé
– les réponses *moi aussi, moi non plus, moi si, pas moi*
– les pronoms démonstratifs *celui, celle, ceux, celles,*
  celui-ci, celui-là, celle-ci, celle-là
– la négation *ne... plus*
– les pronoms interrogatifs *lequel, laquelle, lesquels,*
  lesquelles
– des expressions de durée

DANS LES

(17)

Découvrez les situations

1 QUE DISENT LES PHOTOS ?

Associez les légendes et les photos.

a Est-ce que Julie va acheter tous ces vêtements ?
b Elle était vraiment mal garée !
c Violaine préfère l'autre robe.
d Elle est mal garée.
e Julie et Violaine cherchent des vêtements.
f Julie, la reine du volant !
g Julie se regarde dans la glace.

2 FAITES DES HYPOTHÈSES.

Visionnez l'épisode sans le son.

1 Julie s'est mal garée parce que :
 a elle n'est pas bonne conductrice ;
 b il n'y avait pas d'autre place libre.
2 Violaine accompagne Julie :
 a pour l'aider à choisir ;
 b parce qu'elle aussi achète des vêtements.
3 Violaine et la vendeuse du premier magasin :
 a ne se connaissaient pas ;
 b avaient l'air de se connaître depuis longtemps.
4 Une remorqueuse emporte la voiture de Julie :
 a parce qu'elle est restée garée trop longtemps ;
 b parce qu'il est interdit de se garer sur un passage piétons.

 Julie est au volant de sa voiture. Violaine est assise à côté d'elle.

VIOLAINE C'est la voiture de tes parents ?

JULIE C'est celle de ma mère. Mon père n'aime pas prêter sa voiture.

VIOLAINE Mon père non plus.

JULIE Regarde ce monde ! On ne peut jamais trouver de place, dans ce quartier !

VIOLAINE Quand on cherche, on trouve !

JULIE Justement, en voilà une. Je pense que la voiture y rentre.

VIOLAINE Pas moi. Ou alors tu vas dépasser sur le passage piétons.

JULIE Quand on veut, on peut…

La voiture est très mal garée.

VIOLAINE Dis donc, tu ne dépasses pas un peu ?

Julie regarde.

JULIE À peine. Et arrête de me critiquer. Je me garais très bien en marche arrière quand je préparais mon permis.

VIOLAINE Oui, le moniteur était sûrement sous le charme…

Elles sont dans une boutique de prêt-à-porter. Julie et Violaine cherchent dans les vêtements posés sur les tables.

JULIE Tu la connais bien, cette boutique ?

VIOLAINE Oh oui ! J'y venais souvent quand j'étais étudiante. Je trouvais toujours quelque chose de sympa.

JULIE   Eh bien, moi, je ne trouve rien !

VIOLAINE   On est là depuis deux minutes ! Tiens, tu sais, mon petit tailleur bleu et blanc, je l'ai acheté ici. Il était sous une pile de vêtements, mais je l'ai trouvé.

Julie et Violaine regardent des robes. Une vendeuse s'approche d'elles.

LA VENDEUSE   Je peux vous aider, Mesdemoiselles ? Vous cherchez quelque chose en particulier ?

Julie montre une robe à la vendeuse.

JULIE   Je peux l'essayer ?

JULIE   (à Violaine) Comment tu la trouves ?

VIOLAINE   Un peu grande.

JULIE   Moi aussi.
(à la vendeuse) Vous n'avez pas une taille 36 ?

LA VENDEUSE   Non. C'est la dernière.
(Elle tend la robe choisie par Violaine.) Mais essayez celle-là. Vous ne risquez rien.

JULIE   Non, merci. Je vais réfléchir.

_____

Julie et Violaine se trouvent dans une autre boutique. Julie essaye des vêtements.

Violaine prend une autre robe.

VIOLAINE   Tu ne veux pas essayer celle-ci, plutôt ? Je la préfère.

JULIE   Pas moi… J'aime mieux celle-là. L'autre est un peu stricte.

VIOLAINE   C'est ce que tu voulais pourtant ! François est jaloux, n'oublie pas…

LA VENDEUSE   Eh bien, essayez les deux. La cabine est libre.

JULIE   Non, non, je n'en prends qu'une.

Julie va essayer la robe.

LA VENDEUSE   Vous veniez souvent ici, avant. Je me souviens de vous.

VIOLAINE   Oui, moi aussi, je me souviens de vous. Ça fait longtemps que je ne suis pas venue.

LA VENDEUSE   Vous aviez une autre coiffure.

VIOLAINE   Oui, j'avais les cheveux courts. Vous avez une bonne mémoire.

Julie sort de la cabine. Elle porte la robe. Elle se regarde dans la glace.

JULIE   Je ne pensais pas trouver la boutique de mes rêves aujourd'hui !

VIOLAINE   Après tout, ce n'est jamais que la cinquième boutique…

JULIE   Excuse-moi, il y a longtemps que je n'ai pas acheté de vêtements.

VIOLAINE   Oui, ça doit faire un mois ou deux…

Julie s'apprête à entrer dans la cabine.

JULIE   C'est la dernière boutique. Mes parents m'attendent ce soir, et il faut toujours être à l'heure… chez ses parents.

_____

Julie, plusieurs paquets à la main, retourne à la voiture. Elle n'est plus à sa place, mais sur le plateau d'un camion de la fourrière en train de l'emporter.

VIOLAINE   Ta voiture ! Regarde !

JULIE   Oh, mes parents ! Qu'est-ce qu'ils vont dire ?

On voit la remorqueuse de la fourrière s'éloigner.

ORGANISEZ VOTRE COMPRÉHENSION

Observez l'action et les répliques

1 QU'EST-CE QU'IL S'EST PASSÉ ?

1 Visionnez avec le son. Vérifiez vos hypothèses précédentes.

2 Trouvez un titre pour chaque événement.

3 Complétez le résumé.

Julie gare sa voiture sur un passage piétons. Julie et Violaine vont faire des courses…

2 QUELLE EST LA RÉPLIQUE ?

Quel personnage dit ces répliques ? Essayez de vous souvenir de la réplique qui suit.

1 Tu ne veux pas essayer celle-ci, plutôt ? Je la préfère.
2 Eh bien, essayez les deux. La cabine est libre.
3 Vous aviez une autre coiffure.
4 Mais essayez celle-là. Vous ne risquez rien.
5 Excuse-moi, il y a longtemps que je n'ai pas acheté de vêtements.

3 AVEZ-VOUS UNE BONNE MÉMOIRE ?

1 À qui appartient la voiture ?
2 Qu'est-ce que Julie faisait très bien quand elle préparait son permis ?
3 Qu'est-ce que Violaine a acheté il y a déjà longtemps dans la première boutique ?
4 Comment était coiffée Violaine quand elle était étudiante ?
5 Qui Julie doit-elle aller voir ce soir ?

Observez les comportements

4 QU'EST-CE QU'ILS DISENT ?

1 Retrouvez les répliques des personnages.

2 À chacun des énoncés, associez un des actes de parole suivants.

a Se moquer de quelqu'un.
b S'informer.
c Exprimer une préférence.
d Exprimer son inquiétude.

5 DÉCRIVEZ LEUR COMPORTEMENT.

Décrivez les gestes et les jeux de physionomie des personnages qui expriment ou renforcent le sens des énoncés de l'exercice précédent.

6 COMMENT LE DISENT-ILS ?

Dans les dialogues, trouvez des actes de parole qui expriment :

1 une opinion ;
2 une offre d'aide ;
3 une demande de permission ;
4 un désaccord ;
5 une habitude passée.

dossier 9

DÉCOUVREZ LA GRAMMAIRE

1 C'est à qui ?

Vous connaissez bien maintenant Julie, Pascal, Benoît... Dites à qui appartiennent ces objets..

> Exemple : C'est le blouson de Pascal ?
> → **Non, c'est celui de Benoît.**

2 Trouvez la question.

*Posez des questions avec **lequel, laquelle**...*

1 Je préfère la voiture rouge.
2 Elle aime mieux les chaussures à talons.
3 Il lit le roman policier.
4 Je veux vendre le buffet et la table.

Les pronoms démonstratifs et interrogatifs

● **Les pronoms démonstratifs**
Ils désignent une personne, un objet.

	Masculin	Féminin
singulier	**celui**	**celle**
pluriel	**ceux**	**celles**

! Ces pronoms ne s'emploient **jamais seuls**. Ils sont toujours suivis de **de** + nom, ou de **-ci, -là**.

● **Les pronoms interrogatifs** :
lequel, laquelle, lesquels, lesquelles
Ils permettent d'interroger sur un choix.
– *Voilà deux stylos. **Lequel** est-ce que vous choisissez, **celui-ci** ou **celui-là** ?*
– *Je choisis celui-ci, **celui de** gauche, **celui de** mon ami.*

● Les pronoms démonstratifs et interrogatifs ont le genre et le nombre du nom qu'ils remplacent.
– *Voici une série de **photos**. **Lesquelles** est-ce que vous voulez garder ?*
– ***Celles-là**. **Celles** du jardin.*

3 D'accord, pas d'accord.

Exprimez votre accord ou votre désaccord. Dites à votre voisin(e) lequel des deux objets vous préférez, puis argumentez votre choix.
*Utilisez : **je trouve que, j'adore, je déteste**...*

> Exemple : – J'aime cette voiture.
> – Pas moi, je préfère celle-là.
> Je la trouve trop grande...

Exprimer son accord ou son désaccord

	Accord	Désaccord
– *J'aime les voyages.*	– *Moi aussi.*	– *Pas moi.*
– *Je n'aime pas les voyages.*	– *Moi non plus.*	– *Moi si.*

4 Ça fait longtemps !

1 Depuis combien de temps les deux jeunes femmes sont dans la première boutique quand Julie dit qu'elle ne trouve rien ?
2 Il y a combien de temps que Violaine n'est pas venue dans la boutique ?
3 Ça fait combien de temps que Julie n'a pas acheté de vêtements ?
4 Il y a combien de temps que Violaine et Julie se connaissent ?

Ça fait combien de temps ?
Il y a combien de temps que... ?

Pour exprimer une durée, on peut utiliser
***depuis, il y a... que** et **ça fait... que** :*
*Elle ne les a pas vus **depuis** deux ans.*
***Il y a** deux ans **qu'**elle ne les a pas vus.*
***Ça fait** deux ans **qu'**elle ne les a pas vus.*

L'imparfait

● Il se forme à partir du radical de la première personne du pluriel du présent.

nous **prépar**ons	→ je **prépar**ais.
nous **connaiss**ons	→ je **connaiss**ais.
nous **buv**ons	→ je **buv**ais

sauf pour *être* qui a un radical irrégulier (**ét-**) à l'imparfait : *J'étais, tu étais...*

Les **terminaisons** sont **régulières** :
*J'ét**ais**, tu av**ais**, elle all**ait**, nous chant**ions**, vous buv**iez**, ils ven**aient**.*

● **Emplois**
– un état passé :
*J'**avais** les cheveux longs. Je **voulais** être acteur. Il **faisait** beau.*
– des circonstances dans le passé :
*Quand je **préparais** mon permis... Au moment où elle **sortait**...*
– une habitude passée :
*Je me **garais** très bien en marche arrière...*
(Action habituelle.)

5 Relevez les imparfaits.

Dans les dialogues, relevez les exemples d'emploi de l'imparfait. Regardez le tableau ci-contre et dites pour chacun s'il s'agit :
1 de l'expression d'un fait habituel dans le passé ;
2 de circonstances ;
3 d'états passés.

6 À quoi pensaient-ils ?

Exemple : Le moniteur pensait – Julie – garer bien.
→ **Le moniteur pensait que Julie garait bien sa voiture.**

1 Julie ne pensait pas – voiture mal garée.
2 Violaine croyait – robe trop grande.
3 La vendeuse pensait – robe – aller bien.
4 Les parents de Julie croyaient – aller téléphoner.

7 C'était avant !

Écoutez la question et répondez.

Exemple : Tu ne mets plus de costume ?
→ **Non, mais j'en mettais avant.**

SONS ET LETTRES le *e* caduc

1 Le e disparaît dans certaines positions !

*1 Écoutez, relevez les **e** que vous n'entendez pas et répétez.*

1 Je ne veux pas de pain.
2 Donne-moi un kilo de pommes, mais pas de légumes.
3 Je te l'ai déjà dit.
4 Je me demande s'il y a assez de pain.

*2 Dans chaque cas, dites pour quelles raisons le **e** peut être supprimé.*

2 Le cas de *je*.

*Observez les phrases et décidez des **e** à supprimer. Prononcez, puis écoutez et répétez.*

1 Je veux te voir.   **3** Je vais chez le médecin.
2 Je prend le train.   **4** Je fais ce que je peux.

Prononciation du e caduc

Ne prononcez pas le *e* :

● à la fin des mots :
Un(e) bell(e) femm(e) brun(e).
Tu n(e) veux pas d(e) viand(e) ?

● entre deux consonnes :
Il n'y a plus d(e) café.
Chez l(e) boulanger.

● s'il y a deux e dans les deux premières syllabes d'une phrase, conservez le premier *e* (et vous pouvez supprimer le second) :
Le p(e)tit homm(e),
sauf dans : *J(e) te l'ai dit.*

! *Je* + consonne sourde = [ʃ]   *Je pars* [ʃpar]
Je + consonne sonore = [ʒ]   *Je veux* [ʒvø]

1 VISIONNEZ LES VARIATIONS.

1 Trouvez une autre situation de proposition d'aide. Formulez l'acte de parole.
2 Quand est-ce qu'on demande l'avis de quelqu'un ?
3 Jouez les situations suivantes avec votre voisin(e).

a Vous cherchez votre chemin sur un plan. Quelqu'un s'arrête et vous offre de l'aide. Vous acceptez et vous remerciez ou vous refusez poliment.
b Vous voulez acheter une voiture. Vous hésitez et vous demandez l'avis d'un(e) ami(e).

Calmer l'impatience de quelqu'un

1 On est là depuis deux minutes !
2 On vient à peine d'arriver !
3 Ça ne fait pas cinq minutes qu'on est là !
4 Attend ! On arrive.

Proposer de l'aide à un(e) client(e)

1 – Vous avez trouvé quelque chose ?
   – Non, pas encore, je regarde.
2 – Si vous avez besoin d'un conseil, n'hésitez pas…
   – Oui, merci bien.

Demander l'avis de quelqu'un

1 – Comment tu la trouves ?
   – Un peu grande.
2 – Elle me va bien ?
   – Pas vraiment, elle n'est pas à ta taille.
3 – Elle te plaît ?
   – Oui, elle n'est pas mal.
4 – Qu'est-ce que tu en penses ?
   – Elle te va très bien.

2 RETENEZ L'ESSENTIEL.

Écoutez et dites :

1 comment était la montre dans la vitrine ;
2 quel en est le prix ;
3 pourquoi la vendeuse ne peut pas faire de remise ;
4 quelle solution elle propose.

3 UN ACHAT DIFFICILE.

Après ses achats, une dame téléphone à un(e) ami(e) pour lui dire ce qu'elle a vu et acheté. Écoutez le dialogue et jouez la scène du téléphone avec votre voisin(e). Imaginez la couleur, la forme, la longueur de la robe qu'il/elle a achetée.

4 ON SE RENSEIGNE.

Un touriste français, en visite dans votre pays, vous demande les heures d'ouverture et de fermeture des boutiques.
Il/elle veut faire des cadeaux à sa famille et à des amis. Parlez-lui des spécialités et de l'artisanat de votre pays, pour l'aider à choisir ses cadeaux. Indiquez-lui le prix.

5 ÊTES-VOUS UN BON VENDEUR ?

Vous êtes bon vendeur. Essayez de convaincre les personnages sur les vignettes qu'ils ont fait le bon choix : couleur, forme, taille, mode…
Les personnes n'en sont pas convaincues.
Jouez la scène avec votre voisin(e).

ÉCRIT

Le texte argumentatif

Les Français au volant

La voiture change de sexe !

L'influence des femmes dans la conception des nouvelles voitures explique la tendance aux formes douces. Pendant une longue période, la voiture a privilégié la puissance et la virilité, mais elle change de sexe pour devenir séductrice. Les clients recherchent maintenant le confort, la douceur, le silence et la simplicité. C'est ce qui explique le succès du concept de monospace (comme l'Espace Renault) typiquement féminin. Cette féminisation de la voiture a conduit les constructeurs à privilégier les aspects pratiques, la facilité de conduite, l'espace pour les enfants, le volume du coffre pour les courses et les tablettes de rangement.

1 CHERCHEZ LA FEMME !

Relevez dans le texte tous les mots souvent associés au caractère féminin.

- Il y a 25 millions de voitures en France.
- 80 % des ménages français possèdent une voiture, 30 % deux voitures.
- Il y a 460 voitures pour 1 000 habitants, c'est-à-dire près d'une voiture pour deux habitants.
- Les Français roulent en moyenne 14 000 kilomètres par an, pour un coût moyen annuel de 6 250 euros.
- Plus de 40 % des voitures neuves sont des Diesel : le diesel est toujours moins cher que l'essence.

2 QUEL EST L'ARGUMENT DE CE TEXTE ?

1 Qu'est-ce que ce texte veut démontrer ?
2 Trouvez les causes des conséquences suivantes.
   a La tendance aux formes douces.
   b La voiture devient séductrice.
   c Le succès du monospace.
   d Les constructeurs privilégient les aspects pratiques.
3 Quels sont les mots qui, dans le texte, soulignent le rapport cause-conséquence ?
4 Trouvez également :
   a une opposition ;
   b une illustration.

3 À VOS STYLOS !

Vous n'êtes pas d'accord avec l'argumentation du texte. Écrivez au magazine qui a publié l'article ci-contre pour exprimer votre opinion et exposer votre conception : les femmes ne sont plus qu'une cause parmi d'autres… Inspirez-vous de la construction du premier texte.

Utilisez des arguments comme :
– l'évolution du goût ;
– le souci d'économie ;
– des besoins pratiques (les familles partent en vacances …) ;
– un marché nouveau : les femmes.

DES MOTS **POUR LE DIRE**

La voiture

le volant

le siège   le pare-brise

le capot

le rétroviseur

le pneu   le moteur   le phare

le pare-choc

Dans une station-service
– Vous voulez le plein d'essence ?
– Oui, donnez-moi 30 litres
de sans-plomb.

---

1 EST-CE QUE VOUS CONNAISSEZ
LE CODE DE LA ROUTE FRANÇAIS ?

1 De quel côté de la route doit-on rouler en France ?
2 Est-ce qu'on peut dépasser une autre voiture
   à droite ?
3 Qui a la priorité à un rond-point ?
4 Quelle est la vitesse maximum permise :
   a sur autoroute ?
   b en ville ?
   c sur les routes nationales ?

2 VOUS VOULEZ VENDRE VOTRE VOITURE ?

*Lisez les petites annonces suivantes. Puis, composez
votre propre annonce.*

Particulier vend
Renault Mégane
Scénic. État neuf.
14 950 €.
Tél. : 01 45 30 12 24

À vendre : Citroën
Berlingo Multispace.
Bon état. 35 000 km.
9 450 €.
Tél : 04 30 46 22 16

UNE VOITURE
épisode

Découvrez les situations

1 ANTICIPEZ.

1 Après ce qui s'est passé dans le premier épisode, qu'attendez-vous dans le deuxième ?
2 Est-ce que Julie va récupérer sa voiture ?
3 Comment Julie va-t-elle expliquer son retard à ses parents ?

2 INTERPRÉTEZ LES PHOTOS.

1 Est-ce qu'il est tard quand Julie arrive chez ses parents ?
2 Qu'est-ce que Julie raconte à ses parents ?
3 Pourquoi Julie donne-t-elle les clefs à son père ?
4 Que signifie le panneau sur la dernière photo ?

3 REGARDEZ LES IMAGES.

Visionnez sans le son et observez.

1 Quelles différences remarquez-vous entre l'appartement des parents de Julie et celui des trois jeunes ? Faites la liste de ce que vous y voyez.
2 Pouvez-vous dire si c'est un appartement ou un pavillon, s'il est situé à Paris ou en banlieue ?
3 Quelle impression vous fait-il ?

 La mère de Julie ouvre la porte de son pavillon. Julie entre.

Mme Prévost	Mais qu'est-ce qui t'arrive, ça fait deux heures qu'on t'attend !
Julie	Je sais, maman, ce n'est pas de ma faute, je suis désolée.

Julie et sa mère s'embrassent.

Mme Prévost	Tu ne pouvais pas téléphoner ?
Julie	Non. D'où j'étais, je ne pouvais pas.
Mme Prévost	Où étais tu ?

M. Prévost embrasse sa fille.

Julie	Au commissariat.
M. Prévost	Au commissariat ! Mais qu'est-ce qu'il t'est arrivé ? Rien de grave, j'espère !
Julie	En fait… je n'étais plus au commissariat. J'étais à la fourrière… pour récupérer la voiture.
M. Prévost	La fourrière ! Bravo !
Mme Prévost	Bon. Allez, enlève ton manteau. Assieds-toi. Et raconte-nous. Tu veux boire quelque chose ?

Julie enlève son manteau.

MAL GARÉE !

JULIE Plus tard, maman.

Julie et ses parents s'assoient dans le salon.

JULIE Cet après-midi, on était à Saint-Germain-des-Prés avec mon amie Violaine. Il y avait beaucoup de monde. J'ai trouvé une place, mais la voiture débordait sur le passage piétons.

M. PRÉVOST À Saint-Germain-des-Prés, en voiture, un samedi après-midi ! Tu ne pouvais pas choisir un autre jour ?

MME PRÉVOST On ne peut pas faire les courses en semaine quand on travaille.

JULIE Merci, maman, c'est gentil de me défendre.

M. PRÉVOST Alors… donne-moi tes clefs. Je vais la changer de place.

Julie donne les clefs à son père. Il s'en va. Julie reste seule avec sa mère.

MME PRÉVOST Allez, mets-toi à table.

JULIE Je n'ai plus faim.

MME PRÉVOST Tu connais ton père. Ça fait vingt-cinq ans qu'il râle. Il râlait déjà le jour de notre mariage. Mais il n'est pas méchant. Tu ne veux toujours rien boire ?

JULIE (en souriant) Si, un peu d'eau, s'il te plaît.

M. PRÉVOST Je ne t'accuse pas… Mais enfin… Ta mère te prête sa voiture pour quelques jours et…

MME PRÉVOST (lui coupant la parole) N'en fais pas un drame. Ça peut arriver !

M. PRÉVOST Je sais. D'ailleurs, ça t'est déjà arrivé. Mais je te fais remarquer que, moi, je n'ai jamais eu de problème en trente-cinq ans.

MME PRÉVOST Toi, toi, toi… Toujours à donner des leçons ! Bon. Il est tard, alors on se calme et on passe à table.

M. PRÉVOST (à Julie) Ce soir, où est-ce que tu l'as garée ?

JULIE Devant le garage des Bourgoin. C'est la seule place que j'ai trouvée. Et puis, ils n'ont jamais eu de voiture, alors…

JULIE Il est tard. Bon, je vais rentrer.

MME PRÉVOST Non, tu es fatiguée. Couche plutôt ici. Il y a longtemps que tu n'as pas dormi dans ta chambre.

M. PRÉVOST Ta mère a raison. Ça nous fait plaisir.

JULIE D'accord. Je n'ai pas le courage de reprendre la voiture.

Le lendemain matin, Julie arrive près de la voiture. Elle voit une contravention sur le pare-brise ! Elle lève la tête. La voiture est garée juste sous un panneau d'interdiction de stationner !

JULIE Papa !

Observez l'action et les répliques

1 QU'AVEZ-VOUS COMPRIS ?

Visionnez l'épisode avec le son.

1 Est-ce que vos hypothèses se vérifient ?
2 Trouvez une phrase pour résumer chacun
  des événements de l'épisode.

2 QU'EST-CE QU'ILS DISENT ?

Dites ce qu'ils disent et ce qu'il s'est passé avant.

Observez les comportements

3 AVEZ-VOUS BIEN OBSERVÉ ?

1 Quand elle entre chez ses parents, Julie baisse
  la tête, ne sourit pas, a les yeux baissés.
  Que signifie cette attitude ?
2 Quand M. Prévost apprend que Julie était au
  commissariat, il hoche la tête, hausse les sourcils,
  a un sourire en coin et dit « bravo. »
  Qu'est ce qu'il pense ?
3 Quand Mme Prévost dit : « ça peut arriver », elle fronce les sourcils, hausse les épaules.
  Qu'est-ce qu'elle cherche à faire ?
4 Quand Mme Prévost parle de son mari et dit : « mais il n'est pas méchant », sa fille est près d'elle
  et elle la prend par les épaules. Les deux femmes sourient.
  Que suggère leur comportement ?
5 Quand elle trouve la contravention sur le pare-brise de la voiture, Julie pousse un soupir et fait un geste.
  Qu'est-ce qu'elle pense ?

4 QUELLE EST LA FONCTION DES ÉNONCÉS ?

À chacun des énoncés, associez un des actes de parole.

1 Mais, qu'est-ce qui t'arrive ?
2 Tu ne pouvais pas choisir un autre jour ?
3 N'en fais pas un drame. Ça peut arriver !
4 Ta mère a raison. Ça nous fait plaisir.

a Paroles d'apaisement.
b Expression d'approbation.
c Expression de reproche.
d Expression d'inquiétude.

5 QUELS SONT LES ÉQUIVALENTS ?

Quels énoncés des dialogues les actes de parole suivants peuvent-ils remplacer ?

1 Ça ne m'est jamais arrivé.
2 Tu ne pouvais pas nous prévenir !

3 Tu ne fais que critiquer les autres.
4 Ce n'était vraiment pas le jour !

1 Ils ne pouvaient pas le faire !

Donnez une excuse.

> *Exemple :* Elle était au commissariat. – Téléphoner.
> → **Elle ne pouvait pas téléphoner.**

1 J'étais avec des amis. – Les laisser.
2 Nous étions sur l'autoroute. – S'arrêter.
3 Nous n'avions pas les clefs – Rentrer.
4 Stéphanie n'avait pas son permis de conduire sur elle. – Prendre la voiture.

2 Insistez.

Transformez votre demande en reproche.

> *Exemple :* Viens nous voir.
> → **Tu venais toujours nous voir !**
> → **Il y a longtemps que tu n'es pas venu(e) nous voir !**

1 Viens manger à la maison.
2 Apporte-nous des bonbons.
3 Passe la soirée avec nous.
4 Parle-nous de ton travail.

3 Qu'est-ce que vous avez fait l'an dernier ?

Citez au moins cinq activités.

> *Exemple :* **Je suis allé(e) souvent au cinéma.**

4 Qu'est-ce que vous faisiez régulièrement l'an dernier ?

Citez au moins cinq activités habituelles.

> *Exemple :* **J'allais au cinéma toutes les semaines.**

5 Il était triste.

Pour terminer les phrases, mettez les verbes au temps qui convient (imparfait ou passé composé).

1 Quand il (arriver), il (porter) un costume sombre.
2 Quand il (entrer), il (tenir) son chapeau à la main.
3 Quand il (s'asseoir), il (avoir) les yeux fixes.
4 Quand il (se mettre) à parler, sa voix (être) triste.
5 Quand il (partir), il (pleurer).

6 Que se passait-il ?

Complétez le texte. Mettez les verbes entre parenthèses au temps qui convient.

Ça (faire) une heure qu'elle le (attendre) et il ne (arriver) pas ! Il (faire) presque nuit. Elle se (demander) ce qui se (passer). Elle ne (vouloir) pas quitter le lieu de leur rendez-vous. Elle (savoir) qu'il (aller) venir. Mais elle (être) inquiète. Qu'est-ce qui (pouvoir) bien se passer, (se demander)-t-elle. Il ne (avoir) pas l'habitude de la faire attendre. Il (avoir) certainement un problème. Il (se tromper) de jour, (penser)-elle, ou d'heure. Ou bien encore sa voiture (tomber) en panne et il ne peut pas me téléphoner.

dossier 9

Les emplois de l'imparfait et du passé composé

Imparfait : circonstances	**Passé composé : événements**
On revoit la scène.	On présente un fait passé, considéré comme révolu.
Il *faisait* beau.	Hier, il *a fait* beau.
Il y *avait* beaucoup de monde.	Beaucoup de gens *sont venus*.
Au moment où nous *arrivions*, il *faisait* beau.	Quand nous *sommes arrivés*, il *a commencé* à faire beau.

❗ La même action, le même fait, peut être considéré soit comme une circonstance, soit comme un événement. Tout dépend de l'intention et de la façon de voir de celui qui parle ou qui écrit.

Répétition d'une action dans le passé

Quand il *faisait* beau, *il sortait* dans le parc │ Il *est sorti* tous les jours l'été dernier.

Le passé composé présente l'action réalisée et c'est l'adverbe qui indique la répétition.

DÉCOUVREZ LA **GRAMMAIRE**

7 C'était interdit !

Écoutez et faites correspondre les trois dialogues avec les panneaux d'interdiction.

a

b

c

8 Ils ne le font plus !

Ces gens avaient pris des habitudes, mais ils en ont changé…

> *Exemple :* Ils allaient souvent au cinéma.
> → **Maintenant, ils n'y vont plus.**

1 Vous partiez souvent à la campagne.
2 Elles déjeunaient au restaurant de leur entreprise.
3 Tu voyais beaucoup d'amis.
4 Ils faisaient beaucoup de randonnées.
5 Vous faisiez du sport régulièrement.

La négation *ne… plus*

Ne… plus marque la **fin d'une action antérieure** et s'oppose à *encore, toujours*.
– *Tu achètes encore beaucoup de vêtements ?*
– *Non, je n'en achète plus.*
Il sortait souvent le soir, mais maintenant il ne sort plus.

SONS ET LETTRES le *e* caduc

1 Lesquels supprimer ?

*1 Lisez les textes et barrez les **e** que vous pouvez supprimer.*

a Je vais le voir demain. Je lui dirai ce que tu m'as dit parce que je veux le prévenir de ce qui le menace. Je te verrai plus tard et je te raconterai ce qu'il me dira.
b Je me lève tôt le matin, je me rase, je me lave et je prends le petit déjeuner dans la cuisine. Ensuite, je retourne me préparer. Je m'habille et je sors de chez moi.

*2 Écoutez. Aviez-vous oublié des **e** caducs ?*

Prononciation du e caduc

Prononcez le e :
● comme [ø] dans le pronom *le* après un impératif : *Prononcez-le. Donne-le.*
● entre trois consonnes : *Avec le stylo, sur le piano.*

---

2 Transformez.

Lisez les questions et les réponses, puis écoutez l'enregistrement.

1 – Je le donne ? – Oui, donne-le.
2 – Je le prends ? – Oui, prends-le.
3 – Je le mange ? – Oui, mange-le.
4 – Je le cherche ? – Oui, cherche-le.
5 – Je le mets ? – Oui, mets-le.

3 Il y a trois consonnes !

Prononcez, puis écoutez l'enregistrement.

1 Fais ce que tu veux.
2 Mets-le sur le piano.
3 Passe par le parc.
4 Je te le donne pour le directeur.
5 Prends-le avec le sac.

COMMUNIQUEZ

1 VISIONNEZ LES VARIATIONS.

1 Imaginez d'autres situations d'utilisation de ces Variations.
Par exemple : vous avez rendez-vous avec un(e) ami(e) à 8 heures. Il/elle arrive à 9 h 30.
2 Jouez les situations ci-dessous avec votre voisin(e).

a Vous arrivez en retard à une réunion. On vous en fait le reproche. Vous donnez une excuse.
b Votre ami(e) n'est pas venu(e) au rendez-vous et ne vous a pas téléphoné pour vous prévenir. Vous avez attendu pendant une heure et vous êtes parti(e). Vous êtes en colère. Vous lui téléphonez.

3 Votre ami(e) a acheté un vêtement mais découvre qu'il/elle n'a pas assez d'argent pour le payer… Vous lui proposez de lui prêter de l'argent. Il/elle refuse l'aide offerte dans un premier temps, puis l'accepte.

Exprimer son inquiétude et faire des reproches, donner une excuse

1 – Mais qu'est-ce qui t'est arrivé ? Ça fait deux heures qu'on t'attend !
– Excuse-moi, je n'ai pas pu faire autrement.
2 – Tu as vu l'heure qu'il est ?
– Je sais, maman, ce n'est pas de ma faute, je suis désolée.
3 – On commençait à se faire du souci !
– Je m'en doute, mais je n'ai pas pu vous prévenir.
4 – Mais où étais-tu passée ?
– Il m'est arrivé une histoire !…

Prendre la défense de quelqu'un

1 N'en fais pas un drame. Ça peut arriver !
2 Tu ne vas pas en faire une histoire !
3 Ça ne t'est jamais arrivé à toi, peut-être !
4 Il ne t'arrive jamais rien à toi !

Insister gentiment

1 Ta mère a raison, ça nous fait plaisir.
2 Oui, reste avec nous.
3 Mais oui, on ne te voit pas si souvent !
4 Oui, reste. On est heureux de t'avoir.

2 UNE DRÔLE DE JOURNÉE.

Une jeune femme rentre chez elle, en retard et de mauvaise humeur. Son mari l'interroge sur sa journée. Elle lui raconte. Lui ne semble pas très content. Regardez les dessins et jouez la scène à deux.

3 SCÈNE DE RUE.

Écoutez la conversation et trouvez une façon :

1 de faire des reproches ;
2 de prendre la défense de quelqu'un ;
3 de calmer l'irritation de quelqu'un ;
4 de s'excuser et de donner une raison.

4 AU COMMISSARIAT.

Vous avez garé votre voiture dans une rue. Vous revenez la chercher mais elle n'est plus là. Vous allez au commissariat du quartier pour savoir ce qu'elle est devenue. Peut-être l'a-t-on volée ? Si on ne l'a pas volée, où est-elle ? Imaginez la scène entre le policier et vous et jouez-la avec votre voisin(e).

La haute couture

Le défilé Nina Ricci, printemps-été 1998.

Depuis plus de dix ans, Christian Lacroix séduit les femmes et étonne le monde de la haute couture. Il a apporté, dans ses créations, les couleurs et la gaieté de la Provence, sa région natale.

Aujourd'hui, c'est le grand jour. Nous sommes dans les coulisses du défilé et Christian Lacroix est partout. Il surveille, il retouche, il s'angoisse aussi. Mais le grand moment est arrivé, le premier mannequin entre en scène. Laissons ces robes et ces pantalons, ces soies et ces dentelles nous charmer…

Voilà, le défilé se termine. Christian Lacroix, au bras de la traditionnelle mariée et suivi de tous ses mannequins, vient saluer son public.

Instant d'émotion, instant magique… La foule l'applaudit et nous rappelle que la haute couture reste toujours un des fleurons de la France.

1 DANS QUEL ORDRE ?

Mettez les séquences dans l'ordre.

a Présentation des modèles.
b Vue des spectateurs assis.
c Préparation du défilé.
d Christian Lacroix au bras de la mariée.
e Le premier mannequin apparaît.

2 QUE FAIT CHRISTIAN LACROIX ?

Dites ce qu'il fait avant, pendant et à la fin du défilé.

1 Il maquille lui-même un des mannequins.
2 Il retouche un détail du bras d'une robe.
3 Il surveille le défilé.
4 Il monte sur l'estrade avec le premier mannequin.
5 Il prend le bras de la mariée.

3 ET DANS VOTRE PAYS ?

1 Qui s'intéresse à la haute couture ?
2 Y a-t-il des grands couturiers ? Lesquels ?

LA HAUTE COUTURE

Malgré la concurrence, la haute couture française conserve tout son prestige. Le renom des Yves Saint-Laurent, Christian Lacroix, Thierry Mugler, Jean-Paul Gauthier, n'est plus à faire. Et la profession n'hésite pas à faire appel à des stylistes talentueux d'origine étrangère, Karl Lagerfeld chez Chanel et John Galliano chez Dior…

Le parfum mythique de Chanel, le numéro 5, est toujours le plus célèbre : un flacon est acheté toutes les 30 secondes !

Hermès a inventé, il y a déjà cinquante ans, un fameux foulard : 70 grammes de soie pour 90 centimètres carrés. On en vend 2 740 par jour !

dossier 9

épisode **19** — ## PASCAL ET LE FILS DE **LA BOULANGÈRE**

épisode **20** — ## C'EST LE MEILLEUR !

p. 158

p. 166

VOUS ALLEZ APPRENDRE À :

– comparer
– donner des conseils et des directives
– exprimer le doute et le désaccord
– exprimer du mécontentement
– s'inquiéter de l'état de quelqu'un
– encourager quelqu'un
– exprimer de l'étonnement
– exprimer l'obligation et la probabilité
– faire patienter quelqu'un

VOUS ALLEZ UTILISER :

– des comparatifs réguliers et irréguliers
– des superlatifs réguliers et irréguliers
– *déjà, pas encore*
– l'article défini devant les parties du corps
– le verbe *devoir* + infinitif

PASCAL ET LE FILS
épisode

Découvrez les situations

1 INTERPRÉTEZ LES PHOTOS.

1 Cet épisode se situe dans trois lieux différents. Lesquels ?
2 D'après vous, pourquoi Pascal est-il avec le jeune garçon ?
3 Quel est le sport pratiqué par les garçons ?

2 REGARDEZ LES IMAGES.

Visionnez l'épisode sans le son et dites :

1 d'où vient Benoît quand il arrive avec une baguette et des croissants ;
2 ce que font Pascal et Éric dans le salon ;
3 si Pascal encourage le jeune garçon pendant son match de judo ;
4 pourquoi le professeur et les jeunes sportifs se saluent.

3 ÊTES-VOUS OBSERVATEUR ?

Est-ce que vous avez vu les objets suivants ?

une télévision

des rideaux

un thermomètre

un lampadaire

un miroir

un tapis

 Un mardi matin, Julie est dans la cuisine. Benoît entre. Il tient une baguette à la main, ainsi qu'un sac en papier. Il le pose sur la table.

JULIE   Hum ! Des croissants pour le petit déjeuner. Il y avait longtemps !...
BENOÎT   C'est un cadeau de la boulangère.
JULIE   C'est gentil !
BENOÎT   Je crois que c'est plus intéressé que gentil !
JULIE   J'ai compris. Elle a encore besoin de Pascal.

Benoît retire son manteau.

BENOÎT   Exactement. Ils ont un problème pour faire garder leur fils demain.

JULIE   Ah, le champion !
BENOÎT   Pourquoi tu dis ça ?
JULIE   Il est fort en tout !

Pascal arrive dans la cuisine. Benoît met la table.

PASCAL   Vous êtes en train de parler de moi ?
BENOÎT   Non. Du petit Éric, le fils de la boulangère.
PASCAL   Qu'est-ce qu'il a fait ?
BENOÎT   Rien. Mais tu dois appeler sa mère. Elle a besoin de tes services demain, pour toute la journée.
PASCAL   Ils ne pouvaient pas prévenir plus tôt...

DE LA BOULANGÈRE

Le lendemain, Pascal et Éric, une dizaine d'années, sont dans le salon. Éric est en train de jouer à un jeu vidéo. Pascal lit une rédaction d'Éric. Il s'arrête de lire et se tourne vers Éric.

PASCAL Elle n'est pas mal du tout, ta rédaction. Tu as fait des progrès. Tu fais moins de fautes et ta construction est plus logique qu'avant.

Éric n'a pas l'air d'entendre.

PASCAL Tu peux arrêter ton jeu ?

ÉRIC Plus tard. Je vais battre un record !

PASCAL Alors, mets le son moins fort. N'oublie pas, c'est dans une demi-heure que tu as ton cours de judo.

Éric hésite une seconde. Il hausse légèrement les épaules.

ÉRIC C'est la même chose !

PASCAL Dis donc, moi je ne connais rien au judo, tu peux m'expliquer ? À quoi correspondent les couleurs de ceintures ?

ÉRIC Alors, ça, c'est facile. Alors, la ceinture blanche, c'est le niveau le plus bas. Et la ceinture noire, le niveau le plus haut.

PASCAL Et entre les deux ?

ÉRIC Entre les deux, il y a les ceintures jaune, orange, vert, bleu et marron.

Pascal regarde la ceinture d'Éric.

ÉRIC Je n'ai pas envie d'y aller.

PASCAL Il y a une heure, tu voulais y aller. Tu as changé d'avis ?

ÉRIC Oui.

Pascal se lève tranquillement et va éteindre la télévision.

PASCAL On travaille, ensuite on va au judo et cet après-midi on fait ce que tu veux. D'accord ?

———

Plusieurs enfants en kimono et quelques adultes sont installés autour de la salle.

ÉRIC Tu vois, le grand brun, là-bas, il a le même âge que moi et il gagne tous ses combats. C'est vraiment le plus fort !

PASCAL (étonné) Non, il n'a pas ton âge. Il est presque aussi grand que moi.

ÉRIC Je t'assure. C'est le plus grand de la classe.

PASCAL (en plaisantant) Et toi, tu n'es pas le plus petit de ta classe ?

ÉRIC Non, je ne suis pas le plus petit de ma classe.

PASCAL Tu es le moins grand, alors ?

PASCAL Tu es ceinture orange. Il ne te manque que trois ceintures pour être un champion.

ÉRIC C'est les plus difficiles à avoir !

PASCAL Il y a longtemps que tu as commencé ?

ÉRIC J'en fais depuis trois ans seulement.

LE PROF Allez ! On y va !

Éric se lève.

ÉRIC Bon, ben, c'est mon tour.

PASCAL Vas-y ! C'est toi le plus fort !

On voit quelques secondes de cours entre Éric et le professeur. Puis, Éric se retrouve sur le sol.

———

On assiste au salut entre le professeur et les élèves. Puis Éric revient près de Pascal.

PASCAL Il a l'air bon, ce prof.

ÉRIC Oui, c'est le plus sympa des profs d'ici. Tu trouves ça bien, toi, le sport ?

PASCAL Oui, c'est très important dans la vie.

ÉRIC Et tu en fais beaucoup, toi, du sport ?

PASCAL J'en faisais beaucoup au lycée. J'en fais moins, mais je ne suis pas le plus nul !

ÉRIC Ça me donne une idée…

Observez l'action et les répliques

1 QU'AVEZ-VOUS COMPRIS ?

Visionnez l'épisode avec le son.

1 Au début de l'épisode, Pascal demande si on parle de lui. Quel mot a-t-il entendu ?
2 Qui éteint la télévision ? Pourquoi ?
3 Quelle est la couleur de la ceinture de judo d'Éric ?
4 Qui est, d'après Éric, le plus fort de la classe ?
5 D'après vous, quelle est l'idée d'Éric à la fin de l'épisode ?

2 QUEL EST L'ORDRE DES ÉVÉNEMENTS ?

1 Éliminez les événements qui n'apparaissent pas à l'écran et mettez les autres dans l'ordre.
2 Reliez les phrases pour en faire un texte.

a Éric fait du judo avec son professeur.
b Pascal fait travailler Éric.
c Éric bat Pascal au judo.
d Pascal doit aller garder le fils de la boulangère.
e Éric va éteindre la télévision.
f Pascal et Éric arrivent dans la salle de judo.
g Éric explique les règles du judo à Pascal.

3 C'EST DANS LE DIALOGUE.

Parmi les expressions suivantes, dites lesquelles sont dans le dialogue.

1 a Tu dois aller travailler chez elle, demain.
2 a Tu as changé d'avis ?
3 a C'est exactement pareil !
4 a C'est indispensable dans la vie.

b Elle a besoin de tes services, demain.
b Tu ne veux plus, maintenant ?
b C'est la même chose !
b C'est très important dans la vie.

Observez les comportements

4 QU'EST-CE QU'ILS EXPRIMENT ?

5 AVEZ-VOUS REMARQUÉ ?

À chacun des énoncés ci-dessous, associez un des actes de parole.
Décrivez chaque fois les gestes et les jeux de physionomie qui éclairent ou renforcent le sens.

1 Je crois que c'est plus intéressé que gentil !
2 Ils ne pouvaient pas prévenir plus tôt…
3 Tu fais moins de fautes et ta construction est plus logique qu'avant.
4 À quoi correspondent les couleurs des ceintures ?
5 Vas-y ! Sois le plus fort !

a Demande d'explication.
b Expression de critique.
c Expression d'encouragement.
d Expression d'appréciation.
e Expression d'irritation.

10 dossier

1 Dites-le autrement.

Expliquez ces expressions populaires grâce à une phrase au comparatif d'égalité.

> *Exemple :* Il est fort comme un Turc.
> → **Il est aussi fort qu'un Turc.**

1 Cet homme est malin comme un singe.
2 Il est doux comme un agneau.
3 Ce garçon court comme un lièvre.
4 Cet accusé est blanc comme neige.
5 Cette histoire est longue comme un jour sans pain.

2 Avantages et inconvénients.

Considérez les trois annonces ci-dessous.

1 Faites la liste des avantages et des inconvénients de chaque proposition.
2 Comparez les trois possibilités.
3 Faites un choix en fonction de vos goûts et de vo possibilités et justifiez-le.

LE MAGASIN & CROISIÈRES
Agence de voyages
100 % CROISIÈRES
ESPAGNE - MAROC (22/3/98)
à bord du *Monterey*
8 jours : 430 € *
au lieu de 1200 €
Tél : **01 48 16 97 96**
*Prix à partir de... /personne, en cabine int. à 2.

RANDONNÉES À PIED
PRINTEMPS ÉTÉ 98
CATALOGUE GRATUIT À : **BALAD**
15 Place des Halles 75001 Paris
Tél : 01 67 73 43 28

NEIGE À PRIX CANON !
7 j. pens. compl. + forfait
300 €
Pied des pistes
Val Torens (1 400-2 800 m)
(offre valable du 1er au 7 mars)
Cis Infos T. 04 75 05 97 30 - F. 8087

3 Comparez-les.

Comparez ces animaux entre eux.
Faites cinq phrases avec des comparatifs.

> *Exemple :* **Le kangourou saute plus haut et plus loin que le léopard.**

1 Le kangourou saute très haut et très loin.
2 Le léopard court très vite et très longtemps.
3 La tortue vit très vieille et se déplace très lentement.
4 L'éléphant mange beaucoup et fait peur aux autres animaux.

4 Comment est-ce qu'ils partent ?

Comparez les moyens de transport utilisés par les Français pour partir en vacances. Imaginez les raisons de leurs choix. Utilisez des comparatifs.

> *Exemple :* **Quand on va très loin, il vaut mieux prendre l'avion.**
> **L'avion est le plus rapide (des moyens de transport).**

Le comparatif

• On compare **la qualité** avec des adjectifs ou des adverbes :

Éric est { moins / aussi fort que Pascal. Il court { moins / aussi vite que Pascal. / plus / plus

• On compare la **quantité** avec des noms et des adverbes :

Éric fait { moins / autant de fautes que Pascal. Éric lit { moins / autant que Pascal. / plus / plus

---

En voiture !

Part des différents modes de déplacement pour les vacances d'été 1995 (en %) :

	Ensemble des séjours
Voiture	78,3 %
Avion	5,1 %
Train	10,2 %
Autocar	3,1 %
Autre	3,3 %

Ministère du Tourisme/Sofres.

10
dossier

DÉCOUVREZ LA **GRAMMAIRE**

5 C'est la même chose ?

Dites-le autrement. Utilisez : **sûr – cher – vieux – difficile – fort.**

Exemple : Tu es le plus petit.
→ **Oui, c'est vrai, je suis le moins grand.**

1 Tu es le plus jeune.
2 Tu es le plus nul.
3 C'est le plus facile.
4 C'est la solution la plus économique.
5 C'est le moyen de transport le plus dangereux.

6 Ils peuvent ou ils doivent ?

Remplacez si possible le verbe **pouvoir** *par le verbe* **devoir.**

1 Tu peux me rendre un service ?
2 Vous pouvez aider vos parents quand ils sont vieux.
3 Elles peuvent dormir à la maison, si vous voulez.
4 Nous pouvons respecter les règlements.
5 Tu peux téléphoner à ta mère pour son anniversaire.

> ### *Devoir* + infinitif
>
> • **Exprimer une obligation**
> Je **dois** les rencontrer.
> Tu **dois** me téléphoner.
>
> • **Exprimer une forte probabilité**
> Il **doit** venir nous voir cet après-midi.
> Il **devait** téléphoner. (Il ne l'a pas fait !)

> ### Le superlatif
>
> **le plus, le moins** + adjectif ou adverbe :
> Pascal a { **le moins** d'argent.
> { **le plus**
> Quand il y a un complément, il est introduit par **de** :
> Le léopard est **le plus** rapide **des** animaux.
> Dans le cas de l'adjectif, l'article s'accorde avec le nom :
> **Les** plaisanteries **les plus** courtes sont **les** meilleures.
> La capitale d'un pays est souvent **la** ville **la plus** grande.
>
> ❗ Pour comparer deux personnes ou deux choses, le superlatif est possible :
> Éric est **le plus fort des** deux.
> C'est Éric qui court **le plus vite**.
>
> ❗ Le complément du superlatif est toujours introduit par **de**.

7 Qu'est-ce qu'ils devaient faire ?

Qu'est-ce que vous-même ou des gens de votre entourage familial, amical ou professionnel, devaient faire ces derniers temps et n'ont pas encore fait ou pas pu faire ?

Exemple : **– Des amis devaient venir chez nous hier soir.**
– Ils n'ont pas pu venir.

SONS ET LETTRES CONSONNES SOURDES CONSONNES SONORES

1 Opposition [s] et [z].

Écoutez et répétez.

2 Opposition [ʃ] et [ʒ].

1 Écoutez et dites si le son [ʒ] est dans la première ou dans la deuxième phrase.
2 Écoutez de nouveau et répétez.

3 Prononcez les phrases suivantes.

1 Je te vois tous les jours.
2 Je ne sais rien de plus.
3 C'est ce que vous m'avez dit.
4 Je t'ai dit de ne pas y aller.
5 Je le sais parce que tu l'as dit.

1 VISIONNEZ LES VARIATIONS.

1 Dans quelle situation est-ce que Pascal se plaint des boulangers ?

2 Jouez les situations suivantes avec votre voisin(e).

a Vous téléphonez à un ami(e) à une heure pour lui demander de sortir avec vous à trois heures ! Il/elle est un peu mécontent…

b Un(e) ami(e) affirme une chose incroyable. Marquez votre étonnement.

c Vous êtes dans la salle d'attente d'un médecin. Il y a très longtemps que vous attendez. Vous allez exprimer votre mécontentement à la secrétaire.

2 C'EST DANS LE RÈGLEMENT.

Écoutez et dites si chaque article du règlement de ce club sportif est une obligation, une permission ou une interdiction. Relevez les expressions correspondantes.

3 OÙ PASSER LES VACANCES ?

Vous allez passer quinze jours de vacances au bord de la mer. Vous avez le choix entre les trois hôtels suivants. Vous discutez avec votre mari/femme pour savoir dans quel hôtel vous voulez aller et pourquoi. Argumentez.

Hôtel	Miramar	Excelsior	de la Plage
Catégorie	★★	★★	★★★
Nombre de chambres	25	40	30
Prix	43 €	61 €	69 €
Confort	Moyen	Bon	Très bon
Situation	Centre ville	Vue jardin	Vue mer
Restaurant	Non	Oui	Oui
Garage	Non	Oui	Non

Exprimer du mécontentement

1 Ils ne pouvaient pas prévenir plus tôt…
2 Me dire ça la veille ! Ils exagèrent !
3 C'est maintenant qu'ils me préviennent !
4 Me prévenir au dernier moment !

Faire patienter quelqu'un et donner une raison

1 Plus tard. Je vais battre un record !
2 Pas maintenant. Laisse-moi terminer ma partie.
3 Tout à l'heure. Il n'y en a plus pour longtemps !
4 Attend un peu. C'est presque fini.

Marquer son étonnement

1 Non, il n'a pas ton âge. Il est presque aussi grand que moi.
2 Ce n'est pas possible !
3 C'est incroyable !
4 Tu me racontes des histoires !

4 ILS ONT D'AUTRES HABITUDES.

Avec votre voisin(e), vous comparez votre genre de vie (horaires, habitudes alimentaires et vestimentaires, types de loisirs) avec ce que vous connaissez de la vie quotidienne en France.

Exemple : – **Ils consomment beaucoup de pain.**
– **Oui, ils consomment plus de pain que nous/nous consommons moins de pain qu'eux.**

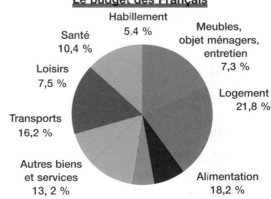

Le budget des Français

- Habillement 5,4 %
- Santé 10,4 %
- Loisirs 7,5 %
- Transports 16,2 %
- Autres biens et services 13, 2 %
- Alimentation 18,2 %
- Logement 21,8 %
- Meubles, objet ménagers, entretien 7,3 %

dossier **10**

Un paradis pour touristes : la région Midi-Pyrénées

La Gascogne

Il fait bon y vivre… et y manger. Ses villages fortifiés et ses châteaux vous rappellent la brillante histoire de ses cadets, et du plus célèbre d'entre eux, d'Artagnan.

Le château de Castelmare.

Les Pyrénées

Des pics à plus de 3 000 mètres, des forêts, de vieux villages, les Pyrénées ont su rester plus vraies que nature. Elles sont le paradis des randonneurs, des amateurs d'escalade et de parapente.

Le cirque de Gavarnie.

Le Midi Toulousain

Toulouse, la ville rose, est la capitale de ce pays de la douceur de vivre. Aussi fière de son passé que de sa technologie de pointe, elle offre au visiteur ses rues animées, ses palais, ses musées, sa place du Capitole, sa basilique Saint-Sernin, ainsi que l'immense hall de l'Aérospatiale.

Le Capitole.

Le pays Albigeois

Partout de la petite brique rouge et le souvenir de l'enfant du pays, le peintre Toulouse-Lautrec. Après la cathédrale Sainte-Cécile d'Albi, vous visiterez la plus

Sainte-Cécile d'Albi.

belle de ses nombreuses bastides, Cordes-sur-ciel, la cité forteresse, avec ses monuments, ses musées, ses rues étroites, ses artisans…Vous ferez de la marche, du VTT, du cheval dans la campagne et tous les sports de plein air.

Le Rouergue

Dans ses causses, grandes plaines rocailleuses et de végétation rare, se cachent des gorges, des vallées abruptes et de vieux villages perchés au sommet des collines. Vous ne manquerez pas de visiter Conques, l'un des plus beaux spécimens de l'art roman.

Conques.

---

1 OÙ FAUT-IL ALLER ?

Où doit aller le visiteur pour :

1 bien manger ;
2 visiter des musées ;
3 trouver des souvenirs historiques ;
4 faire des randonnées et de l'escalade ;
5 faire du sport ?

2 QUELLE EST LA SITUATION DE COMMUNICATION ?

1 Qui a écrit ces textes ?
a Un journaliste. **b** Un publicitaire.
2 À qui sont-ils destinés ?
3 Quel est le sujet de la page ?
4 Quelle est la fonction de ces textes ?

3 COMMENT FONCTIONNENT CES TEXTES ?

1 Dans ces textes, on trouve une majorité d'impératifs et de futurs.
Quelle est l'intention de l'auteur ?
a Conseiller. **b** Ordonner. **c** Faire des hypothèses.
2 Quels mots évoquent :
a le pittoresque : rues en pentes, châteaux…
b l'intérêt particulier du lieu pour le visiteur : village du XVe siècle…
c le caractère exceptionnel du lieu : site mythique…

4 ÉCRIVEZ-LUI.

Vous passez vos vacances dans la région Midi-Pyrénées. Écrivez à un(e) ami(e) et dites-lui ce que vous avez vu, fait, trouvé le plus ou le moins intéressant…

dossier 10

DES MOTS **POUR LE DIRE**

Le corps humain, la santé

Quelques expressions populaires

Il en a par-dessus la tête.
→ Il est excédé.

Ça lui sort par les yeux.
→ Il en a vraiment assez.

Il en a plein le dos.
→ Il en a vraiment assez.

Ça lui entre par une oreille
et ça lui sort par l'autre.
→ Il n'écoute pas.
Ça ne l'intéresse pas.

Il a traité ce problème par-dessus la jambe.
→ Il ne s'en est pas occupé.

Il a gagné les doigts dans le nez.
→ Il a gagné sans difficulté.

Il perd la tête.
→ Il n'agit plus
raisonnablement.

Il a les yeux plus grands que le ventre !
→ Il ne connaît pas ses limites.

Il a le bras long.
→ Il a beaucoup
d'influence.

Il a le cœur sur la main.
→ Il est très généreux et compréhensif.

Il a l'estomac dans les talons.
→ Il a très faim.

Il a le nez creux.
→ Il a une bonne intuition.

Il fait la fine bouche.
→ Il est difficile.

Il a la grosse tête.
→ Il se prend pour
quelqu'un d'important.

Il donne sa langue au chat.
→ Il ne peut pas trouver la solution du problème.

les cheveux
les yeux
le nez
la bouche
l'oreille
la tête
le cou
l'épaule
la main
la poitrine
le bras
le dos
les doigts
le coude
le ventre
la jambe
le genou
la cheville
le pied

---

1 COMPAREZ LES EXPRESSIONS CI-DESSUS
AUX EXPRESSIONS CORRESPONDANTES
DANS VOTRE LANGUE.

2 CHASSEZ L'INTRUS.

1 Nez – oreilles – pied – bouche.

2 Bras – jambes – coude – cœur.

3 Tête – menton – front – épaule.

Découvrez les situations

1 INTERPRÉTEZ LES PHOTOS.

1 Quelle était l'idée d'Éric à la fin de l'épisode précédent ?

2 À quels sports et à quels jeux Pascal et Éric jouent-ils dans cet épisode ?

a Football. b Patin à roulettes. c Basket-ball. d Tennis. e Échecs. f Natation. g Jeu vidéo.

3 Quel conseil est-ce qu'Éric donne à Pascal pour mieux faire du patin à roulettes ?

4 Croyez-vous que Pascal va mettre le ballon dans le panier ?

2 FAITES DES HYPOTHÈSES.

Visionnez l'épisode sans le son et faites des hypothèses.

1 Pascal a-t-il déjà fait du patin à roulettes ?

2 Que fait Pascal pour récupérer après ses efforts ?

3 Qui est le meilleur au basket-ball ?

4 Qui va gagner la partie d'échecs ?

5 Qui est le plus fort aux jeux vidéo ?

Sur un terrain de basket, Pascal et Éric mettent des patins à roulettes.

PASCAL Tu veux vraiment me faire avancer là-dessus ?

ÉRIC Oui, c'est mieux que de me suivre à pied.

PASCAL Pourquoi ?

ÉRIC Parce que c'est moins fatigant.

PASCAL Tu plaisantes ! C'est aussi fatigant que de marcher à pied, peut-être même plus.

ÉRIC Tu as peut-être raison. Mais c'est plus amusant.

PASCAL Ça dépend pour qui...

Pascal et Éric, en patins à roulettes, se suivent. Pascal a du mal à rester debout.

PASCAL Le patin, ça te plaît autant que le judo ?

ÉRIC C'est pas pareil, mais ça demande autant de concentration.

PASCAL Tu as déjà fait du hockey en patins à roulettes ?

ÉRIC Quelquefois. Mais il faut être plusieurs.

PASCAL De toutes façons, c'est pas pour moi !

ÉRIC Pourquoi pas, entraîne-toi ! Essaie d'aller un peu plus vite, hein. Penche bien le corps en avant. Plie les genoux. Comme ça.

PASCAL Quel professeur !

MEILLEUR !

Pascal tombe. Éric vient près de lui.

PASCAL Tu trouves vraiment ça moins fatigant que la marche à pied ? À mon avis, c'est surtout le meilleur moyen de se casser quelque chose !...

ÉRIC Bon, viens, on va remettre nos chaussures et faire quelques paniers... Ça va t'avantager, tu es plus grand que moi.

PASCAL On se repose un peu d'abord. Je t'offre une boisson ?

ÉRIC D'accord.

PASCAL Qu'est-ce que tu prends ?

ÉRIC Un Coca. Et toi ?

PASCAL Un jus d'orange. J'ai besoin de vitamines.

_____

PASCAL Bon, d'accord, tu es le meilleur. De toutes façons, je préfère les jeux plus intellectuels comme... les échecs.

ÉRIC Tu joues aux échecs ? Ouah ! Quelle chance !

_____

Pascal et Éric sont devant un jeu d'échecs. Pascal hésite, il prend une pièce pour la jouer. Il change d'avis et la repose.

ÉRIC Ah, non ! Tu connais la règle. Si tu touches une pièce, tu la joues.

PASCAL Mais c'est dommage ! Il y a un meilleur coup à jouer. Tu vois, mon fou noir peut couvrir ta diagonale.

ÉRIC Tu as raison, c'est un meilleur coup. Mais c'est trop tard... Échec et mat.

Pascal et Éric finissent leur boisson près du terrain de basket.

ÉRIC Ça va, tu récupères ?

PASCAL Oui, ça va, je ne suis pas aussi fatigué que tu le penses. Tiens, tu vas voir.

Pascal prend le ballon de basket. Il rate le panier.

PASCAL Je manque un peu d'entraînement, c'est sûr. Mais ce n'est pas passé très loin !

ÉRIC Allez, ne cherche pas d'excuses. À ton âge, le sport, c'est fini !

PASCAL C'est facile de critiquer. Montre plutôt ce que tu sais faire.

Éric reprend la balle et marque un panier sans difficulté. Il va reprendre la balle et en marque plusieurs autres.

Sourire de Éric, mine dépitée de Pascal.

ÉRIC Bon, ben maintenant j'ai le droit de prendre mes jeux vidéo ? Si tu veux, je peux t'apprendre...

_____

Éric et Pascal sont devant un jeu vidéo de foot. Pascal gagne très largement. Éric n'est pas content.

PASCAL 6-0 ! Alors, champion ! On se fatigue en fin de journée ?

ÉRIC Oh, ça ne compte pas. Ce n'est vraiment pas du sport !

PASCAL (en riant) Mais si ! Les jeux vidéo sont très bons pour développer les réflexes et la coordination.

ÉRIC Bon, ben tu veux bien essayer d'expliquer ça à mes parents ?

Observez l'action et les répliques

1 LES MEILLEURS TITRES !

1 À quelles séquences de l'épisode les groupes de titres ci-dessous se réfèrent-ils ?
2 Choisissez celui des deux qui vous paraît le meilleur.

1 **a** Un repos bien mérité.
  b Ça redonne des forces.
2 **a** Ça fait réfléchir.
  b Une victoire incontestable.
3 **a** À tous les coups, il gagne !
  b Rien ne sert d'être grand.
4 **a** Bon professeur, mauvais élève.
  b Une chute prévisible.
5 **a** D'échec en échec !
  b Un coup bien monté !

2 QUELLE EST LA RÉPLIQUE SUIVANTE ?

1 Tu veux vraiment me faire avancer là-dessus ?
2 Le patin, ça te plaît autant que le judo ?
3 Tu as déjà fait du hockey en patins à roulettes ?
4 Ça va ? Tu récupères ?
5 Ah, non ! Tu connais la règle. Si tu touches une pièce, tu la joues.

Observez les comportements

3 QUE VEULENT DIRE CES GESTES ?

Observez l'attitude et les jeux de physionomie des personnages sur les photos. Décrivez ce que vous constatez et dites ce qu'ils pensent.

4 AVEZ-VOUS REMARQUÉ ?

1 À chacun des énoncés ci-dessous, associez un des actes de parole.

1 Ça dépend pour qui…
2 De toutes façons, c'est pas pour moi !
3 Allez, ne cherche pas d'excuses. À ton âge, le sport, c'est fini !
4 Tu joues aux échecs ? Ouah ! Quelle chance !
5 6-0 ! Alors, champion ! On se fatigue en fin de journée ?

a Expression de critique.
b Expression de rejet.
c Expression d'enthousiasme.
d Expression de moquerie.
e Expression d'hésitation.

2 Dites qui a prononcé ces phrases et décrivez les gestes ou les jeux de physionomie du personnage.

5 QU'EST-CE QU'ILS DISENT ?

Trouvez dans les dialogues une façon :

1 de se renseigner sur les goûts de l'autre ;
2 de comparer deux sports ;
3 de donner des conseils ;
4 de faire un compliment ;
5 d'exprimer un regret.

DÉCOUVREZ LA GRAMMAIRE

1 Hier et aujourd'hui : comparez.

Exemple : Voitures – il y a cinquante ans.
   → **Il y a plus de voitures dans les rues maintenant qu'il y a 50 ans.**

1 Facilités de communication – en 1950.
2 Durée de vie – il y a cinquante ans.
3 Guerres – il y a un siècle.
4 Pollution – siècle dernier.
5 Niveau de vie – dans les années trente.

2 Quel est le meilleur ?

Comparez Alain, toujours le premier de la classe, et Bernard, toujours dernier.
Utilisez des superlatifs d'adjectifs.

Exemple : Alain n'a que des bonnes notes.
   → **Il est le plus fort.**

1 Alain n'aime pas le sport.
2 Alain travaille très bien.
3 Bernard est toujours aimable.
4 Bernard invente de belles histoires.
5 Bernard est bon en gymnastique.

3 Qu'est-ce que vous en pensez ?

Complétez ces phrases avec un comparatif ou un superlatif irrégulier.

1 Quand on aime autant la marche que les jeux d'adresse, le golf est … le football.
2 Si on a des problèmes de dos, l'équitation est … des sports.
3 … des sports de défense est le judo.
4 La course automobile est un sport dangereux, mais les courses de moto, c'est …
5 Quand on est grand et sportif, …, c'est de faire du basket.

L'article défini devant les parties du corps

Il a **les** mains dans les poches.
Il a mal à **la** tête.
Il se lave **les** cheveux tous les matins.

Comparatifs et superlatifs irréguliers

L'adjectif *bon*   → **meilleur, le meilleur**
L'adjectif *mauvais* → **pire, le pire**
L'adverbe *bien*   → **mieux, le mieux**

! Ne confondez pas le *plus* positif du comparatif de supériorité avec le *plus* négatif de *ne… plus*, généralement opposé à *encore/toujours*.
   – *Tu joues toujours aux échecs ?*
   – *Non, je* **n'**y joue **plus***.
   – *Tu veux encore faire des paniers ?*
   – *Non, je* **ne** veux **plus** en faire.

4 Lesquels préférez-vous ?

Quel genre d'hommes ou de femmes préférez-vous ? Utilisez les adjectifs comme des noms.

Exemple : Blond – brun.
   → **Je préfère les blondes aux brunes.**

1 Petit – grand.
2 Gros – maigre.
3 Élégant – sportif.
4 Timides – audacieux.
5 Cheveux longs – cheveux courts.

5 Décrivez-les.

Exemple : **L'homme a un chapeau sur la tête et les mains dans les poches.**

10

dossier

DÉCOUVREZ
LA **GRAMMAIRE**

6 Faites de la gymnastique.

Écoutez l'enregistrement et trouvez une légende pour chaque dessin.

7 Mais si !

Vous encouragez un(e) jeune ami(e) : vous mettez en doute ce qu'il/elle fait !
*Attention à l'utilisation des pronoms **y** et **en**.*

> *Exemple :* – **Tu n'as pas encore fait de tournois ?**
> – **Si, j'en ai déjà fait.**

1 Tu n'es pas encore allé(e) à la salle de gym ?
2 Tu ne t'es pas encore entraîné(e) au judo ?
3 Tu ne t'es pas encore inscrit(e) pour la prochaine compétition ?
4 Tu n'a pas encore gagné de match ?
5 Tu n'es pas encore monté(e) sur un podium ?

La négation

Deux adverbes en opposition :
déjà ≠ ne... pas encore
– *Vous êtes **déjà** venus ici ?*
– *Non, (nous **ne** sommes) **pas encore** (venus).*

! Ne pas confondre avec :
• encore = toujours
*Quoi ! Vous êtes **encore** là !*
• encore = encore une fois ≠ ne... plus
– *Vous en voulez **encore** ?*
– *Non, je n'en veux plus.*

SONS ET LETTRES   l'intonation

L'intonation peut indiquer ou renforcer le sens.

• Pour exprimer une certitude, donner un ordre, l'intonation descend très nettement :

Ah, non ! Tu connais la règle.

Si tu touches une pièce, tu la joues.

• Pour exprimer la joie, l'enthousiasme, l'intonation monte très nettement.

Tu joues aux échecs ! Quelle chance !

1 Quelle phrase indique une certitude ?

1 Ça demande de la concentration.
2 Tu as besoin de vitamines.
3 Ça va t'avantager.
4 C'est facile de critiquer.
5 Il y a un meilleur coup à jouer.

2 Écoutez et soyez enthousiaste !

1 Transformez la question en expression enthousiaste.
2 Écoutez le deuxième enregistrement et répétez.

1 Tu joues aux échecs ?   **3** C'est ton anniversaire ?
2 Tu viens avec nous ?   **4** Tu sais faire du patin ?

COMMUNIQUEZ

1 VISIONNEZ LES VARIATIONS.

1 Trouvez des énoncés qui peuvent précéder les actes de parole de la première Variation.

2 Jouez les situations suivantes avec votre voisin(e).

a Un(e) ami(e) vient d'avoir un accident de voiture. Vous lui demandez ce qu'il/elle a et vous vous inquiétez de son état.

b Vous encouragez un(e) ami(e) à proposer sa candidature à un poste important. Il/elle est d'abord très hésitant(e) : il/elle pense ne pas avoir la formation et les capacités nécessaires. Vous insistez et votre ami(e) finit par se déclarer totalement incapable de se porter candidat(e).

Déclarer son incompétence, encourager

1 – De toutes façons, c'est pas pour moi !
– Pourquoi pas, entraîne-toi !

2 – Je le vois bien. C'est pas mon truc.
– Mais si. Quand on veut, on peut !

3 – Inutile d'insister. Je n'y arriverai jamais.
– Mais si, tu peux y arriver. Fais un effort !

4 – C'est pas la peine. J'abandonne.
– Comment ça, tu abandonnes ? Il suffit de t'entraîner !

Exprimer le doute et le désaccord

1 Tu trouves vraiment ça moins fatigant que la marche à pied ?

2 Tu ne crois pas que c'est plus fatigant que la marche à pied ?

3 Je ne suis pas d'accord ! La marche à pied, c'est aussi fatigant.

4 Alors, là, pas d'accord du tout ! C'est bien plus fatigant que la marche à pied.

S'inquiéter de l'état de quelqu'un

1 Ça va, tu récupères ?

2 Ça va, tu te sens mieux ?

3 Ça va, tu reprends des forces ?

4 Ça va mieux que tout à l'heure ?

2 RETENEZ L'ESSENTIEL.

Écoutez la conversation entre un hôtelier et son client. Dites :

1 de quoi le client se plaint ;

2 quels sont les arguments de l'hôtelier en faveur de la nouvelle chambre ;

3 ce que l'hôtelier propose à son client.

3 LES RÈGLES DU JEU.

Expliquez à un ami francophone les règles du jeu ou du sport le plus populaire de votre pays. Il vous pose des questions. Jouez avec votre voisin(e).

4 QUELLE VOITURE CHOISIR ?

Vous êtes marié(e), vous avez deux enfants et un chien et vous décidez d'acheter une voiture familiale de milieu de gamme. Vous comparez les avantages et les inconvénients des trois modèles présentés dans le tableau et vous en discutez avec votre femme/mari. Vous n'êtes pas d'accord et vous donnez des arguments. Jouez à deux.

Modèles	Prix moyen	Consom. moyenne (réservoir)	Nombre de places	Volume du coffre
Citröen Berlingo Multispace 1.4i	13 400 €	7,5 l/100 km (55l)	5	664 à 2 800 l
Renault Mégane Scénic 1.6e RTE	17 300 €	8,2 l/100 km (60 l)	5	410 à 2 000 l
Toyota Picnic 2.0i GL	22 000 €	9 l/100 km (60 l)	6	182 à 1 8841 l

CIVILISATION

70 % de sportifs

Les sportifs du dimanche et des vacances peuvent choisir la marche, les promenades à cheval dans la campagne ou le ski dans la neige de montagnes sauvages…

Mais beaucoup choisissent le vélo, ou plutôt le VTT – le vélo tout terrain –, cette version plus moderne et plus sportive de la bicyclette. Il séduit petits et grands. Il est en train de devenir le sport préféré des familles. En VTT, on peut explorer des lieux restés sauvages et déserts sans les mettre en péril.

Cette régate d'un genre très particulier attire, une fois par an, les amoureux de la navigation et de Paris. Que vous soyez pirate ou gondolier, il y aura sûrement un bateau pour vous. Vous pourrez alors descendre la Seine au rythme des rames. Seul, le bruit de l'eau accompagnera vos efforts et vous admirerez à loisir la tour Eiffel et Notre-Dame, l'île Saint-Louis et l'île de la Cité et ces merveilleux ponts sous lesquels coule la Seine…

Le stade de France à Saint-Denis.

1 EXERCEZ VOTRE MÉMOIRE.

1 Dans ce reportage s'agit-il de sports de compétition ou de sports de loisir ?

2 Quels sports sont représentés ?

3 Quel est, d'après vous, le sport le plus populaire ? Pourquoi ?

4 Que veut dire VTT ?

5 Combien de fois par an la régate sur la Seine a-t-elle lieu ?

2 ET DANS VOTRE PAYS ?

1 Quels sont les sports de loisir les plus populaires ?

2 Pratiquez-vous un ou plusieurs sports ? Lesquels ?

Le Tour de France, 1998.

LE MONDIAL DE FOOTBALL

Du 10 juin au 12 juillet 1998, s'est déroulée la Coupe du monde de football, le Mondial 1998, qui a vu la victoire de la France sur le Brésil, tenant du titre et favori des pronostics. On a joué 64 matchs dans dix stades différents. Près de deux milliards de téléspectateurs dans le monde ont pu suivre la finale qui s'est déroulée au Stade de France à Saint-Denis, près de Paris.

Le Stade de France a été construit en moins de trois ans en prévision du Mondial. Son toit transparent est aussi grand que la place de la Concorde (6 hectares) et pèse 13 tonnes ! Il permet d'asseoir 80 000 spectateurs.

LE TOUR DE FRANCE

C'est la plus célèbre des courses cyclistes par étapes.

Le Tour se court en juillet avec la participation des meilleurs coureurs mondiaux sur une distance d'environ 4 000 kilomètres.

épisode — # UN REMPLACEMENT **IMPRÉVU**

épisode — # VIVE LE TÉLÉPHONE **PORTABLE !**

p. 174

p. 182

VOUS ALLEZ APPRENDRE À :

– parler d'événements futurs
– parler d'événements récents
– faire des prédictions
– demander des explications
– engager une communication téléphonique et y mettre fin
– exprimer de la sympathie pour quelqu'un
– exprimer de l'impatience et de l'irritation

VOUS ALLEZ UTILISER :

– le futur simple (après *quand* et *pendant que*)
– le passé récent : *venir de* + infinitif
– les pronoms relatifs *qui, que* et *où*
– les pronoms indéfinis (*quelqu'un, personne, quelque chose, rien*) + *de* + adjectif

UN REMPLACEMENT
épisode

21

Découvrez les situations

1 QUELLES SONT LES PHOTOS ?

Associez chacune des légendes suivantes à une des photos de la double page.

1 Du parvis de la Défense, la vue est splendide.
2 Ils se sont enfin retrouvés.
3 Qu'est-ce qu'il va trouver dans la boîte ?
4 De l'endroit où il téléphone, il peut voir le Stabile de Calder.

2 FAITES DES HYPOTHÈSES.

Visionnez le film sans le son.

1 Qu'y a-t-il dans le paquet sur le bureau de Benoît ?
2 Pourquoi Benoît est-il sur le parvis de la Défense ?
3 Pourquoi téléphone-t-il ?
4 Qui peut être l'homme au téléphone ?

3 QU'EST-CE QUE VOUS AVEZ VU ?

❷ l'Arc de Triomphe

❶ le Sacré Cœur

❸ le parvis de la Défense

❹ la Vénus de Milo

 Il est 9 heures du matin. Benoît entre dans son bureau. À peine est-il arrivé que le téléphone sonne.

BENOÎT   Ça commence de bonne heure ! Allô…
NICOLE   Allô, Benoît. C'est Nicole. Tu as vu la boîte, sur ton bureau ?
BENOÎT   Non, je viens d'arriver. Qu'est-ce que c'est ?
NICOLE   (off) Si tu l'ouvres vite, tu le sauras. Je crois que tu aimeras…
BENOÎT   Bon d'accord !
Benoît ouvre le paquet.

Benoît entre dans le bureau de Nicole, l'air plutôt content.
Il a un téléphone à la main.

BENOÎT   Un téléphone portable ? Mais en quel honneur ?
NICOLE   Ordre de la direction. Comme ça, on te trouvera plus facilement.
BENOÎT   C'est ça, je pourrai travailler le jour et la nuit !
NICOLE   Tu oublies le samedi et le dimanche ! Tu sais t'en servir ?
BENOÎT   J'apprendrai.

11

dossier

IMPRÉVU

NICOLE   Très bien. Richard vient de téléphoner. Il est malade. Il ne pourra pas s'occuper des urbanistes brésiliens. Tu iras à sa place et tu leur feras visiter la Défense.

BENOÎT   D'accord. Mais je ne connais rien à la Défense, moi.

Un homme, M. Costa, parle au téléphone près de la statue.

M. COSTA   Je voulais juste savoir si votre collègue avait un problème. Ou peut-être ai-je mal compris le lieu du rendez-vous ? Ah, si vous l'avez en ligne, c'est parfait. Oui, je patiente.

NICOLE   Voici la documentation. Tu la liras pendant le trajet. C'est une mission de confiance. Notre visiteur est M. Costa. C'est le directeur de l'Institut d'urbanisme du Brésil. Il est venu avec deux de ses meilleurs étudiants. Tu as rendez-vous avec eux à 10 h 30 sur le parvis de la Défense, à côté des personnages de Miro. C'est la plus grande sculpture du parvis. Elle est rouge, jaune et bleue. Tu ne peux pas la rater.

_____

Benoît est près de la sculpture de Miro. Il ne voit pas les Brésiliens. Il s'arrête et sort son portable.

BENOÎT   Allô, allô, Richard ?... Je suis sur le parvis de la Défense, à côté des personnages de Miro. Je viens d'en faire le tour, je n'ai vu personne... Calder ? Le Stabile de Calder ? Oui, oui, je le vois. Bon, si tu en es sûr, j'y vais. J'espère qu'ils seront encore là... Quoi ? Tu as un autre appel ? D'accord, je patiente, mais fais vite !

Benoît vient près de M. Costa pour reprendre la conversation.

BENOÎT   Oui, Richard, je pense que j'ai trouvé M. Costa. Tu peux raccrocher tous tes téléphones, je t'expliquerai plus tard. (à M. Costa) Enchanté, Monsieur Costa. Je suis Benoît Royer. Désolé de vous avoir fait attendre.

Ils se serrent la main.

M. COSTA   Très heureux de vous rencontrer, Monsieur Royer. Les deux étudiants qui m'accompagnent ont déjà commencé à visiter les environs. Si nous avons du mal à les retrouver, nous pourrons toujours les appeler. Ils ont chacun un téléphone portable !

Tous deux s'éloignent.

Observez l'action et les répliques

1 ÇA S'EST PASSÉ COMMENT ?

Visionnez l'épisode avec le son, puis faites une phrase pour résumer chacun des événements.

2 DÉCRIVEZ CES SITUATIONS.

Qu'est-ce qu'il vient de se passer :

1 quand Benoît dit :
« Un téléphone portable, mais en quel honneur ? »
2 quand Nicole dit :
« Tu iras à sa place et tu leur feras visiter la Défense. »
3 quand Benoît dit :
« Quoi ? Tu as un autre appel ? D'accord, je patiente, mais fais vite ! »
4 quand Benoît dit :
« Enchanté, Monsieur Costa. Je suis Benoît Royer. Désolé de vous avoir fait attendre. »

3 AVEZ-VOUS BIEN OBSERVÉ ?

Voici quatre photos et six répliques. Associez les bonnes répliques à chacune des photos.

1 Je crois que tu aimeras…
2 Comme ça, on te trouvera plus facilement.
3 C'est ça, je pourrai travailler le jour et la nuit !
4 Tu iras à sa place et tu leur feras visiter la Défense.
5 Je viens d'en faire le tour, je n'ai vu personne.
6 Ah, si vous l'avez en ligne, c'est parfait.

Observez les comportements

4 AVEZ-VOUS REMARQUÉ ?

1 De quelle humeur est Benoît quand il entre dans le bureau de Nicole ?
   a Inquiet. b Furieux. c Content. d Amusé. e Intrigué.
2 Quels jeux de physionomie et quelle attitude montrent que Nicole se moque gentiment de Benoît ?
3 Quels gestes de Benoît montrent qu'il est un peu énervé ?
4 À la fin de l'épisode, comment est-ce que M. Costa et Benoît se saluent ?

5 DITES-LE AUTREMENT.

Choisissez une des deux propositions de paraphrase.

1 Ça commence de bonne heure !
   a Tout le monde est déjà arrivé.   b Je n'ai même pas le temps de m'installer.
2 En quel honneur ?
   a C'est un honneur pour moi ?   b Pourquoi ?
3 Je pourrai travailler le jour et la nuit.
   a Je n'arrêterai pas de travailler.   b Je viendrai la nuit au bureau.
4 C'est une mission de confiance.
   a Ce n'est pas à prendre à la légère.   b Ne t'inquiète pas, c'est facile.
5 Tu ne peux pas la rater.
   a C'est une chose à ne pas manquer.   b Elle est facilement reconnaissable.

11
dossier

21

1 Rien ni personne !

Benoît est sur le parvis de la Défense. Il est en train de téléphoner à Nicole. Écoutez ce que dit Nicole et répondez, négativement, à la place de Benoît.

2 C'est quelqu'un de bien !

*Vous connaissez bien Nicole et Benoît maintenant. Dites si vous pensez qu'ils sont **gentils**, **compétents**, **autoritaires**, **sérieux**, **sympathiques**.*

> *Exemple :* Nicole est quelqu'un de sympathique.

Pronoms indéfinis suivis d'un adjectif

Quelqu'un **d'**important. Personne **de** connu.
Quelque chose **de** nouveau. Rien **de** bien.

> ! *Je voudrais **quelque chose d'autre*** = quelque chose de différent.
> *C'est **quelqu'un d'autre*** = c'est une autre personne, ce n'est pas la même personne.

3 Qu'est-ce qu'ils viennent de faire ?

Retrouvez les actions précédentes des personnages.

Le futur simple

Les formes irrégulières :

être	je **sera**i	*pouvoir*	vous **pour**rez
avoir	tu **aur**as	*vouloir*	elles **voud**ront
voir	je **ver**rai	*tenir*	tu **tiendr**as
savoir	il **saur**a	*envoyer*	j'**enver**rai
faire	il **fer**a	*courir*	ils **cour**ront
aller	nous **ir**ons	*il faut*	il **faudr**a
venir	tu **viendr**as		

> ! À la forme interrogative par inversion de la troisième personne du singulier, n'oubliez pas d'insérer **-t-** entre le verbe et le pronom sujet :
> *Quand viendra-**t**-il ? Où ira-**t**-elle ?*

4 On ne le fera plus !

Imaginez ce que l'on fera en 2050.

> *Exemple :* À l'heure actuelle, on écrit encore à la main. En l'an 2050, on ne se servira plus que de l'ordinateur.

À l'heure actuelle...

1 on sort de chez soi pour aller travailler ;
2 on a encore des voitures à essence ;
3 on correspond encore par lettres ;
4 on met sept heures pour aller de Paris à New York ;
5 les gens ne sont pas tous heureux !

Le passé récent : *venir de* + infinitif

Le passé récent signifie qu'une action s'est produite il y a peu de temps.
*Benoît **vient d'arriver** au bureau.*
*On **vient de** lui **attribuer** un téléphone portable.*

> ! Le **passé récent** est à mettre en parallèle avec le **futur proche** ou d'intention :
> *aller* + infinitif
> *Benoît **va arriver** au bureau ≠ Benoît **vient d'arriver** au bureau.*

11

dossier

DÉCOUVREZ
LA **GRAMMAIRE**

5 Que ferez-vous dimanche prochain ?

Imaginez ce que vous ferez...

> **Exemple :** S'ils viennent dimanche.
> → **S'ils viennent dimanche, nous irons à la plage.**

1 S'il fait beau.
2 S'il pleut ou s'il neige.
3 Si votre voiture tombe en panne.
4 Si des amis vous invitent à la campagne.

6 Qu'est-ce qu'il faisait ?
Qu'est-ce qu'il fera ?

Interrogez votre voisin(e) sur ce qu'il/elle faisait hier, il y a trois jours, le mois dernier... et sur ce qu'il/elle fera demain, la semaine prochaine, l'an prochain...

7 Condition ou action future ?

M. Costa est très aimable. Dites ce qu'il propose à Benoît.

> **Exemple :** Si vous voulez téléphoner, je vous prête mon portable.
> → **Quand vous voudrez téléphoner, je vous prêterai mon portable.**

1 Si vous voyez Richard Legrand, saluez-le de ma part.
2 Si vous avez de nouveaux projets, informez-nous.
3 Si vous avez d'autres questions, posez-les.
4 Si vous voulez prendre contact avec l'architecte, écrivez-moi.
5 Si vous passez par Rio, venez nous voir.

Situer dans le temps

Passé	Futur
Il y a 5 minutes, huit jours.	*Dans* 5 minutes, huit jours.
Hier, avant-hier.	*Demain,* après-demain.
Le mois **dernier**.	Le mois **prochain**.

Qu*and* et *pendant que* + futur

*Quand tu **viendras**, tu nous apporteras des journaux français.*
*Si tu **viens**, tu nous apporteras des journaux français.*

! On n'emploie jamais le futur après le *si* de condition.

SONS ET LETTRES consonnes sourdes
consonnes sonores

1 Opposition [f] et [v].

Écoutez et dites quelle est la consonne sonore (place 1 ou 2). Puis répétez les deux sons.

2 Opposition [f] et [v].

Écoutez et écrivez ces phrases.
Puis, écoutez de nouveau et répétez.

3 Opposition [v] et [b].

Écoutez et écrivez ces phrases.
Puis écoutez et répétez.

1 VISIONNEZ LES VARIATIONS.

1 Dans quelle situation est-ce qu'on demande des explications ?

2 Jouez avec votre voisin(e) les situations suivantes.

a Vous revenez du bureau et vous avez fait des courses. Vous arrivez chez vous fatigué(e). Votre mari ou votre femme commence à vous parler de problèmes domestiques qui ne vous paraissent pas urgents. Vous n'êtes pas prêt(e) à y penser et vous laissez voir votre impatience. Il/elle insiste…

b Un(e) de vos collègues vous annonce que vous êtes convoqué(e) au bureau du DRH (Directeur des relations humaines). Vous vous demandez ce qu'on peut bien vous vouloir.

Exprimer de l'irritation

1 Ça commence de bonne heure !
2 On n'a même pas le temps d'arriver !
3 Qu'est-ce qui se passe, aujourd'hui !
4 Et moi qui me croyais en avance !

Demander une explication

1 – Qu'est-ce que c'est ?
– Un téléphone portable.
– Oui, ça j'ai bien vu. Mais en quel honneur ?
2 – C'est quoi, ça ?
– Un téléphone portable.
– Oui, je sais… Je vois bien… Mais pourquoi ?
3 – Ça veut dire quoi, ça ?
– C'est un téléphone portable.
– Oui, d'accord. Mais qu'est-ce que ça signifie ?

2 C'EST PLUS AMUSANT AVEC UN COPAIN !

Écoutez la conversation téléphonique *entre les deux amis et relevez :*

1 des conditions et leurs conséquences ;
2 un refus et une acceptation ;
3 une proposition.

3 ÇA SERA COMMENT ?

On organise un sondage pour savoir comment les gens imaginent ce que sera leur pays dans cinquante ans. Vous êtes chargé(e) de ce sondage et vous interviewez votre voisin(e). Pensez à tout ce qui pourra changer : l'éducation, l'emploi, l'environnement, les transports, les villes, la famille…
Trouvez deux ou trois idées par thème, puis inversez les rôles chaque fois que vous changez de sujet.

Exemple : **– À votre avis, comment sera le système éducatif dans cinquante ans ?**
– Je crois que beaucoup de cours se feront sur ordinateur.

4 UNE VOYANTE PAS COMME LES AUTRES.

Vous êtes allé(e) voir une voyante. Elle vous a prédit un avenir très sombre. Vous racontez tout à un(e) ami(e). Elle essaie de vous consoler et vous assure qu'il ne faut pas croire à toutes ces prédictions…

Exemple : **– D'après elle, je…**
– Ne t'inquiète pas, mais oui tu…, il n'y a pas de raison… tu ne vas pas croire à tout ça…

dossier 11

Utiliser
son expérience
du monde pour
comprendre

C'est déjà demain !

Conte post-moderne

Le programme de musique s'affiche sur l'écran géant en relief et réveille Nicolas quand ses cycles de sommeil le permettent. Il bavarde un instant avec Émile, son ordinateur dévoué, qui lui souhaite une bonne journée cybernétique et lui rappelle son rendez-vous avec Amélie, sa femme virtuelle, qui habite à Honolulu.

Nicolas passe à la salle de bains. Son bilan de santé se fait instantanément : tout va bien. Puis il boit son café chaud et lit les dernières nouvelles sur l'écran plat de son journal électronique. Dès qu'il a terminé, les restes de son petit déjeuner sont immédiatement recyclés par sa poubelle qui compresse les déchets et enlève les odeurs.

Il met son casque et sa combinaison de réalité virtuelle qui permettent de simuler toutes les sensations. Émile appelle la femme de Nicolas. Elle apparaît presque aussitôt. Virtuellement, Nicolas et elle se retrouvent ainsi tous les jours, matin et soir à l'appartement et, chaque fin de semaine, dans leur maison de campagne. Ils se sont rencontrés sur le réseau il y a un an et ils vivent ensemble cybernétiquement depuis quelques mois. Ils sont heureux. Ils n'ont pas encore de bébé virtuel, mais ils vont bientôt en faire un.

Nicolas travaille chez lui. Il est menuisier. Il pose sur son bureau les croquis du meuble qu'il a dessiné. Émile obéit à ses instructions orales et les transforme en un objet tridimensionnel. Grâce à son visiocasque et à ses gants spéciaux, il le modifie comme il veut, en temps réel. Puis il le colore avec de la peinture et un pinceau virtuels. Une fois le meuble terminé, il lance le programme de fabrication qui est transmis à l'ordinateur central de l'usine.

Tiens, Nicolas reçoit un appel sur son visiophone de poignet ! C'est une communication surprise d'Amélie. Elle l'invite pour le soir même à dîner.
Le moment venu, il établit le contact avec la cuisine d'Amélie. Émile, qui a déjà commandé tous les ingrédients nécessaires à l'hypermarché, pilotera les robots de la cuisine pour qu'ils reproduisent exactement tous les gestes de ceux d'Amélie. Leurs repas seront prêts au même moment. Quelle soirée délicieuse en perspective ! Ensuite, ils pourront passer quelques instants d'intimité virtuelle avant de s'endormir...

D'après un texte de *Challenges*, hors-série de novembre-décembre 1997.

Mariage virtuel : *plusieurs couples se sont déjà mariés officiellement sur le réseau. Leurs rencontres combinent la vidéo, le son et des clones virtuels en trois dimensions.*

Combinaison de sensations : *l'intérieur des gants et des combinaisons sont recouverts de capteurs qui peuvent donner des sensations de chaud, de froid et même de démangeaisons.*

1 QU'EST-CE QU'ELLES VOUS APPRENNENT ?

Regardez les dessins et lisez les légendes. De quoi s'agit-il ? D'après le titre et ces légendes, imaginez l'histoire racontée par le texte.

2 COMMENT NICOLAS OCCUPE-T-IL SA JOURNÉE ?

Mettez en ordre les événements suivants.

a Nicolas crée des meubles.
b Nicolas vérifie son état de santé.
c Nicolas et Amélie passent une soirée agréable ensemble.
d Nicolas et sa femme, époux virtuels, se retrouvent dès le matin.

3 À VOS STYLOS !

Ce n'est pas tout !
Écrivez un paragraphe de quelques lignes en complément de ce texte. Imaginez d'autres activités de Nicolas : aller à l'usine de fabrication, voyager, rencontrer des amis...

11
dossier

DES MOTS **POUR LE DIRE**

Dans la nature

Les vacances vertes à **la campagne**

Les vacances blanches à **la montagne**

Les vacances bleues à **la mer**

1 TROUVEZ LES VERBES CORRESPONDANTS.

1 Marche. **2** Ski. **3** Surf. **4** Nage. **5** Pêche.

2 ASSOCIEZ-LES.

Associez les verbes suivants à des mots des textes ci-dessus.

1 Partir en…   **5** Glisser sur…
2 Faire de…   **6** Nager dans…
3 Monter sur…   **7** Prendre…
4 Traverser…   **8** Faire du…

3 OÙ LE FAIT-ON ?

À quel type de vacances associez-vous les activités suivantes ?

1 Nager.
2 Faire de la planche à voile.
3 Se promener.
4 Monter en téléski.
5 Plonger.
6 Bronzer.
7 Faire des randonnées.
8 Faire du cheval.
9 Faire des châteaux de sable.

4 QUEL EST LE GENRE ?

Sept noms de cette page font exception aux règles de détermination du genre. Lesquels ?

Pour faire le portrait d'un oiseau

Peindre d'abord une cage
avec une porte ouverte
peindre ensuite quelque chose de joli
quelque chose de simple
quelque chose de beau
quelque chose d'utile
pour l'oiseau
placer ensuite la toile contre un arbre
dans un jardin
dans un bois
ou dans une forêt
se cacher derrière l'arbre
sans rien dire
sans bouger
parfois l'oiseau arrive vite
mais il peut bien mettre de longues années avant de se décider
ne pas se décourager
attendre

JACQUES PRÉVERT, *Paroles*, © Éditions Gallimard, 1947.

dossier 11

VIVE LE TÉLÉPHONE

épisode

Découvrez les situations

1 INTERPRÉTEZ LES PHOTOS.

1 Que fait Benoît avec ses trois visiteurs ?

2 À quel(s) moment(s) les trois urbanistes se moquent-ils de Benoît ?

3 À la fin, les trois urbanistes tendent leur téléphone portable à Benoît. Pourquoi ?

2 FAITES DES HYPOTHÈSES.

Visionnez l'épisode sans le son.

1 Combien de fois le téléphone de Benoît sonne-t-il ?

2 Qui peut téléphoner à Benoît ?

3 Comment ont-ils eu le numéro de son portable ?

4 Qu'en pensent les visiteurs ?

 Benoît, M. Costa et deux étudiants découvrent la Défense.

M. COSTA C'est un quartier qui paraît encore plus grand que sur les photos !

BENOÎT Vous avez raison. C'est une vraie ville où on trouve des magasins, des cinémas, des restaurants. Il y a…

Benoît est interrompu par son portable qui se met à sonner.

BENOÎT Excusez-moi.

Il répond au téléphone.

BENOÎT Allô… C'est Nicole qui t'a donné mon numéro ? Écoute, je ne peux pas parler maintenant, je te rappellerai plus tard… Oui, je sais, tes parents veulent changer leurs billets d'avion, mais ils ne partent que dans deux semaines, on en reparlera… Je vais m'en occuper, ne t'inquiète pas. Allez, salut.

Il raccroche, l'air un peu ennuyé. Benoît reprend la conversation.

BENOÎT Il y a une vie culturelle très active.

L'ÉTUDIANT N° 1 C'est un quartier où il y a beaucoup de bureaux ?

PORTABLE !

BENOÎT	Oui, plus de cent mille personnes viennent y travailler tous les jours !
M. COSTA	Et combien de gens y habitent ?
BENOÎT	Vingt mille personnes habitent ici dans cette partie qu'on appelle…

Benoît s'arrête, car son téléphone sonne à nouveau. Il décroche avec un geste d'excuse. Il s'éloigne et se retourne de temps en temps.

BENOÎT	Oui ?… Oui, Julie, un peu. Je suis occupé… Oui, d'accord, je ferai les courses… Non, non, je n'oublierai pas la lessive… Mais oui ! Je penserai aussi au beurre !… Maintenant, je te laisse… Écoute, je vérifierai tout, j'achèterai tout, je paierai tout, d'accord ? J'ai vraiment du travail. Salut !

Benoît décroche et répond, énervé.

BENOÎT	Oui !… (radouci) Ah, c'est toi, Nicole. Excuse-moi, mais ça n'arrête pas de sonner… Ah, je suis content pour lui. Et il va reprendre le travail cet après-midi ?… Oui, d'accord, je vais l'appeler. Merci, Nicole… Attends ! Arrête de donner à tout le monde le numéro de mon portable, tu veux !

Benoît raccroche.

BENOÎT	Richard se sent mieux. Il va sans doute nous rejoindre cet après-midi. Je vous laisserai avec lui. Il connaît la Défense bien mieux que moi
M. COSTA	Mais nous sommes très contents d'être avec vous, Monsieur Royer.

Benoît raccroche. M. Costa et ses étudiants sont amusés.

BENOÎT	Je suis désolé. Nous redescendons ?

Benoît et les Brésiliens se promènent sur le parvis.

M. COSTA	Ce n'est pas trop dur pour les personnes qui vivent au milieu de ces tours de verre ?
BENOÎT	Je ne crois pas. Ce sont des gens qui aiment le calme.
L'ÉTUDIANT N° 1	Mais y a-t-il une vraie vie de quartier ?
BENOÎT	Oui, je crois. Les boutiques et les cafés que vous avez vus attirent beaucoup de monde.

Le téléphone sonne à nouveau.

BENOÎT	Je vais m'énerver !

L'ÉTUDIANT N° 1	Est-ce que nous allons visiter le centre commercial des Quatre Temps ?
BENOÎT	Oui. Nous y allons maintenant si vous voulez. On pourra même y manger ! En chemin, je vais téléphoner à Richard et nous prendrons rendez-vous avec lui.

Benoît sort son portable et essaye de téléphoner.

BENOÎT	Mais, qu'est-ce qu'il se passe ? La batterie est déjà déchargée ? J'ai peut-être lu le mode d'emploi trop vite…

Les Brésiliens tendent vers lui trois téléphones portables avec un grand sourire.

M. COSTA	Ne vous inquiétez pas, nous ne sommes pas coupés du reste du monde !

Observez l'action et les répliques

1 VÉRIFIEZ VOS HYPOTHÈSES.

*Visionnez avec le son.
Benoît a reçu trois coups de
téléphone. Qui téléphone et
pourquoi ?*

3 QUE VOULAIT JULIE ?

*Reprenez le passage où
Benoit reçoit un coup de
téléphone de Julie.
Imaginez les répliques
de Julie.*

4 QU'EST-CE QU'ILS DISENT ?

*Décrivez la situation et
retrouvez ce qu'ils disent.*

2 QU'AVEZ-VOUS APPRIS SUR LA DÉFENSE ?

*Quelles réponses Benoît a-t-il
faites à ces questions ?*

1 C'est un quartier où il y a
beaucoup de bureaux ?
2 Et combien de gens y
habitent ?
3 Mais y a-t-il une vraie vie
de quartier ?

Observez les comportements

5 QUEL COMPORTEMENT A BENOÎT ?

Observez les jeux de physionomie et les mimiques.

1 Quand il répond à Julie au téléphone, Benoît se retourne.
   a Pourquoi ?
   b Sur quel ton parle-t-il :
   • Rapide ou lent ?   • Doux ou sec ?
   c Qu'est-ce que ce comportement signifie ?
2 À la fin de l'épisode, Benoît s'aperçoit que son téléphone ne fonctionne pas.
   Qu'est-ce que son visage exprime ?
3 Quand M. Costa et les deux étudiants lui tendent leur téléphone, quelle tête fait-il ?

6 QUE DIT-ON POUR...

Que disent les personnages pour :

1 écourter une conversation téléphonique ;
2 rassurer un interlocuteur ;
3 se plaindre de recevoir trop de communications ;
4 dire de ne pas communiquer un numéro à tout le monde ;
5 montrer qu'on ne comprend pas ce qui empêche un appareil de fonctionner.

DÉCOUVREZ LA **GRAMMAIRE**

1 C'est Benoît qui fera tout !

Benoît répond aux questions de Julie.
Attention au choix du pronom complément.

> **Exemple :** Tu feras les courses ?
> → **Oui, je les ferai.**

1 Tu achèteras du beurre ?
2 Tu n'oublieras pas les tomates ?
3 Tu prendras de la viande ?
4 Tu commanderas des gâteaux pour dimanche ?
5 Tu prendras la note.

Les emplois du futur

● Utilisez le futur simple pour exprimer des **probabilités, des hypothèses** et des **prédictions** :
*Demain le temps **sera** beau en plaine, mais il **pleuvra** en montagne.*

● Vous pouvez aussi employer le futur simple pour **donner des directives** :
*Tu **feras** les courses. Tu **iras** les accompagner.*

2 Ils vont aller en Thaïlande.

*Complétez cette lettre en utilisant le présent, le futur ou **aller** + infinitif.*
Dans certains cas, deux formes sont possibles.

Chère Marianne,

L'année prochaine nous (fêter) nos dix ans de mariage. Michel et moi avons décidé d'aller en Thaïlande. Nous (aller) au mois de février, c'est la meilleure saison. Il ne (faire) pas encore trop chaud car la saison des pluies ne (commencer) qu'en mai.

Nous (réserver) très vite car (il y a) certainement beaucoup de monde à cette période. Je (acheter) plusieurs guides pour faire notre itinéraire. C'est un grand pays et nous ne (pouvoir) pas tout visiter. (Il faut) faire des choix. Nous (choisir) de bons hôtels.

Je crois que tu (avoir) des amis à Bangkok. Est-ce que tu (pouvoir) leur dire que nous y (aller) ? Ils nous (donner) certainement de bons conseils. Tiens-moi au courant.

À bientôt.

Alice.

Expression du futur

On peut utiliser :
– **le présent** : *Alors, on se **voit** quand ? **Tu** viens demain ?*
– ***aller** + infinitif* : *Nous **allons** déménager.* (Intention et action proche.)
– **le futur simple** : *Nous **déménagerons** quand notre nouvel appartement **sera** prêt.*

! Vous pouvez transformer le sens habituel du verbe par des adverbes :
*Nous déménagerons **certainement** dans la semaine.* (Certitude.)
*Nous allons **probablement** déménager dans quelques mois.* (Probabilité.)

3 Intention, probabilité ou obligation ?

Regardez la page de l'agenda de Valérie Moreau pour les mois de novembre et décembre. Nous sommes fin octobre. Parlez de ses projets.
*Employez **aller** + infinitif s'il s'agit d'un projet déjà décidé, le futur simple s'il s'agit d'une probabilité et **devoir** + infinitif s'il s'agit d'une obligation.*

	10	D		M		V
	11	L	41	J ARMISTICE		S
	12	M		V		D
37	13	M		S		L 50
	14	J		D		M De Deforme 18ʰ15
	15	V		L Fête de la Dynastie (B) 46		M
	16	S		M		J
	17	D		M		V
	18	L	42	J		S Dîner Catherine
	19	M		V théâtre		D
	20	M		S		L 51
38	21	J		D		M
	22	V		L Roissy 11ʰ10 47		M
	23	S		M MADRID		Train 7ʰ35
	24	D		M		V
	25	L	43	J		S NOËL
	26	M		V		D MEGÈVE
	27	M		S		L Ski 52
39	28	J		D		M
	29	V		L		M
	30	S		M 48		J
	31	D		M		V Restauration (CH)

dossier 11

DÉCOUVREZ
LA **GRAMMAIRE**

4 **Deux phrases en une.**

*Réunissez les deux phrases avec le pronom relatif **qui**.*

> *Exemple :* C'est Nicole ? Elle t'a donné mon numéro ?
> → **C'est Nicole qui t'a donné mon numéro ?**

1 Je t'annonce la venue d'urbanistes brésiliens. Ils viennent visiter la Défense.

2 Je vous présente mes étudiants. Ils sont venus pour étudier le complexe de la Défense.

3 Il y a des milliers de gens. Ils travaillent ici.

4 Ce sont de grandes entreprises. Elles ont leurs bureaux à la Défense.

5 C'est un grand centre commercial. Il attire beaucoup de gens.

Les pronoms relatifs *qui, que, où*

- Sujet :
*Les gens **qui** sont venus.*
*La pluie **qui** tombe.*

- Complément d'objet direct :
*Les gens **que** nous avons vus.*
*La pluie **que** nous voyons tomber.*

- Complément circonstanciel de lieu :
*Les cafés **où** nous nous rencontrions.*

---

5 **C'est la Défense qu'on visite.**

*Réunissez les deux phrases par le pronom relatif COD **que**. Écrivez vos réponses.*
*Avec quel(s) mot(s) s'accorde(nt) le participe passé de la proposition relative introduite par **que** ?*

> *Exemple :* Je vous présente les urbanistes brésiliens. Benoît les a accompagnés.
> → **Je vous présente les urbanistes brésiliens que Benoît a accompagnés.**

1 Richard a téléphoné à des responsables. Vous allez les rencontrer.

2 Sur le parvis, il y a des statues. Vous les avez vues.

3 Ce sont des boutiques chères. Vous les avez visitées.

4 C'est là, dans cette partie. On l'appelle la Cité des affaires.

6 *Qui ou que ?*

Réunissez les deux phrases avec un pronom relatif.

1 Tu me montreras le portable. On te l'a donné hier.

2 Est-ce que tu pourras retrouver l'hôtesse ? Elle m'a donné de bons renseignements.

3 Vous avez la carte de téléphone ? Je vous l'ai prêtée il y a une heure.

4 Nous verrons des responsables. Ils nous recevront cet après-midi.

5 Tu changeras les billets d'avion. Mes parents les ont achetés lundi dernier.

SONS ET LETTRES les semi-voyelles : [j], [w], [ɥ]

1 **Prononciation des semi-voyelles.**

Écoutez et répétez.

1 Ne viens pas travailler à pied.
2 Crois-moi. C'est loin.
3 C'est pourtant le meilleur quartier.
4 Ne viens pas la nuit sous la pluie.
5 Oui, dis-lui aujourd'hui.
6 Il ne doit pas étudier dans le bruit.
7 Je ne vois pas bien la nuit.
8 Je suis bien mieux avec toi.

2 **Opposition [k] et [g].**

Distinguez le [k] du [g], puis répétez.

Elles ne se prononcent jamais seules.
La semi-voyelle et la voyelle qui la suit sont dans la même syllabe :

[j]   *Rien, deuxième, travail, milieu.*
[w]   *Moi, soigne-toi, oui, loin.*
[ɥ]   *Suis, lui, aujourd'hui.*

COMMUNIQUEZ

1 VISIONNEZ LES VARIATIONS.

1 Pour chacun des actes de parole des Variations, trouvez-en un autre de sens opposé pour continuer une conversation téléphonique.

Exemple : **1** Écoute, je ne peux pas te parler…
➜ **Mais oui, je peux te parler. J'ai tout mon temps.**

2 Jouez les deux situations suivantes avec votre voisin(e).

a Un(e) ami(e) vous téléphone au mauvais moment. Vous ne voulez pas engager la conversation, mais votre ami(e) ne fait pas attention à ce que vous lui dites…

b Vous venez d'avoir une assez longue conversation téléphonique et vous voulez y mettre fin. Votre interlocuteur/interlocutrice veut continuer de parler.

Écourter une conversation téléphonique

1 Écoute, je ne peux pas te parler maintenant. Je te rappellerai plus tard.

2 Excuse-moi, je suis occupé pour le moment. On peut se rappeler plus tard. D'accord ?

3 Pardon, mais je ne peux pas te parler maintenant. Je te rappelle.

4 Maintenant, je te laisse. J'ai vraiment du travail.

4 Excuse-moi, je ne peux pas continuer à te parler. J'ai un autre appel.

6 On arrête. Je n'ai pas le temps de te parler maintenant. À bientôt.

2 L'UN AIME, L'AUTRE PAS.

Deux personnes regardent les plans de leur ville – l'un ancien, l'autre de réhabilitation –, et discutent des modifications. L'une est nostalgique du passé, l'autre ne pense qu'à l'avenir et à ce qu'il y aura. Imaginez la conversation et jouez-la à deux.

Exemple : – Il y a vingt ans, il y avait… on voyait…
– Oui, mais regarde, bientôt, il y aura… on construira… on verra…

3 RETENEZ L'ESSENTIEL.

Écoutez l'enregistrement et répondez aux questions.

1 Comment peut-on accéder sous les toits ?
2 Quand la Grande Arche a-t-elle été inaugurée ?
3 Citez au moins deux grandes institutions installées à la Grande Arche.
4 Quelle forme a-t-elle et quelles sont ses dimensions ?

4 INTERVIEWEZ DES PERSONNALITÉS.

Préparez les questions et interviewez votre voisin(e).
*Utilisez soit le futur, soit **aller** + infinitif.*

Brigitte Tourneur
Chanteuse.
Enregistrer un nouveau CD.
Tournée en Europe.
Tourner un film.

Laurent Noir
Joueur de football.
Changer d'équipe.
Jouer pour un club étranger.
Se marier.
Faire de la publicité.

Pascal Direnque
Coureur cycliste.
Participer à des classiques l'an prochain.
Préparer le prochain tour de France.
Tester un nouveau vélo.

dossier 11

CIVILISATION

Des villes qui bougent

Trop de bruit, trop de monde, trop de pollution sont les reproches le plus souvent adressés à leur ville par les citadins. Pourtant, les municipalités essayent d'offrir des réponses aux problèmes posés. Comme à Issy-les-Moulineaux où des zones piétonnes sont aménagées pour offrir aux habitants des espaces de calme et de sécurité.

Lyon.

Une rue piétonne.

Hôtels particuliers, immeubles classés, HLM des années trente à nos jours, résidences de standing, tours de bureaux et d'habitations forment un Paris aux visages multiples et en constante évolution.

La preuve : le 13e arrondissement, le quartier où se trouve la Très Grande Bibliothèque est en complète rénovation. Les grues sont aussi hautes que les tours environnantes. On démolit, on reconstruit, on transforme.

Et ce bâtiment sera bientôt, une fois rénové, le nouveau musée de la Marine.

Des initiatives plus modestes peuvent aussi améliorer la vie urbaine. Dans ce village de Cailar, dans l'Hérault, un artiste local a eu la bonne idée de transformer de simples panneaux de signalisation en œuvres d'art. Trouver le salon de coiffure ou le maçon ? Se repérer sur une carte ? Un plaisir… et un jeu d'enfants !

1 QU'EST-CE QUE VOUS AVEZ ENTENDU À PARIS ?

1 a Édifices.
   b Hôtels particuliers.
   c Constructions.
   d Tours de bureaux.
   e Palais.
   f Résidences.
   g HLM (habitations à loyer modéré).

2 a Réhabiliter.
   b Rénover.
   c Démolir.
   d Transformer.
   e Édifier.
   f Reconstruire.

2 LES VILLES BOUGENT.

1 Quels sont les trois lieux montrés dans le reportage ?
2 Lequel fait un contraste avec les deux autres ? Pourquoi ?
3 Quelles mesures a pris la municipalité d'Issy-les-Moulineaux ?
4 Quelle initiative a eu celle du Cailar ?
5 Que se passe-t-il dans le 13e arrondissement de Paris ?

3 ET DANS VOTRE PAYS ?

1 Citez un ou deux projets d'urbanisme importants dans votre pays et décrivez-les.
2 Quelles sont les tendances actuelles en matière d'urbanisme ?

DES VILLES QUI BOUGENT

Située au confluent du Rhône et de son affluent, la Saône, la ville de Lyon est, depuis le temps des Romains, un carrefour de voies naturelles qui fait communiquer le centre de la France avec l'Est, la Suisse et l'Italie, et qui relie les pays du nord à la Méditerranée. C'est actuellement la deuxième ville française avec ses 1 100 000 habitants. C'est la capitale de la région Rhône-Alpes, après avoir été la capitale des Gaules.

Aujourd'hui, Lyon est un pôle industriel avec ses laboratoires médicaux et ses installations de pétrochimie, à deux heures de Paris par le TGV. Son université est très active et les plus grands instituts de recherche y sont installés.

La Gare de Lyon Satolas.

DOSSIER 12

épisode **23** ── # 50 FOULARDS OU RIEN !

épisode **24** ── # PRÊTS POUR LA FÊTE ?

p. 190

p. 198

VOUS ALLEZ APPRENDRE À :

- exprimer la volonté
- exprimer l'obligation
- exprimer le doute
- exprimer le but
- discuter du prix de quelque chose
- exprimer l'étonnement

VOUS ALLEZ UTILISER :

- le subjonctif présent
- des verbes et des expressions suivis du subjonctif dans la proposition subordonnée
- choisir entre infinitif et subjonctif dans la proposition subordonnée
- la conjonction *pour que* + subjonctif
- des unités de mesure

50 FOULARDS
épisode

 23

Découvrez les situations

1 INTERPRÉTEZ LES PHOTOS.

1 Avec qui est-ce que Julie discute au début de l'épisode ?
2 Où va Julie ?
3 Qu'est-ce qu'elle fait dans la galerie ?

2 FAITES DES HYPOTHÈSES.

1 Qu'a dit Mme Dutertre à Julie ? Que lui a-t-elle donné ?
2 Quelle est la profession du propriétaire de la galerie ?
  a Peintre.
  b Décorateur.
  c Antiquaire.
3 Pourquoi est-ce que Julie va le voir ?
4 Qu'est-ce qu'il veut faire avec le foulard ?

3 REGARDEZ LES IMAGES.

Visionnez l'épisode sans le son.

1 Parmi les meubles et les objets suivants, quels sont ceux qui sont exposés dans la galerie ?
  a Une lampe
  b Un vase.
  c Des tableaux.
  d Un bureau.
  e Des statuettes.
  f Un éléphant noir.

2 De quelle époque sont les objets ?
  a XVIIIe siècle.
  b Années trente (Art déco).
  c Époque actuelle.

Julie entre dans la boutique de Mme Dutertre et se dirige vers elle avec un large sourire.

JULIE : Bonjour, Madame Dutertre. Il y a longtemps qu'on ne s'est pas vues.

MME DUTERTRE : Oui. Mon mari travaille en province, maintenant. Il veut que j'aille le rejoindre quelques jours tous les mois. Nous ouvrons une boutique à Bordeaux et il faut que vous me donniez des échantillons de vos bijoux.

JULIE : Avec plaisir ! Les foulards aussi se vendent bien ?

Mme Dutertre montre un foulard.

MME DUTERTRE : Oh oui, c'est le dernier qui me reste. Et un client voulait m'en commander une grande quantité. Il faut que vous alliez le voir. C'est un antiquaire spécialisé dans la période 1930. Il a une galerie au marché aux puces de Saint-Ouen. Vous connaissez ?

JULIE : Euh oui...

MME DUTERTRE : (tend une carte) Voici son adresse. Il attend votre visite samedi. Il vous expliquera pourquoi ces foulards l'intéressent.

JULIE : (hésitante) Ah, samedi... J'avais un rendez-vous. Mais ça ira. Je me décommanderai...

12
dossier

OU RIEN !

Mme Dutertre	Oui, je crois que c'est très urgent. M. Lesage a beaucoup insisté. Téléphonez-moi la semaine prochaine pour me raconter.

_____

Julie approche de la galerie de M. Lesage et y entre. Elle y reste seule quelques instants, puis M. Lesage entre à son tour.

M. Lesage	Bonjour, Mademoiselle. Je peux vous aider ?
Julie	Oui, j'ai rendez-vous avec M. Lesage.
M. Lesage	C'est exact. Je vais vous expliquer. Tous les ans, les antiquaires du marché aux puces organisent une fête. Ils décorent tous leur boutique en fonction d'un même thème pour qu'il y ait une unité. Cette année, le thème, c'est les fleurs.
Julie	Ah ! Je comprends. Vous voulez des foulards pour décorer votre boutique.
M. Lesage	Exactement. Le motif que j'ai vu chez Mme Dutertre est tout à fait dans le style de ma galerie.

M. Lesage	C'est moi. Ah, vous êtes Mlle Prévost ! Vous avez trouvé votre chemin sans difficulté ?
Julie	Oui, assez facilement. Vous avez de très beaux objets, ici ! Vous êtes installé depuis longtemps ?
M. Lesage	Oh, oui, depuis toujours ! Mes parents ont été antiquaires toute leur vie. À leur retraite, ils ont souhaité que mon frère et moi reprenions leur galerie.
Julie	Ah, vous travaillez avec votre frère ?
M. Lesage	Plus maintenant. Nous nous sommes séparés il y a quelques mois. Il veut se spécialiser en art contemporain. Mais on ne s'est pas fâchés !
Julie	Mme Dutertre m'a dit que vous étiez intéressé par nos foulards ?

Julie sort un foulard de son sac.

Julie	Oui, un peu comme celui-ci. Violaine, l'artiste qui les crée, aime beaucoup s'inspirer de l'époque Art déco.

M. Lesage prend le foulard et le place contre un mur.

M. Lesage	(il fait des gestes) Oui, c'est tout à fait ce qu'il me faut. Je veux en mettre ici, sur ces deux murs.
Julie	Mais alors, vous en voulez beaucoup ?
M. Lesage	Mais, oui. Il m'en faut une cinquantaine pour que ces deux murs soient couverts.
Julie	Et cette fête, elle a lieu quand ?
M. Lesage	Samedi prochain.
Julie	Samedi ? Vous voulez que mon amie fasse cinquante foulards en six jours ?
M. Lesage	Eh oui ! Il faut que j'aie cinquante foulards ou rien !

Observez l'action et les répliques

1 ÇA NE S'EST PAS PASSÉ COMME ÇA ?

Visionnez l'épisode avec le son.
1 Corrigez les affirmations fausses. Ajoutez des événements si nécessaire.

a Mme Dutertre ne veut rien acheter à Julie.
b Julie quitte la boutique de Mme Dutertre, les larmes aux yeux.
c Julie cherche la galerie de M. Lesage et demande son chemin.
d M. Lesage ne dit pas à Julie pourquoi il veut cinquante foulards.

2 Liez les phrases pour écrire un résumé.

2 ON PEUT LE DIRE AUTREMENT.

Retrouvez les énoncés qui peuvent être remplacés par les phrases suivantes.

1 Je n'ai plus que celui-là.
2 Vous n'avez pas eu de problème pour trouver la galerie ?
3 J'ai l'impression qu'il est très pressé.
4 Mais nous sommes restés en bons termes.
5 Ils sont parfaits pour ce que je veux faire.

Observez les comportements

3 QUELLE TÊTE FONT-ILS ?

1 Qu'est-ce qui indique que Mme Dutertre est une femme décidée et autoritaire ?
2 De quoi a l'air M. Lesage ? D'un homme :
   a distingué ; **b** autoritaire ; **c** timide ; **b** dynamique ; **e** content de lui.
3 À la fin de la dernière scène, le visage de Julie exprime :
   a la satisfaction ; **b** l'inquiétude ; **c** la stupéfaction.
   Julie ouvre de grands yeux… Qu'est-ce que ça exprime ?

4 QUEL EST LEUR COMPORTEMENT ?

1 Mme Dutertre demande à Julie si elle connaît les Puces.
   Julie hausse les sourcils et les épaules.
   Qu'est-ce que cela signifie ? Comment est-ce qu'elle répond ?
2 Julie hésite à accepter le rendez-vous proposé par Mme Dutertre.
   Qu'est-ce qui, dans son attitude, marque la surprise et un léger ennui ?
   Que répond-elle ?
3 M. Lesage parle de son frère.
   Qu'est-ce qui montre qu'il n'apprécie pas ses choix ?
4 M. Lesage dit qu'il lui faut cinquante foulards ou rien.
   Comment est-ce qu'il marque son affirmation par ses gestes et son ton de voix ?

5 COMMENT EST-CE QU'ILS LE DISENT ?

Dans les dialogues, trouvez :

1 deux façons d'exprimer une volonté ;
2 deux façons d'exprimer une obligation ;
3 une façon d'exprimer un but ;
4 une expression d'étonnement et de doute.

dossier 12

1 Il faut que tu en parles !

Écoutez le message téléphonique et transformez les conseils en obligations.

2 Qu'est-ce qu'ils veulent ?

Transformez la probabilité en obligation.

Exemple : Mme Dutertre ira rejoindre son mari en province.
→ **Il faut que Mme Dutertre rejoigne son mari en province.**

1 Mme Dutertre et son mari ont fait le projet d'ouvrir une boutique à Bordeaux.
2 Mme Dutertre passera sans doute une commande.
3 Elle a l'intention de vendre aussi des bijoux.
4 Julie ira probablement à la galerie de M. Lesage.
5 Les antiquaires pensent décorer leur magasin pour la fête.
6 On demande à Violaine de faire cinquante foulards.

3 Qu'est-ce qu'il faut qu'il fasse ?

Émile veut se marier. Regardez les dessins et dites-lui tout ce qu'il faut qu'il fasse avant le grand jour. Jouez la scène avec votre voisin(e).

Le subjonctif présent

● **Formation**
Quatre personnes se forment sur le radical de la troisième personne du pluriel du présent de l'indicatif :
Ils **tienn**ent → que je **tienne**, que tu **tiennes**, qu'il **tienne**, qu'ils **tiennent**.
Ils **boiv**ent → que je **boive**, que tu **boives**, qu'il **boive**, qu'ils **boivent**.

Les première et deuxième personnes du pluriel se forment sur le radical de la première personne du pluriel du présent + terminaisons de l'imparfait (*-ions, -iez*) :
Nous **ten**ons → que nous **tenions**, que vous **teniez**.
Nous **buv**ons → que nous **buvions**, que vous **buviez**.

● **Irrégularités**
Deux radicaux

aller	que j'**aille**	que nous **allions**
être	que je **sois**	que nous **soyons**
avoir	que j'**aie**	que nous **ayons**
savoir	que je **sache**	que nous **sachions**

Un seul radical

faire	que nous **fassions**
pouvoir	que vous **puissiez**
vouloir	qu'ils **veuillent**

4 C'était dans les années vingt, trente.

Complétez ce texte en mettant les verbes entre parenthèses au temps du passé qui convient.

Le style Art déco (apparaître) après l'Exposition internationale des arts décoratifs qui (se dérouler) à Paris en 1925. Le style qui le (précéder), l'Art nouveau, (rompre) déjà avec la décoration lourde des siècles précédents. Les gens ne (vouloir) plus de meubles trop décorés et il (falloir) que les décorateurs trouvent d'autres styles. L'Art déco se (caractériser) à l'époque par la simplicité des lignes et la richesse des matériaux. Les artistes (savoir) allier le savoir-faire du XVIIIe siècle et la simplicité que (exiger) leurs clients. L'Art déco (marquer) le début du modernisme.

5 Que souhaitez-vous ?

*Faites cinq souhaits pour vous ou pour d'autres. Utilisez : **je souhaite que, je voudrais que, j'aimerais que**... + subjonctif. Demandez à votre voisin(e) ce qu'il/elle souhaite.*

6 Subjonctif ou infinitif ?

Complétez la conversation avec les verbes entre parenthèses.

– Françoise veut que tu (aller) au marché ce matin.
– Je suis désolée, mais je n'ai pas le temps d'y (aller).
– Il faut que tu la (prévenir).
– Je veux bien la (prévenir), mais qu'est-ce que ça va changer ?
– Elle veut que ce (être) Jacques qui (faire) les courses si tu ne peux pas les faire.
– Ça ne le gêne pas de les faire ?
– Si, mais il faut bien que quelqu'un les (faire).

7 Dans quel but ?

*Transformez les phrases pour utiliser une proposition de but introduite par **pour** + infinitif ou par **pour que** + subjonctif selon les cas.*

> *Exemple :* Si vous voulez que je vous en garde une grande quantité, téléphonez-moi.
> → **Il faut me téléphoner pour que je vous en garde une grande quantité.**

1 Si je vous apporte des bijoux, vous les vendrez.
2 Si vous me faites cinquante foulards, je décorerai mon magasin.
3 Si je me décommande, je pourrai aller voir votre galerie.
4 Si je n'ai que cinq jours, je ne pourrai pas peindre cinquante foulards.
5 Si vous me faites un bon prix, je vous les achèterai.
6 Si vous voulez vous rendre compte de l'authenticité des objets, étudiez bien les styles.

Infinitif ou subjonctif dans la proposition subordonnée

Si le sujet de la proposition principale et celui de la proposition subordonnée sont les mêmes, la deuxième proposition (subordonnée) n'est pas au subjonctif mais à l'infinitif.
*J'ai besoin d'argent **pour partir** en vacances.*
Mais : *Je vous donnerai de l'argent **pour que vous partiez** en vacances.*
*Je veux y aller. Mais : Je veux **que vous y alliez**.*
*Achetez de la soie **pour je peigne** des foulards.*
*Je veux **que vous achetiez** de la soie **pour peindre** des foulards.*

SONS ET LETTRES les consonnes doubles

Les consonnes doubles à l'intérieur d'un mot se prononcent comme des consonnes simples :
La grammaire, allumer, innover.
Par contre, des consonnes répétées, mais appartenant à des mots différents, doivent être prononcées car le sens change :
Il le dit ne peut pas se prononcer comme *Il dit*.

1 Distinguez les consonnes simple et double.

Écoutez et dites quelle est la place de la consonne double (place 1 ou 2). Puis répétez.

2 Ce sont des phrases de tous les jours !

Prononcez la consonne double, sinon vous perdez du sens.

1 Il l'a dit chez le libraire.
2 Je me moque de ce qu'il vient de dire.
3 Il n'y a pas de doute. Je ne nie pas les faits.
4 Il n'y a plus de danger. L'auto vient de doubler.
5 Tu me mets du sucre dans le lait !

dossier 12

COMMUNIQUEZ

1 VISIONNEZ LES VARIATIONS.

1 Dans quelles situations peut-on utiliser les actes de parole du tableau ?
2 Jouez les situations suivantes avec votre voisin(e).

a Vous retrouvez un(e) ami(e) que vous n'avez pas vu(e) depuis longtemps…
b On vous donne rendez-vous à une date qui ne vous est pas possible. Vous négociez et vous finissez par changer la date.

Reprendre contact avec quelqu'un

1 Il y a longtemps qu'on ne s'est pas vues.
2 Ça me fait plaisir de vous voir, depuis le temps.
3 On ne vous voyait plus ces derniers temps.
4 Ça fait longtemps que je ne vous vois plus.

Accepter, refuser un rendez-vous

● – Il attend votre visite samedi.
1 – Ça ira. Il faut que je me décommande. C'est tout.
2 – Je vais m'arranger. Il faut que j'annule un rendez-vous.
3 – Je crois que c'est possible. Il faut que je réorganise ma journée.

● – Il attend votre visite samedi.
4 – Ce n'est pas possible. Je ne peux pas changer mes plans maintenant.
5 – Je ne vois pas comment faire. Impossible de déplacer mon rendez-vous de samedi !

2 LE COMMISSAIRE-PRISEUR.

Écoutez le commissaire-priseur adjuger ces objets. Recopiez et remplissez le tableau.

Meuble	Époque	Caractéristiques	Prix
…	…	…	…

3 CHUT, C'EST UN SECRET !

Écoutez les conversations et répondez aux questions.

1 Qui est la première personne à connaître le secret ?
2 Qui trouve Sylvie un peu bizarre ?
3 Quelle est la dernière nouvelle du jour ?

Téléphonez à l'une des autres jeunes femmes pour lui apprendre cette nouvelle.

4 QUE SOUHAITEZ-VOUS ?

Faites des propositions pour que les conditions de vie dans votre ville ou dans votre pays soient meilleures (éducation, travail, loisirs, transports, pollution, chômage…). Jouez à deux. Chacun(e) fait un souhait à son tour. Puis, on écrit les dix meilleurs souhaits par ordre d'importance. On compare alors ces souhaits avec ceux des autres groupes.

5 JEU DE RÔLES.

Jouez à deux, puis changez de rôle.
Vous voulez rapporter un cadeau à un(e) parent(e) ou un(e) ami(e). Vous entrez chez un antiquaire pour regarder, demander des renseignements et, éventuellement, acheter un objet : statue, vase, boîte en argent, lampe…

ÉCRIT

Un musée sur les Champs-Élysées

Si le public semble ne pas aller autant dans les musées de nos jours, il faut que les œuvres d'art aillent à la rencontre du public !

Au printemps 1996, les Parisiens ont pu admirer pendant plusieurs semaines cinquante œuvres des meilleurs sculpteurs du XXe siècle, de Rodin à César, entre le rond-point de l'avenue des Champs-Élysées et l'obélisque de la place de la Concorde. Parmi les cinquante œuvres présentées, figuraient le *Balzac* de Rodin (1), à l'origine de la sculpture moderne, un Picasso de 4 tonnes, une *Nana* multicolore de Niki de Saint-Phalle (2), et des œuvres de Bourdelle, Moore, Zadkine, Dubuffet, entre autres, un kilomètre d'œuvres monumentales pour raconter l'aventure de l'art moderne qui, grâce à l'imagination et à l'inspiration de grands artistes, a su bousculer la tradition.

1

2

1 QUE NOUS DIT LE TEXTE ?

Retrouvez les éléments qui permettent de situer et de comprendre.
Répondez aux questions : Quel événement ? Où ? Quand ? Qui ? Pourquoi ?

2 QUELS SONT LES RÉSULTATS DU SONDAGE ?

1 Quelle activité culturelle attire le plus les Français ?
2 Quelle activité culturelle a le plus augmenté ?
3 Quelles formes d'art touchent le moins les Français ?
4 Quelle est la tendance générale depuis 1989 ?

Ils ont été au moins une fois dans l'année...	
Au cinéma	49 % (+ 0 %)*
Au musée	33 % (+ 3 %)
Dans une bibliothèque	31 % (+ 8 %)
Dans un monument historique	30 % (+ 2 %)
À un spectacle des arts de la rue	28 %
Au théâtre	16% (+ 2 %)
Au cirque	13 % (+ 4 %)
À un spectacle de danse	8 % (+ 2 %)
N'ont jamais été de leur vie...	
Au cinéma	5 %
Au cirque	23 %
Dans un musée	23 %
Dans un monument historique	29 %
Au théâtre	43 %
Dans une galerie d'art	66 %
À un spectacle de danse	68 %
À un concert de musique classique	72 %
À un concert rock	74 %
À un opéra	81 %

Ministère de la culture, 1997.
* Écart par rapport à l'enquête de 1989.

3 À VOS STYLOS !

Vous travaillez pour un magazine artistique.
Écrivez un texte pour accompagner le tableau et exposer les résultats du sondage.

Le septième art : le cinéma

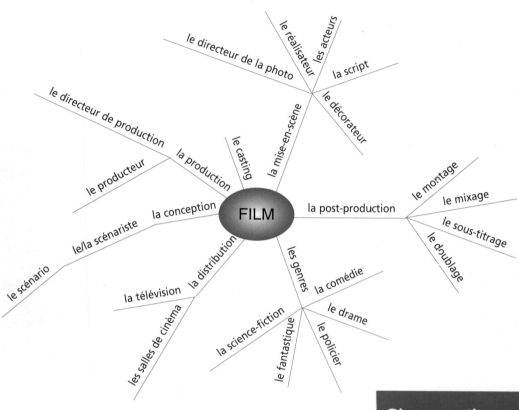

C'est un film :

bon, médiocre, sans intérêt,
génial, fantastique, émouvant,
sans génie, plat, inintéressant,
merveilleux, exceptionnel,
monotone, stimulant, horrible,
épouvantable, dramatique,
comique, tragique, sulfureux...

QUI SONT-ILS ?

1 C'est lui qui dirige les acteurs et les techniciens sur le plateau de tournage.

2 C'est lui qui règle la mise au point des images.

3 Ils apparaissent dans le film.

4 C'est celui qui a la responsabilité financière de l'opération.

5 Il permet de suivre un film dans sa langue.

6 Il conçoit et écrit l'histoire et les dialogues.

| le gros plan | le plan américain | le plan en pied | le plan général |

dossier 12

PRÊTS POUR

Découvrez les situations

1 INTERPRÉTEZ LES PHOTOS.

Décrivez les photos, puis répondez aux questions.

1 Que font Violaine et Julie devant l'étalage de tissus ?
2 Quelle est la profession de l'homme avec qui elles discutent ?
3 Qu'y a-t-il dans le carton que Julie rapporte à l'appartement ?
4 Quelle est l'attitude de Julie sur la dernière photo ?

2 REGARDEZ LES IMAGES.

Visionnez l'épisode sans le son.

1 Qu'est-ce que vous avez vu ?
2 Comment sont habillées les deux jeunes femmes ?
3 Que fait Pascal avec le foulard de Julie ?

3 FAITES DES HYPOTHÈSES.

1 Pourquoi Violaine et Julie ont-elles une discussion animée au début de l'épisode ?
2 Pourquoi Violaine et Julie vont-elles acheter du tissu ?
3 Pourquoi est-ce que le vendeur semble surpris ?
4 Qu'est-ce que Pascal montre à Julie ? Pourquoi ?

 Dans la boutique, Violaine et Julie discutent.

VIOLAINE Mais tu ne te rends pas compte !

JULIE Je te rapporte une commande de 15 000 francs (2 300 euros environ) et tu n'es pas contente !

VIOLAINE Tu me rapportes une super commande, je te remercie. Mais cinquante foulards en six jours, c'est plus facile à dire qu'à faire !

JULIE Personne ne peut te donner un coup de main ?

Violaine réfléchit.

VIOLAINE Peut-être... J'ai deux copines qui sont très bonnes. On a suivi les mêmes cours. J'ai peur qu'elles ne soient pas libres.

Julie prend le téléphone et le tend à Violaine.

JULIE Téléphone-leur rapidement pour qu'on s'organise.

VIOLAINE Et puis, il faut trouver de la soie...

dossier **12**

LA FÊTE ?

Julie et Violaine sont au marché Saint-Pierre. Violaine s'adresse à un vendeur, Daniel, qu'elle a l'air de bien connaître.

VIOLAINE Bonjour, Daniel.

DANIEL Bonjour, Mademoiselle Violaine. (Il regarde Julie et lui fait un signe de tête.). Mademoiselle.

Violaine fait les présentations.

VIOLAINE Daniel, mon fournisseur préféré, Julie, ma vendeuse préférée. Daniel, j'ai besoin d'une grosse quantité de soie, aujourd'hui. Il faut que vous me fassiez un bon prix.

DANIEL Oh, ici, on commande et après on discute. Vous connaissez nos habitudes ! Alors combien de kilomètres est-ce que je vous donne ?

VIOLAINE Cinquante mètres me suffiront !

DANIEL Mais qu'est-ce que vous allez faire avec cinquante mètres de soie ? Je ne pense pas que vous ayez l'intention de recouvrir le Sacré-Cœur ?

JULIE Tu connais d'autres fournisseurs ?

VIOLAINE Bien sûr. Mais ce sera plus cher...

Violaine et Julie quittent le marché Saint-Pierre. On aperçoit le Sacré-Cœur.

———

Julie entre dans l'appartement avec un gros paquet.

PASCAL Ah ! Ce sont tes fameux foulards ?

Julie ouvre la boîte et en sort un foulard qu'elle montre.

JULIE Il y en a trente !

PASCAL Elles ont fait trente foulards en trois jours ! C'est une véritable usine !

Pascal se met un foulard autour du cou.

Je ne croyais pas que vous puissiez aller si vite ! Vous allez même être en avance ! Tiens, lis cet article. Mais assieds toi, avant !

Pascal tend un journal à Julie.

JULIE Qu'est-ce que c'est ?

VIOLAINE Pas cette fois ci. Mais j'ai une grosse commande et je suis très pressée.

Daniel redevient sérieux.

DANIEL Je suis désolé, Mademoiselle Violaine, mais je ne peux pas vous donner ça maintenant. J'ai commencé mon dernier rouleau hier.

VIOLAINE Combien il vous en reste ?

DANIEL Pas plus de vingt mètres.

VIOLAINE Eh bien, donnez-moi ces vingt mètres.

Daniel disparaît pour aller chercher la soie. Violaine et Julie attendent. Elles regardent les tissus et elles discutent.

Julie prend le journal, s'assoit et lit à voix haute.

PASCAL J'ai peur que vous ne soyez vraiment très en avance.

JULIE En raison des nombreuses perturbations causées par les importants travaux de rénovation de la zone nord de Paris, le préfet de la région a annulé la fête du marché aux puces. Cette fête traditionnelle aura lieu dès que les travaux seront terminés.

Julie pose le journal et pousse un grand soupir.

PASCAL En tout cas, ça me va très bien. Je ne sais pas ce que tu en penses ?

ORGANISEZ VOTRE COMPRÉHENSION

Observez l'action et les répliques

1 RECONSTRUISEZ L'HISTOIRE.

Visionnez l'épisode avec le son.
Associez les phrases puis classez-les dans l'ordre des événements.

1 Tu me rapportes une grosse commande.
2 C'est déjà terminé !
3 Je suis une bonne cliente.
4 Il ne fallait pas être si pessimiste.
5 La fête est annulée.
6 Je ne le savais pas.

a En fait, je ne l'ai su qu'hier.
b Elle n'aura lieu que le mois prochain.
c Tes copines vont pouvoir t'aider.
d Je ne pensais pas que vous puissiez aller si vite !
e Il faut que vous me fassiez un bon prix.
f J'ai peur qu'on ne puisse pas y arriver.

2 À QUELS PERSONNAGES ATTRIBUEZ-VOUS CES ÉNONCÉS ?

Retrouvez le personnage et dites dans quelle situation il prononce l'énoncé.

1 Mais tu ne te rends pas compte !
2 Personne ne peut te donner un coup de main ?
3 Oh, ici, on commande et après on discute.
4 J'ai peur que vous ne soyez vraiment très en avance.

3 QUELLE EN EST LA RAISON ?

1 Pourquoi Julie est-elle déçue de la réaction de Violaine ?
2 De quoi Violaine a-t-elle peur ?
3 Pourquoi Daniel ne peut-il pas satisfaire la commande de Violaine ?
4 Pourquoi Pascal est-il admiratif quand Julie lui montre les trente foulards ?

Observez les comportements

4 QUELLE TÊTE FONT-ILS ?

Dites ce que leur attitude révèle et décrivez leurs mimiques et leurs gestes.

1 Au début de l'épisode, le visage et l'attitude de Violaine expriment :
   a la colère ; b l'inquiétude ; c la frustration ; d la satisfaction.
2 Julie, elle, semble :
   a très en colère ; b très satisfaite ; c pas très contente ; d très inquiète.
3 Qu'expriment le visage et le ton du vendeur quand il s'excuse de ne pas pouvoir satisfaire la demande de Violaine ?
4 Quels gestes, quelle attitude soulignent le sentiment d'impuissance de Julie à la fin de l'épisode ?

5 COMMENT EST-CE QU'ILS L'EXPRIMENT ?

Trouvez les actes de parole correspondants dans les dialogues.

1 Violaine a un doute.
2 Julie est déçue.
3 Violaine craint quelque chose.
4 Daniel s'excuse.
5 Pascal est surpris.

DÉCOUVREZ LA GRAMMAIRE

1 Quelles dimensions ont-ils ?

Les arènes de Nîmes (longueur 133 m ; largeur 101 m).

La pyramide du Louvre (hauteur 21 m ; largeur à la base 34 m).

La Grande Arche (hauteur 110 m).

La tour Eiffel (hauteur 320 m).

Les mesures

Il leur faut 50 mètres de soie.
Un foulard mesure 90 centimètres de côté.
Cette boîte fait : 30 centimètres de long,
15 centimètres de large
et 10 centimètres de haut.

Ce cercle a 30 cm de diamètre

2 De quoi avez-vous peur ?

Utilisez le subjonctif pour compléter ces phrases.

Nous avons peur :
1 qu'on ne (pouvoir) pas éliminer la faim dans le monde.
2 que le monde ne (devenir) pas meilleur.
3 que la pollution ne (être) pas facilement maîtrisée.
4 qu'on ne (savoir) pas combattre efficacement le terrorisme.
5 qu'on ne (vouloir) pas vraiment faire cesser toutes les guerres.

3 Quelle proposition relative les caractérise ?

Mettez ensemble les deux parties de chaque phrase et dites de quoi il s'agit.

1 C'est le monument
2 C'est le grand restaurant
3 C'est la sculpture
4 C'est le marché
5 C'est le parc

a où on achète les tissus les moins chers de Paris.
b que l'on voit du marché Saint-Pierre.
c qui se trouve près du bois de Vincennes.
d près de laquelle avaient rendez-vous Benoît et M. Costa.
e que je préfère.

4 Vous n'y croyez pas ?

Répondez aux questions.

Exemple : Vous croyez qu'on pourra un jour explorer le Soleil ?
→ **Non, je ne crois pas qu'on puisse un jour explorer le Soleil.**

Vous croyez :
1 que des gens vivront un jour sur Saturne ?
2 qu'on fera l'aller-retour Terre-Mars en deux semaines ?
3 qu'on ira au centre de la Terre ?
4 qu'on ne saura jamais tout ce qui se passe dans l'espace ?
5 qu'on expliquera un jour l'origine de la vie ?

5 Indicatif ou subjonctif ?

Mettez les verbes entre parenthèses au mode et au temps qui conviennent.

Tous les gens (vouloir) que leurs enfants (être) plus heureux qu'eux. Or, à l'heure actuelle, on pense généralement que l'avenir ne (être) pas rose pour tous. On craint que les crises mondiales n'en (finir) plus, que les emplois (devenir) de plus en plus rares, que les salaires (baisser), que la dure concurrence internationale (faire) beaucoup de mal au monde du travail. On espère cependant que la situation (s'améliorer), que le nombre de pauvres (diminuer), qu'il y (avoir) un jour du travail pour tous.

DÉCOUVREZ LA GRAMMAIRE

6 On change de perspective.

Complétez la deuxième phrase.

> *Exemple :* Le mari de Mme Dutertre pense que sa femme viendra s'installer à Bordeaux. Il souhaite que…
> → **Il souhaite que sa femme vienne s'installer à Bordeaux.**

1 Mme Dutertre dit que son client est intéressé par des foulards. Elle est contente que…

2 Julie pense qu'elle peut déplacer son autre rendez-vous. Elle ne pense pas que…

3 M. Lesage assure que son frère et lui ne sont pas fâchés. Il est heureux que…

4 M. Lesage explique qu'il faut lui faire cinquante foulards. Il souhaite qu'on…

7 Exprimez leurs sentiments.

Réunissez les deux phrases en une seule.

> *Exemple :* Toute la famille est réunie. Les parents en sont heureux.
> → **Les parents sont heureux que toute la famille soit réunie.**

1 Leur fille a trouvé un emploi. Elle en est fière.

2 Leur fille a trouvé un emploi. Ils en sont heureux.

3 Leur fils terminera ses études l'an prochain. Il le souhaite.

4 Leur fils terminera ses études l'an prochain. Ils le souhaitent.

5 Il aura à chercher du travail. Il en a peur.

6 Il aura à chercher du travail. Ils en ont peur.

Le mode indicatif et le mode subjonctif

● On exprime à **l'indicatif** des faits et des événements qui sont ou qu'on croit réels. L'indicatif est le mode de **la certitude** :
*Il dit, affirme, assure, pense, croit que tout **va bien**.*

● On utilise **le subjonctif** après des verbes qui expriment :
– **le souhait, la volonté** : *Ils souhaitent que vous **veniez**.*
– **la nécessité, l'obligation** : *Il faut que j'y **aille**.*
– **le doute** : *Je ne crois pas qu'ils le **fassent**.*
– **des sentiments, la crainte** : *J'ai peur qu'elles ne **soient** pas libres.*

SONS ET LETTRES — rappel des traits généraux du français oral

● **L'accent** : La phrase est découpée en **groupes rythmiques**. L'accent tonique porte sur la dernière syllabe du groupe.
Un deuxième accent, **l'accent d'insistance**, porte sur le début du mot et permet d'introduire des mises en valeur affectives ou intellectuelles.

● Les voyelles ont presque toutes au moins un **caractère antérieur** (articulation de la langue vers l'avant ou projection des lèvres).

● Il existe **trois semi-voyelles** (ou semi-consonne) : [j], [ɥ] et [w].

● Douze **consonnes** sont en deux séries parallèles, une **sourde** et une **sonore** (vibration des cordes vocales).

● La **liaison** n'a lieu qu'à l'intérieur des groupes rythmiques, mais les **enchaînements** consonantiques ou vocaliques se font dans tous les cas.

● **Les syllabes** du français sont en général (7 fois sur 10 en moyenne) **ouvertes**, terminées par un son de voyelle.

dossier 12

1 VISIONNEZ LES VARIATIONS.

Jouez les situations suivantes avec votre voisin(e).

1 On vous demande de faire une chose que vous jugez presque impossible à réaliser.
Imaginez une proposition de ce genre et faites-la à votre voisin(e) qui exprime son étonnement.

2 Vous êtes dans une boutique des Puces.
Un objet vous a plu. Vous discutez le prix avec le vendeur. (On peut marchander chez les antiquaires des Puces.)

Exprimer son étonnement

1 Mais tu ne te rends pas compte !
2 Non, mais tu rêves !
3 Tu ne parles pas sérieusement !
4 Tu ne crois pas ce que tu dis !

Discuter le prix

1 – Il faut que vous me fassiez un bon prix.
– Oh, ici, on commande et après on discute.
2 – Vous me faites un prix d'ami, n'est-ce pas ?
– Vous savez, ce n'est pas l'habitude de la maison !
3 – Vous calculez le prix au plus juste, n'est-ce pas ?
– Nous allons faire notre possible, mais je ne peux pas vous le promettre.
4 – Évidemment, je compte sur une remise.
– Ça va être difficile. Nos prix sont déjà très bas, n'est-ce pas ?

2 RETENEZ L'ESSENTIEL.

Écoutez et répondez aux questions suivantes.

1 Qui téléphone ?
2 Qui répond ?
3 Qu'est-ce qui intéresse le client ?
4 Pourquoi veut-il parler à M. Lesage ?
5 Quel est le prix demandé par M. Lesage pour l'ensemble ?
6 Est-ce qu'on peut discuter du prix avec un antiquaire ?
7 Quand M. Lesage sera-t-il à la galerie ?

3 LANGUE DE BOIS.

1 Deux hommes et une femme débattent d'un sujet important. Écoutez-les et répondez aux questions.
2 Reprenez cette conversation avec votre voisin(e) et introduisez des variantes.

4 LE MEILLEUR DES MONDES POSSIBLES.

Vous avez eu des idées dans l'exercice n° 4 p. 197 pour améliorer les conditions de vie dans votre pays. Qu'en est-il dans le reste du monde ? Vous souhaitez sûrement que les choses s'améliorent. Discutez en groupe des grands problèmes du monde, des souhaits, des solutions possibles, des doutes et des peurs.

5 JEU DE RÔLES.

Vous êtes chargé(e) d'écrire un article sur la nouvelle Bibliothèque nationale de France (BNF). Vous téléphonez au service communication pour avoir tous les renseignements nécessaires : condition d'admission, heures d'ouverture, moyens d'accès…
Vous jouez à deux. L'un de vous est journaliste, l'autre travaille à la BNF.

Adresse : BNF, 11 quai François-Mauriac, 75706 Paris Cedex 13
Téléphone : 01 53 79 59 59
Internet : http://www.bnf.fr
Accès : métro ligne 6, station Quai de la gare ; ligne 14 (Météor), station BNF ; bus ligne 62, arrêt Pont de Tolbiac.
Horaires : du mardi au samedi de 10 heures à 19 heures, le dimanche de 12 heures à 18 heures.
Conditions d'admission : être âgé(e) de plus de 18 ans ou être titulaire du baccalauréat – salles réservées aux chercheurs. Entrée payante.

La Bibliothèque nationale de France.

Le patrimoine, reflet d'une civilisation

Bastides, châteaux, églises… ils sont nombreux les monuments construits pendant 2 000 ans d'histoire de la France.

Longtemps laissés à l'abandon, ils font de plus en plus l'objet de rénovations. C'est le cas du village médiéval de Curmonte en Corrèze, repris en main par ses habitants il y a plus de trente ans. 3 millions et demi de francs (53 000 euros environ) et beaucoup de talent ont permis de remettre en état deux églises des XIe et XIIe siècles.

D'autres monuments plus prestigieux attirent le regard et l'argent de l'État. Notre-Dame de Paris, vieille de plus de huit siècles, a besoin de soins constants. Ces jeunes tailleurs de pierre redonnent vie et éclat à ces belles sculptures…

Notre-Dame de Paris.

Un autre exemple : la cathédrale de Chartres. La précision du geste alliée au savoir-faire traditionnel permet à ces restaurateurs de retrouver la qualité des vitraux qui ont fait la renommée de la cathédrale. Merci à tous ces artistes qui ne signent pas leur nom en bas de leurs œuvres, mais qui permettent aux visiteurs du monde entier d'admirer sa rosace et ses flèches.

1 QU'AVEZ-VOUS VU ?
DANS QUEL ORDRE ?

a Les flèches et la rosace de la cathédrale de Chartres.
b Des tailleurs de pierre en train de restaurer des sculptures.
c L'intérieur d'une église du XIIe siècle.
d Des restaurateurs de vitraux.
e Des touristes qui vont visiter une cathédrale.
f Des bâtiments anciens du village de Curmonte.

2 LE SAVEZ-VOUS ?

1 De quoi se compose le patrimoine d'un pays ?
2 De quels monuments s'occupe l'État français ?
3 Quels artisans travaillent à la restauration des monuments dans ce reportage ?
4 De quand datent les églises de Curmonte ?

3 ET DANS VOTRE PAYS ?

1 Quels sont les bâtiments anciens les plus prestigieux ?
2 Qui s'occupe de leur restauration ?
3 Croyez-vous qu'il soit indispensable de restaurer les monuments du passé ?

Le palais de l'Élysée.

La valeur du patrimoine de l'État français dépasse sans doute les 15 milliards d'euros en biens mobiliers et en œuvres d'art. Le musée du Louvre possède 300 000 œuvres d'art, dont seulement le dixième est accessible au public. L'État a aussi des palais, des châteaux, des hôpitaux, des édifices religieux (76 cathédrales, 37 églises et 21 abbayes et monastères) dont il doit assurer l'entretien et la rénovation.

Chaque année en septembre, le ministère de la Culture organise une journée portes ouvertes appelée « journée du Patrimoine ». Ce jour-là, les curieux peuvent entrer gratuitement dans tous les monuments publics et les musées nationaux et visiter des bâtiments qui sont interdits au public le reste de l'année ou dont l'accès est restreint comme le palais de l'Élysée où réside le président de la République ou l'hôtel Matignon, siège du Premier ministre.

ÉPILOGUE

p. 206

p. 208

Benoît et Julie sont dans la cuisine en train de préparer le repas.

JULIE   Quand je pense que dans une semaine, tu seras au Canada ! Quelle chance tu as.

BENOÎT   (sans enthousiasme) Oui, c'est ce que je disais il y a trois semaines.

JULIE   Et qu'est-ce qui t'a fait changé d'avis ?

BENOÎT   Oh, rien...

JULIE   Menteur ! C'est la petite Canadienne qui va te remplacer à l'agence. Denise, c'est ça ?

BENOÎT   Oui, c'est ça...

JULIE   Vous vous reverrez si c'est sérieux... Quand même, agent de voyages, c'est un beau métier !

Benoît prend un ton très snob pour dire :

ÉPISODE 25
Souvenirs, souvenirs...

❶   ❷   ❸

épilogue

BENOÎT   Comme disait ce cher Pierre-Henri de la Tour : « Agent de voyages... comme c'est amusant... »

Julie et Benoît se mettent à rire.
Ils se rappellent...

———

Julie et Benoît redeviennent sérieux.

JULIE   J'ai l'impression que c'était hier.

BENOÎT   Moi aussi, et ça fait plus d'un an.

JULIE   On en a fait des choses depuis...

BENOÎT   Ah oui, alors ! Tu ne regrettes pas tes petites enquêtes ?

JULIE   (en jouant) Vous avez cinq minutes, Monsieur ? Je fais une enquête...

Ils se rappellent...

———

Benoît et Julie continuent à parler de leurs souvenirs.

BENOÎT   Cela dit, tu as quand même eu de la chance.

JULIE   De la chance, de la chance... J'ai travaillé.

BENOÎT   Oui. Mais tu as rencontré de jeunes artistes sympas qui t'ont fait confiance.

Ils se rappellent...

———

Benoît finit de mettre la table.

BENOÎT   Qu'est-ce qu'il fait Pascal ? Il est près de 8 heures.

JULIE   Eh ! Il est animateur socioculturel maintenant. Et puis, il doit revenir du Blanc-Mesnil. C'est loin... très loin...

Benoît se met à rire.

BENOÎT   Tu te souviens, la première fois qu'il y est allé ?

JULIE   Grève générale des transports en commun ! Il se demandait comment y aller, au Blanc-Mesnil...

Pascal entre dans le salon.

PASCAL   Vous êtes encore en train de dire du mal de moi, je parie.

JULIE   Pas du tout ! On se souvenait des bons moments passés ensemble.

BENOÎT   Un peu de nostalgie avant la grande séparation...

PASCAL   Mais, au fait, qu'est-ce que tu fais là, toi ? Je croyais que tu prenais des cours accélérés de moto-neige ?

———

Benoît et Julie sont à table. Pascal est debout en train de découper un gâteau.

JULIE   Un petit morceau pour moi, s'il te plaît.

PASCAL   (à Benoît) Et toi ?

BENOÎT   Une part normale.

SOUVENIRS...

Pascal sert Julie et Benoît et en prend une part. Ils commencent à manger. Benoît fait la grimace.

BENOÎT   Il est un peu dur, ce gâteau, il n'y a pas autre chose ?

PASCAL   Eh, non ! On n'est pas au restaurant, ici.

BENOÎT   C'est bien dommage, parce qu'au restaurant, le client est roi...

Ils se rappellent...

PASCAL   Vous voulez du café ?

BENOÎT   C'est compris dans le menu ?

PASCAL   Non. Mais, aujourd'hui, c'est la maison qui offre !

1   QU'EST-CE QU'ON APPREND SUR LES PROJETS DES TROIS AMIS ?

Visionnez l'épisode avec le son.

1 Benoît part :
   a pour la Grande-Bretagne ;
   b pour le Canada ;
   c pour les États-Unis.

2 Pascal est maintenant :
   a serveur ;
   b animateur de centre culturel ;
   c champion de patins à roulettes.

3 Julie :
   a reprend ses enquêtes ;
   b est toujours représentante ;
   c on ne sait pas ce qu'elle va faire.

2   QU'EST-CE QUE ÇA VOUS RAPPELLE ?

1 Quelles scènes antérieures a-t-on revues ?
2 Quelles phrases ont déclenché ces souvenirs ?
3 Racontez les circonstances des scènes-souvenirs.

3   AVEZ-VOUS UNE BONNE MÉMOIRE ?

1 Combien de temps est-ce que les trois amis ont cohabité dans l'appartement ?
2 Pourquoi Benoît n'est-il pas vraiment heureux de partir ?
3 Pourquoi Pascal ne rentre qu'à 8 heures du soir ?
4 Qu'est-ce qui a aidé Julie à réussir comme représentante ?
5 Pourquoi est-ce que Benoît demande si le café est compris dans le menu ?

4   À VOS STYLOS !

Qu'est-ce que vous avez appris sur Paris et sur le comportement des Français dans ces vingt-quatre épisodes ?

Dans le salon, Benoît, Julie et Pascal sont en train de prendre le café.

PASCAL   Benoît au Canada, Julie à Bordeaux, pour son nouveau travail, je vais être triste de quitter cet appartement.

JULIE   Pourquoi tu ne restes pas ? Tu peux trouver d'autres colocataires.

JULIE   Maman me donne sa voiture.

PASCAL   Elle est gentille, maman... Il y a des passages piétons à Bordeaux ?...

Ils se rappellent...

_____

Julie n'est pas très contente.

BENOÎT   Julie a raison. D'autant plus que tu détestes les déménagements.

PASCAL   Ça, ce n'est pas grave. Si je trouve quelque chose avant ton départ, tu pourras toujours me donner un coup de main.

Ils se rappellent...

_____

Julie, Benoît et Pascal rient de bon cœur, puis se calment.

PASCAL   Et toi, Julie, c'est d'accord pour ce studio à Bordeaux ?

JULIE   Oui, mais il n'est pas dans Bordeaux, il est en banlieue.

BENOÎT   Ce ne va pas être facile pour ton travail. Il faut se déplacer quand on est responsable d'achats.

JULIE   C'est ça, moquez-vous de moi. Comme si vous étiez des champions du volant !

BENOÎT   Du volant, non ! Mais du sport, certainement. Demande à Pascal...

Ils se rappellent...

_____

Benoît, Julie et Pascal ont l'air rêveur. Pascal se ressaisit.

PASCAL   C'est à qui le tour de faire la vaisselle ?

JULIE   À Benoît.

BENOÎT   Ah non, je l'ai faite hier. C'est à toi.

JULIE   Mais non, avant-hier j'ai remplacé Pascal qui t'a remplacé la semaine dernière et qui...

Le téléphone portable de Benoît se met à sonner.

BENOÎT   Ah, excusez-moi... Travail oblige !

EIENTÔT !

JULIE   Ah non ! Tu ne vas pas nous faire le coup de la Défense !

Ils se rappellent...

——————

Benoît a raccroché. Pascal et Julie sont encore assis.

PASCAL   Et si, pour une fois, on la faisait tous les trois, cette vaisselle ?

On voit en accéléré Julie, Pascal et Benoît faire la vaisselle et la ranger.

1 QU'EST-CE QU'ON APPREND DE NOUVEAU ?

1 Pourquoi est-ce que Pascal est triste ?
2 Où Julie va-t-elle travailler ?
3 Qu'est-ce qu'elle va y faire ?
4 Où va-t-elle habiter ?

2 QU'EST-CE QUE ÇA VOUS RAPPELLE ?

1 Qu'est-ce que les retours en arrière vous rappellent ?
2 Quelles phrases servent de déclencheurs ?
3 Racontez les circonstances de ces scènes passées.
4 Relevez des allusions ironiques dans les deux épisodes.

3 CARACTÉRISEZ-LES

Vous connaissez bien les personnages maintenant.
Faites leur portrait. Le(s)quel(s) préférez-vous ?
Pourquoi ?

4 D'AUTRES SOUVENIRS...

Racontez les scènes suggérées par ces photos.

DOSSIER 0

p. 9

4 Vous vous appelez comment ?
– Bonjour, Madame.
– Bonjour, Monsieur.
– Vous vous appelez comment ?
– Pilar Montes.
– Vous êtes espagnole ?
– Oui, et vous ?
– Moi, je suis français. Je m'appelle Lucien Bontemps.

p. 10

1 Comment ça s'écrit ?
Paris – Lyon – Nice – Marseille – Bordeaux – Lille.

3 Épelez votre nom, s'il vous plaît.
– Bonjour. Vous êtes M. Delair ?
– Oui, c'est moi.
– Épelez votre nom, s'il vous plaît.
– Oui. D E L A I R.
– Merci.

p. 11

5 Remplissez la grille.
11, 26, 35, 14, 47, 36, 58, 24, 54, 42, 31, 13, 59, 12, 25, 60, 10, 27, 34, 46, 33, 52, 55, 41, 29, 38, 15, 53, 17, 49, 56, 16, 23, 19, 43, 20, 32, 48, 21, 28, 50, 37, 40, 44, 18, 51, 57, 22, 45, 30.

DOSSIER 1

COMMUNIQUEZ **p. 19**

2 Qui parle ?
1 Salut. Je m'appelle Cyril. Je suis étudiant. J'habite ici.
2 Je m'appelle Françoise Dupont, mais on m'appelle Claudia. Normal, je suis mannequin. Au revoir.
3 Bonjour. Mon nom est Stéphanie Legrand. Je travaille. Je suis stagiaire. Je suis française.
4 Je m'appelle Henri Dumont. Je suis directeur d'une agence de voyages. Je suis français et j'habite à Paris.

4 Retenez l'essentiel.
– Allô, bonjour Monsieur.
– Bonjour, Madame.
– Vous êtes bien M. Renoir ?
– Oui.
– Monsieur André Renoir, agent de voyages ?
– Mais oui.
– Vous habitez au 4, rue Saint-Martin, à Paris ?
– Oui, mais… excusez-moi, qui êtes-vous ?
– Je suis Mme Forestier, employée de la Banque de Paris.
– Je suis désolé, Madame, mais je n'ai pas d'argent.
– Alors, excusez-moi. Au revoir…

DÉCOUVREZ LA GRAMMAIRE **p. 25**

3 Homme ou femme ?
1 Vous êtes bien M. Dutour ?
2 C'est un garçon heureux.
3 Je vous présente le nouveau locataire.
4 Je vous présente ma mère.
5 Ton ami, le jeune Adrien, va bien ?

6 Ils ont quel âge ?
1 – Françoise, tu as 27 ans ? – Non, 28.
2 – C'est l'anniversaire de Frédéric. Il a 19 ans.
3 – Quel âge a Isabelle ? – 24 ans, je crois.
4 – Moi, j'ai 26 ans. Et toi, Coralie ? – 21.
5 – Quentin ? Il a 22 ans, je pense.

COMMUNIQUEZ **p. 27**

2 Retenez l'essentiel.
Dialogue 1 – Allô, c'est toi Paul ?
– Non. Ici, c'est Jérôme.
– Votre numéro, c'est bien le 01 41 13 22 27 ?
– Non. C'est une erreur.
– Je suis désolé.
Dialogue 2 – Allô, Valérie ?
– Oui. Qui est-ce ?
– C'est Sylvie. Tu as le numéro de Corinne ?
– Oui, c'est le 04 37 28 19 32.
– Merci.

3 Trouvez l'annonce.
Conversation 1
L'AGENT IMMOBILIER : Bonjour, Madame Legrand.

MME LEGRAND : Bonjour, Monsieur. Je vous présente mon fils, Charles.
CHARLES : Enchanté, Monsieur.
L'AGENT IMMOBILIER : Très heureux. C'est pour vous, l'appartement ?
CHARLES : Oui, c'est pour moi.
L'AGENT IMMOBILIER : J'ai un petit appartement dans le 12e arrondissement.
CHARLES : Il est vraiment petit ?
L'AGENT IMMOBILIER : Non. Il a une grande chambre. Un petit salon. Une cuisine et une petite salle de bain.
CHARLES : C'est intéressant.

Conversation 2
H. LABORDE : Allô, l'agence du Parc ?
L'AGENT IMMOBILIER : Oui, Monsieur.
H. LABORDE : Bonjour, Monsieur. Je me présente, Henri Laborde.
L'AGENT IMMOBILIER : Enchanté, Monsieur Laborde.
H. LABORDE : Voilà, je cherche un grand appartement pour ma mère.
L'AGENT IMMOBILIER : Un grand appartement ?
H. LABORDE : Oui, avec un grand salon, deux grandes chambres, une grande salle de bain et une grande cuisine.
L'AGENT IMMOBILIER : Oui… Dans quel quartier, Monsieur Laborde ?
H. LABORDE : Un beau quartier. Vous avez ça ?
L'AGENT IMMOBILIER : Oui, j'ai un grand appartement, très agréable dans le 16e arrondissement.
H. LABORDE : Parfait.

Conversation 3
L'AGENT IMMOBILIER : Bonjour Monsieur, bonjour Madame.
LA FEMME : Bonjour Monsieur. Je suis la fille de M. et Mme Vincent.
L'AGENT IMMOBILIER : Ah oui, votre père est un ami.
LA FEMME : Je vous présente mon mari, M. Coste.
L'AGENT IMMOBILIER : Très heureux de faire votre connaissance, Monsieur Coste.
M. COSTE: Moi aussi.
L'AGENT IMMOBILIER : C'est pour un appartement dans le 14e arrondissement, c'est ça ?
M. COSTE : Oui. Avec trois chambres, un salon, une salle à manger, une cuisine et une salle de bains.
LA FEMME : Deux salles de bains. Ma fille a 17 ans…
L'AGENT IMMOBILIER : Hum… bien sûr.

DOSSIER 2

DÉCOUVREZ LA GRAMMAIRE **p. 33**

1 Tu ou vous ?
1 – Quel âge as-tu ? – 15 ans.
2 – Monsieur Prévost, je vous présente mon ami. – Enchanté, Monsieur.
3 – Je t'appelle Benoît. D'accord ? – Mais oui. D'accord.
4 – Où est-ce qu'il habite, votre ami ? – À Nice.
5 – Denis, c'est bien ton prénom ? – Oui, c'est bien ça.

5 C'est pour quoi ?
Dialogue 1 – Bonjour, Monsieur.
– Bonjour, Monsieur. Je suis M. Belaval.
– Oui. C'est pour quoi ?
– C'est pour visiter l'appartement. Il est bien à louer ?
– Mais non, Monsieur. Je suis désolé, c'est une erreur.
Dialogue 2 – Bonjour, Mademoiselle.
– Bonjour, Monsieur. C'est pour quoi ?
– C'est pour changer mon billet d'avion.
– Non. Je regrette, Monsieur. Ce n'est pas possible.
Dialogue 3 – Bonjour, Monsieur.
– Bonjour. Vous êtes Mme Lenoir ?
– Non, je suis sa secrétaire. C'est pour quoi ?
– Je suis le nouveau stagiaire. J'ai rendez-vous.
– Ah, bon. Entrez. Mme Lenoir arrive tout de suite.

COMMUNIQUEZ **p. 35**

2 Qu'est-ce qui se passe ?
Dialogue 1
M. DUPRÉ : Bonjour, Madame.
LA FEMME : Bonjour, Monsieur. C'est pour quoi ?
M. DUPRÉ : Je suis le nouveau stagiaire.
LA FEMME : Ah, oui, en effet. Vous êtes M. Christian Dupré ?
M. DUPRÉ : Oui. C'est cela. J'ai rendez-vous avec M. Levasseur.
LA FEMME : M. Levasseur est en retard. Asseyez-vous, je vous prie… Ah, voici M. Levasseur.
M. LEVASSEUR : Oui, qu'est-ce qui se passe ?
LA FEMME : C'est M. Dupré, le nouveau stagiaire.
M. LEVASSEUR : Ah oui, Monsieur Dupré. Entrez dans mon bureau. Asseyez-vous. J'arrive tout de suite.

Dialogue 2

LA FEMME : Tu as rendez-vous ?
L'HOMME : Oui, je passe à l'agence de voyages.
LA FEMME : Pourquoi ?
L'HOMME : Pour changer mon billet pour Madrid.
LA FEMME : Ah bon ! Il y a un problème ?
L'HOMME : Oui, je passe par Bruxelles.
LA FEMME : Tu payes par chèque ou par carte bancaire ?
L'HOMME : Je paie en espèces.
LA FEMME : Tu as ton passeport ?
L'HOMME : Non, mais j'ai ma carte d'identité.
LA FEMME : Et aussi ton billet d'avion ?
L'HOMME : Bien sûr.
LA FEMME : Alors, à ce soir.

3 Retenez l'essentiel.

– Allô. Je suis bien à l'Hôtel international ?
– Oui, Monsieur.
– Je voudrais réserver une chambre, s'il vous plaît.
– Oui. Pour quelle date ?
– Pour le samedi 27 mars.
– Attendez. Je vais voir… C'est d'accord, Monsieur. Vous désirez une grande chambre ?
– Oui, de préférence. J'occupe souvent la 25.
– C'est d'accord pour la 25. Vous êtes monsieur… ?
– M. Colin. Michel Colin.
– Épelez votre nom, je vous prie.
– Colin : C O L I N.
– Merci. À bientôt, Monsieur Colin.
– À bientôt. Au revoir, Monsieur.

DÉCOUVREZ LA GRAMMAIRE **p. 41**

2 Singulier ou pluriel ?

1 Les nouveaux stagiaires.
2 Des bons copains.
3 Le grand appartement.
4 Le beau bureau.
5 Les voisins de palier.
6 Les belles petites rues.
7 Le nouveau fauteuil.
8 Les nouveaux collègues.

COMMUNIQUEZ **p. 43**

2 Retenez l'essentiel.

– C'est bientôt l'anniversaire de ta femme.
– Oui, son anniversaire est le 15 novembre, dans un mois.
– Qu'est-ce que tu lui offres ?
– Je ne sais pas encore.
– Tu organises une fête cette année ?
– Oui, mais pas chez nous. Chez des amis. Pour lui faire la surprise.
– Tu invites beaucoup de monde ?
– Une trentaine de personnes.
– Je suis dans les trente ?
– Bien sûr. Comme d'habitude.

3 Conversations.

Dialogue 1

LE JEUNE HOMME : Maryse, qui est la jeune fille dans le bureau de Michel ?
MARYSE : Une stagiaire.
LE JEUNE HOMME : Elle est charmante.
MARYSE : Oui, et elle est très sympa, aussi.
LE JEUNE HOMME : Elle travaille bien ?
MARYSE : Oh, tu sais, pour envoyer le courrier et passer des télécopies…
LE JEUNE HOMME : Ça tombe très bien. J'ai une dizaine de télécopies à envoyer.
MARYSE : Dis donc, ce n'est pas ta stagiaire.
LE JEUNE HOMME : On peut toujours demander.

Dialogue 2

L'HOMME : Hum, ça sent bon le café chez toi.
LA FEMME : Ce n'est pas chez moi, c'est chez ma voisine.
L'HOMME : Et toi, tu n'as pas de café de prêt ?
LA FEMME : Non, je n'ai pas de café.
L'HOMME : Tu prépares une petite tasse à ton copain préféré ?
LA FEMME : Non. Je téléphone à Maria.
L'HOMME : Maria ? Qui c'est ?
LA FEMME : Ma voisine. Tu as envie de café, non ?
L'HOMME : Oui… mais, euh…
LA FEMME : Ne t'inquiète pas. Elle est très sympa. Elle est italienne. Elle est à Paris depuis un mois et elle aime rencontrer des gens.
L'HOMME : Tu es sûre, hein ?
LA FEMME : Oui, oui…

DOSSIER 3

COMMUNIQUEZ **p. 51**

1 Visionnez les Variations.

1 Pardon, Monsieur, vous avez cinq minutes ?
2 Je fais une enquête. Vous avez un moment ?
3 Il est midi. Vous venez à la cafétéria avec moi ?
4 Je joue de la guitare. Vous écoutez un instant ?

2 Des magazines pour tous.

Interview 1 – Vous aimez la musique, Madame ?
– Oui. Mais je ne vais pas souvent au concert.
– Vous allez à d'autres spectacles ?
– Oui, je vais au cinéma.
– Et au théâtre ?
– Non. Pas au théâtre. En fait, je ne sors pas beaucoup. Je regarde la télévision. J'adore la télévision. Je lis, aussi.
– Je vous remercie, Madame.
Interview 2 – Et vous, Monsieur ? Vous lisez ?
– Je lis des journaux. Mais les romans…
– Et vous sortez ? Vous voyez beaucoup de spectacles ?
– Je vais au théâtre pour faire plaisir à ma femme.
– Qu'est-ce que vous aimez d'autre ?
– Je fais de la photo. Ça, j'adore !
– Et qu'est-ce que vous photographiez ?
– Tout. Paris, la campagne, les fleurs, les enfants, les chiens. C'est une passion !

4 Retenez l'essentiel.

CATHERINE : Allô, Sophie. C'est Catherine. Tu vas bien ?
SOPHIE : Oui, mais je suis fatiguée.
CATHERINE : Tes enfants ne vont pas à l'école, le mercredi après-midi ?
SOPHIE : Non, hélas. Mais, le matin, je vais au bureau. Je passe l'après-midi avec les enfants. Je prépare leur goûter, ils ont souvent des copains à la maison. Et le soir, il faut faire la cuisine pour toute la famille.
CATHERINE : Et ton mari t'aide ?
SOPHIE : Pas beaucoup. Il rentre tard. Et toi aussi, avec ton travail et tes trois enfants, ce n'est pas facile.
CATHERINE : Oui, mais Michel m'aide beaucoup. Il fait les courses. Il fait la cuisine. Il accompagne les enfants à l'école le matin.
SOPHIE : Quelle chance ! Tout ce que tu n'aimes pas faire ! Et le week-end, qu'est-ce que tu fais ?
CATHERINE : Ah ! le week-end. C'est différent. Nous allons à la campagne, dans notre maison et nous jardinons. Les enfants ont leurs amis là-bas. Et toi, tu te reposes ?
SOPHIE : Oui, je lis ou je regarde la télévision. On va au cinéma quelquefois avec les enfants…
CATHERINE : Ce week-end, on fête l'anniversaire de Michel. Venez chez nous.
SOPHIE : Oui, avec plaisir !

DÉCOUVREZ LA GRAMMAIRE **p. 57**

4 Quelle est la nationalité ?

1 Vous êtes belge. **2** Elles sont irlandaises.
3 Vous êtes autrichienne ? **4** Il est turc et sa femme est turque.
5 Ils sont allemands. **6** Marie est anglaise. **7** Edith est américaine.
8 Costa est brésilien. **9** Elle est portugaise. **10** Tu es danoise ?
11 Vous êtes grec ? **12** Tu es hollandaise.

5 Repérez les possessifs.

1 Bonjour ! C'est Joseph et Capucine, vos voisins. On rappelle cet après-midi.
2 C'est moi, Lucie. Je pars en week-end. Je n'ai pas de téléphone, mais appelle mes parents.
3 Ici Corinne et Bernard. Voici notre nouvelle adresse : 35, rue des Canettes, dans le 6e.
4 Claude, c'est Pierre. C'est d'accord. Je peux garder tes chiens la semaine prochaine.
5 Sylvie, ne t'inquiète pas pour papa et maman, j'ai leurs cadeaux. Salut.
6 Oui, bonjour, c'est Paul. On ne retrouve plus nos clefs. Est-ce qu'elles sont chez vous ? Rappelle-moi vite sur mon portable.

COMMUNIQUEZ **p. 59**

2 Retenez l'essentiel.

LE POLICIER : Vous connaissez bien M. Vincent ?
L'HOMME : Non, je ne le connais pas bien, mais je le croise souvent dans l'escalier.
LE POLICIER : Et vous, Madame ?
LA FEMME : Moi aussi, je le croise souvent dans l'escalier.
LE POLICIER : Comment est-il ?

L'HOMME : Il est grand et fort.
LA FEMME : Mais non, il est petit et maigre.
L'HOMME : En tout cas, il est brun avec les yeux marron.
LA FEMME : Pas du tout, il est plutôt blond et il a les yeux noirs.
LE POLICIER : Il est habillé comment, d'habitude ?
L'HOMME : Il est en jeans et en blouson.
LA FEMME : Ce n'est pas vrai. Il est toujours en costume cravate avec une belle chemise blanche.
LE POLICIER : Vous parlez bien de M. Vincent, qui habite au quatrième étage ?
L'HOMME : Ah non, je parle de M. Robert. Il habite au troisième.
LA FEMME : Et moi de M. Henri, du deuxième !

DOSSIER 4

DÉCOUVREZ LA GRAMMAIRE **p. 65**

2 Donnez l'heure.
2 a – Tu as l'heure, s'il te plaît ? – Oui, il est 4 heures et demie.
b – Tu fais quelque chose, aujourd'hui ? – Oui, j'ai rendez-vous à 5 heures et quart.
c – À quelle heure y a-t-il un train pour Tours ? – À 6 h 12.
d – Tu sais à quelle heure arrive son avion ? – À 7 h 46.
e – Tes amis viennent chez toi à quelle heure ? – À 9 heures moins le quart.

COMMUNIQUEZ **p. 67**

2 Retenez l'essentiel.
1 – Allô, ici Jean-Pierre. Il y a une grève. Impossible d'aller chez toi. Téléphone-moi quand tu rentres pour prendre un nouveau rendez-vous.
2 – C'est Raoul. Je trouve ton message sur mon répondeur. Je fais toujours mes courses entre 10 heures et 11 heures le samedi. Désolé. Si tu n'as rien de spécial à faire demain, voyons-nous dans l'après-midi. Choisis l'heure.
3 – Allô, c'est Jean-Pierre. Tu es toujours absent ! Voilà ma proposition. Rendez-vous à mi-chemin entre chez toi et chez moi, devant le café de Flore à 3 heures, ça va ?
4 – Ici Raoul. C'est d'accord pour demain, mais je préfère 3 heures et demie si c'est possible. Si tu ne rappelles pas, c'est d'accord.

4 Ils ont tous quelque chose à faire !
MARIELLE : Qu'est-ce que tu fais ce matin, Julien ?
JULIEN : Tu sais bien. Je vais au centre culturel.
MARIELLE : Tu prends le métro ou le bus ?
JULIEN : Je prends le métro… enfin, le RER.
MARIELLE : À quelle heure est-ce que tu pars ?
JULIEN : À 8 heures. Et toi, Marielle, tu prends le train à quelle heure ?
MARIELLE : À 9 heures 25. Il met une heure pour aller à Lille.
JULIEN : À quelle heure est ton entretien ?
MARIELLE : À 2 heures.
JULIEN : Et Michel, tu sais ce qu'il fait ?
MARIELLE : Oui, il va voir un client en banlieue.
JULIEN : Il prend sa voiture ?
MARIELLE : Je crois, oui. Il a rendez-vous à 11 heures.
JULIEN : Tu sais où il va exactement ?
MARIELLE : Non. Mais demande-lui, il est dans sa chambre.

DÉCOUVREZ LA GRAMMAIRE **p. 73**

1 Présent ou passé ?
1 Ils ont eu peur. 2 Vous fabriquez des sacs ?
3 Il a déjà donné des cours. 4 Tu animes des ateliers ?
5 À quelle heure est-ce qu'ils arrivent ? 6 Vous avez trouvé ?
7 Tu as aimé le film ? 8 Nous avons passé une bonne journée.

COMMUNIQUEZ **p. 75**

2 Retenez l'essentiel.
– Bonsoir, Laura. Vous allez chanter sur scène dans une heure ?
– C'est ça, à 9 heures, et vous voyez, je suis en train de me préparer.
– Vous êtes née à Lyon ?
– Oui, il y a 23 ans.
– Vous êtes venue quand à Paris ?
– Il y a cinq ans, pour terminer mes études.
– Vous avez déjà chanté sur une grande scène ?
– Oui, je suis passée dans de grandes salles en province.
– Vous n'avez jamais eu peur devant le public ?
– Si, toujours au début, mais quand on a commencé à chanter, ça va beaucoup mieux.
– Qu'est-ce que vous allez nous chanter ce soir ?
– J'ai composé une dizaine de nouvelles chansons. J'espère qu'elles vont plaire…
– J'en suis certaine. Je vous souhaite un grand succès. Au revoir Laura, je vous laisse vous préparer.

3 Un bon sujet.
– Qui est-ce qui t'a reçu au centre culturel ?
– Le directeur et son assistante. Elle m'a fait visiter les ateliers.
– Ils ont beaucoup d'activités ?
– Oui. Il y a beaucoup d'ateliers de théâtre, de musique, de danse…
– Ils ont organisé de nouveaux cours ?
– Oui. Ils ont installé une cuisine. Et, crois-moi, il y a beaucoup d'apprentis cuisiniers !
– Qui est-ce que tu as interviewé encore ?
– Des animateurs et quelques jeunes.
– De quoi avez-vous parlé ?
– Des problèmes du centre et des nouveaux projets d'activités.
– C'est un bon sujet. Tu vas écrire un article ?
– Oui, il va paraître le mois prochain.

DOSSIER 5

DÉCOUVREZ LA GRAMMAIRE **p. 81**

1 Qu'est-ce qu'elles ont fait ?
– Allo ?
– Ah, Claire, tu es là !
– Oui, pourquoi ?
– Parce qu'hier soir tu es sortie.
– Oui. Je suis allée chercher mon amie Élise à la gare de Lyon.
– Elle est arrivée à quelle heure ?
– À 5 heures. Elle est venue en TGV. On est d'abord rentrées chez moi et Élise s'est un peu reposée.
– Et après, vous êtes sorties ?
– Oui, on est allées au restaurant. On est restées à bavarder assez tard.
– Ah, c'est pour ça ! J'ai téléphoné plusieurs fois, mais personne n'a répondu.
– Et pourquoi tu as téléphoné ?
– On est allés danser avec Michel et, comme tu adores danser… Et Élise, elle repart quand ?
– Elle est déjà repartie. Elle a pris le train de 8 heures.
– Vous vous êtes levées de bonne heure !
– À qui le dis-tu !

COMMUNIQUEZ **p. 83**

2 En situation.
Dialogue 1 – Que tu es chic ! Tu as un déjeuner d'affaires, aujourd'hui ?
– Oui. Je vais à la Tour d'argent avec mon patron et un bon client de l'agence.
– Tu as bien de la chance !
Dialogue 2 – Tu vas à un mariage ?
– Non. Pourquoi ?
– Parce que tu as mis ton costume du dimanche.
– Justement, c'est celui de mon mariage. Tu n'aimes pas ?
– Si, si…
Dialogue 3 – C'est une nouvelle robe ?
– Oui. C'est pour la fête d'anniversaire de maman. Qu'est-ce que tu en penses ?
– Elle est très élégante. Tu es très distinguée.
Dialogue 4 – Eh bien, dis donc, tu t'es fait beau, aujourd'hui !
– Pourquoi tu dis ça ?
– Costume, cravate… D'habitude, tu es toujours en jeans.
– Oui mais, ce soir, j'ai un rendez-vous important.
– Il doit être vraiment important…

3 Retenez l'essentiel.
– Taxi ! Bonjour. Je vais à Roissy. Je suis pressé. Je vais chercher quelqu'un.
– Mais oui, Monsieur. Montez.
– On met combien de temps à cette heure-ci ?
– Ça dépend. Aujourd'hui, il y a des travaux sur l'autoroute et des embouteillages. Comptez environ 50 minutes.
– Dépêchez-vous.
– Je vais essayer, mais vous voyez toutes ces voitures… À quelle heure arrive l'avion ?
– À trois heures et demie… et il est déjà trois heures moins dix !
– Les avions ne sont pas toujours à l'heure, vous savez. À quel terminal est-ce que vous allez ?
– Au 2 C. C'est un vol Air France. Il arrive de Rome.
– Nous sommes arrivés, Monsieur, et il est 3 heures 25.
– Je vous dois combien ?
– 33 euros.
– Donnez-moi un reçu, s'il vous plaît, pour 36 euros.
– Voilà, Monsieur.
– Merci… Au revoir.

COMMUNIQUEZ **p. 91**

2 Retenez l'essentiel.
– Qu'est-ce qu'on peut faire cet après-midi ?
– Je ne sais pas. Je ne connais pas bien Paris.
– J'ai quelque chose à te proposer. On va visiter le parc André-Citroën.
– C'est loin ?
– Non, on peut y aller à pied.
– Tu crois ?... Je n'ai pas envie de marcher.
– Tu vas voir. C'est très beau en cette saison. Il y a beaucoup de fleurs.
– Non. J'ai réfléchi. Je préfère faire une promenade en bateau-mouche.
– Ça prend trop de temps : une demi-heure pour aller prendre le bateau, une demi-heure d'attente peut-être, une heure de bateau, une demi-heure pour revenir ici. Tu te rends compte ? On peut faire ça un autre dimanche ? Pas aujourd'hui. Il est trop tard.
– Et bien, moi, je préfère rester ici !

DOSSIER 6

DÉCOUVREZ LA GRAMMAIRE **p. 97**

3 C'est interdit dans l'avion.
– Mademoiselle, est-ce que je peux fumer ici ?
– Non, Monsieur. Je regrette. Ce n'est pas possible. Vous êtes en zone non-fumeurs.
– Je voudrais changer de place, c'est possible ?
– Si vous voulez attendre quelques instants, je vais voir ce que je peux faire...
– Merci.
– Monsieur, il y a encore quelques places libres dans la zone fumeurs, si vous voulez me suivre.
– Merci. Vous pouvez m'aider ?
– Certainement. Je peux porter votre sac ?
– Oui, avec plaisir. Merci, Mademoiselle.

5 Vous êtes d'accord !
1 Voilà une annonce intéressante. Lis-la. **2** L'adresse du stage, note-la. **3** Tu as un plan. Regarde-le. **4** Tiens, voilà un guide de Paris. Ça peut t'aider. Prends-le. **5** Et maintenant, suis-moi. **6** Ce problème est difficile. Aide-nous.

6 Donnez des permissions.
1 Je peux vous suivre ? **2** Je peux me lever ? **3** On peut suivre le stage de vente ? **4** On peut vous écouter ? **5** On peut acheter ce foulard ? **6** Ils peuvent aller jouer dans le parc ?

COMMUNIQUEZ **p. 99**

2 Quel est le problème ?
Dialogue 1 – Excusez-moi, je cherche la rue du Four.
– Je sais qu'elle n'est pas loin, mais je ne suis pas du quartier.
– Ça ne fait rien, je vais demander dans une boutique.
– Vous cherchez quoi, exactement ?
– Une agence de voyages... Europe voyages.
– Ça me dit quelque chose. Je crois que c'est la deuxième à gauche, après le feu rouge. Ah, mais j'y pense ! L'agence a déménagé.
– Vous êtes sûre ?
– Oui, oui, certaine. C'est une banque maintenant.
– Et vous ne connaissez pas leur nouvelle adresse ?
– Ah, non, je suis désolée.
Dialogue 2 – Tu connais les Durand ?
– Mais oui, je les ai rencontrés chez toi l'année dernière.
– C'est vrai. Tu sais où ils habitent ?
– Oui, je crois me souvenir. Je les ai raccompagnés chez eux.
– C'est sur ta route.
– Oui, enfin... si on veut. Pourquoi, il y a un problème ?
– J'ai un paquet pour eux. Si tu peux le déposer ce soir, c'est urgent.
– Ce soir, ça tombe mal. Je ne rentre pas chez moi.
– Bon, tant pis ! Je vais me débrouiller autrement.
– Désolé...
Dialogue 3 – Tu en fais une tête ? Ça ne va pas ?
– Non. Pas très bien.
– Qu'est-ce qui se passe ?
– Tu sais que je veux suivre un stage de vente.
– Oui, pour aider tes amis. Et alors ?
– Alors, j'ai téléphoné. Le stage est complet !
– Il ne faut pas t'inquiéter ! Des annonces de stage, ça ne manque pas !

3 Aidez-la.
LA VENDEUSE : Bonjour, Monsieur.
L'HOMME : Bonjour, Mademoiselle. Je voudrais essayer ces chaussures noires, en vitrine, à 120 euros.
LA VENDEUSE : Quelle taille faites-vous, Monsieur ?
L'HOMME : Je fais du 44.
LA VENDEUSE : Je suis désolée. Nous n'avons pas ce modèle en 44. C'est une grande taille !
L'HOMME : Vous avez un modèle proche ?
LA VENDEUSE : Mais, à mon avis, ce n'est pas un modèle pour vous.
L'HOMME : Allez les chercher. On verra bien...
LA VENDEUSE : Voilà, Monsieur. Je vous ai apporté ce modèle... et en voici un autre un peu ancien et un peu cher, mais...
L'HOMME : Merci... Elles me vont très bien, ces chaussures.
LA VENDEUSE : Elles vous font un grand pied ! Vous voyez, ce n'est pas un modèle pour vous.
L'HOMME : Hum... Je vais essayer l'autre modèle... Alors ?
LA VENDEUSE : Elles sont un peu trop élégantes.
L'HOMME : Vous êtes une drôle de vendeuse ! Qu'est-ce que vous avez d'autre à me proposer ?
LA VENDEUSE : Dans votre taille, pas grand-chose. Mais il y a un spécialiste des grandes tailles, les Chaussures Legrand à côté d'ici...
L'HOMME : Je vous remercie, Mademoiselle. Oh, un petit conseil. Allez donc suivre un stage de vente...

DÉCOUVREZ LA GRAMMAIRE **p. 105**

4 Quelle est la nature du complément ?
1 Je représente des artistes. **2** Ça vous plaît ? **3** Vous choisissez quel modèle ? **4** Tu as parlé à la patronne ? **5** Elle m'a téléphoné. **6** Ces boucles d'oreilles lui vont très bien. **7** Montrez-lui.
8 Accompagnez-moi, je vous prie.

7 Indiquez-leur le chemin.
1 Excusez-moi. Vous pouvez me dire s'il y a une banque dans le quartier ? **2** La mairie, elle est de quel côté, s'il vous plaît ? **3** Excusez-moi, il y a une boulangerie par ici ?

COMMUNIQUEZ **p. 107**
3 Je peux vous aider ?
Dialogue 1
– Excusez-moi. Vous avez l'air perdu. Je peux vous aider ?
– Oh, oui, merci. Je cherche la Poste. Vous savez où c'est ?
– La Poste ? Prenez la rue Charles-de-Gaulle, juste en face. Allez jusqu'au bout. Elle est assez longue. Vous arrivez à un grand carrefour. Vous tournez à droite. Vous marchez encore environ 50 mètres et vous allez trouver la Poste sur votre gauche. Vous ne pouvez pas la manquer. Ah, vous pouvez prendre le bus, le 23. Il y a un arrêt sur l'avenue en face du parc, à cent mètres d'ici.
– Merci. Je crois que je préfère marcher.
– Alors, bonne promenade !
Dialogue 2
– Excusez-moi. Vous connaissez un bon restaurant près d'ici ?
– Ah oui, le Coq d'or, c'est un très bon restaurant. Il est dans la rue Neuve.
– Ce n'est pas trop loin ? On peut y aller à pied ?
– Non, ce n'est pas loin, mais c'est un peu compliqué. Je vais vous expliquer. Vous voyez l'avenue, là, en face du commissariat ? Vous la prenez. Vous allez jusqu'à un feu rouge, le premier, non, le deuxième. Là, vous tournez à gauche et vous allez toujours tout droit. Vous arrivez sur une place. Vous la traversez. Vous prenez la rue sur votre droite. C'est la rue Neuve, le restaurant est sur votre gauche.
– Merci beaucoup.
– De rien.

DOSSIER 7

DÉCOUVREZ LA GRAMMAIRE **p. 113**

4 Ils en prennent ou ils n'en prennent pas ?
L'HOMME : Je vais faire les courses, tu veux que je prenne du pain ?
LA FEMME : Oui, prends-en pour ce soir.
L'HOMME : On a encore de l'eau ?
LA FEMME : Oui, mais achètes-en six bouteilles.
L'HOMME : Tu veux de la viande pour déjeuner ?
LA FEMME : Non, je n'en ai pas envie.
L'HOMME : Du poisson, alors ?
LA FEMME : On en a mangé il y a deux jours.
L'HOMME : Des pâtes ?
LA FEMME : Je ne sais pas, je n'ai pas très faim
L'HOMME : J'en achète quand même. Moi, j'ai faim. Je rapporte du fromage ?

LA FEMME : Non. On en a.
L'HOMME : Bon, alors à tout à l'heure.

7 Un drôle de serveur !
1 Je regrette, la viande est en supplément.
2 Non, je suis désolé, on a oublié d'en préparer.
3 Ah ! non, ici on n'en sert jamais.
4 Mais si, Monsieur, il y a du pain dur et de l'eau.

COMMUNIQUEZ **p. 115**

2 Qu'est-ce qu'ils ont choisi ?
Dialogue 1 – Bonjour, Madame. Qu'est-ce que vous prenez ?
– Le plat du jour, qu'est-ce que c'est ?
– Une entrecôte sauce béarnaise. Elle est accompagnée de frites et de tomates provençales.
– Non, je ne veux pas d'entrecôte. Je vais prendre le saumon avec du riz.
– Très bien. Et comme entrée ?
– Je ne veux pas d'entrée. Je vais plutôt m'offrir un dessert aujourd'hui.
– Vous voulez choisir votre dessert, maintenant ?
– Oui, je prendrai une tarte au citron.
– Parfait. Et comme boisson ?
– Une carafe d'eau.
– C'est d'accord, Madame.
Dialogue 2 – Vous avez choisi, Monsieur ?
– Non, pas encore. J'hésite.
– Je vous recommande le plat du jour. C'est du poulet basquaise servi avec des haricots verts et des pommes de terre sautées. C'est excellent.
– Merci, mais je n'aime pas beaucoup le poulet. Je vais prendre un steak-frites.
– Comment désirez-vous la cuisson ? À point ?
– Non, bleu.
– Et comme entrée ?
– Je vais prendre une salade aux noix.
– Qu'est-ce que vous buvez ?
– De l'eau minérale… gazeuse.
– Très bien. Je vous apporte ça tout de suite.
– Excusez-moi. Il n'y a pas de fromage dans le menu ?
– Mais si, le fromage est compris dans le menu. Mais le dessert est en supplément.
– Ça tombe bien, je ne prends jamais de dessert.

DÉCOUVREZ LA GRAMMAIRE **p. 121**

1 Allez faire les courses.
– Qu'est-ce qu'il te faut ?
– Il me faut six œufs, 200 grammes de beurre et du sucre.
– Du sucre, il t'en faut combien ?
– Prends-en un kilo.
– Tu n'as pas besoin de lait ?
– J'en ai un peu, mais prends-en un litre quand même.
– D'accord, j'y vais.
– Attends. Il me faut aussi de la farine. Achètes-en un paquet et prends quelques tomates.
– C'est tout ?
– Non. Je veux du chocolat. Prends-en une plaque de 250 grammes.
– Hum. Tu vas nous faire quelque chose de bon ?
– C'est une surprise.

COMMUNIQUEZ **p. 123**

2 La cliente est reine !
– Bonjour, Madame. Vous désirez ?
– Je suis venue hier vous acheter une boîte de foie gras. La voici. Regardez, elle est à moitié vide !
– Oui, en effet, il y a un problème.
– Un problème ! À 21 euros la boîte, c'est cher !
– Nous connaissons bien nos fournisseurs, mais cela peut arriver. Ce n'est pas notre faute. Et puis, cette marque est en promotion.
– Ce n'est pas une raison. J'espère que vous allez me changer la boîte.
– C'est-à-dire… nous n'en avons plus de cette marque. L'autre est plus chère.
– Elle coûte combien ?
– 38 euros la boîte.
– En effet, c'est presque le double.
– Bon, écoutez. Ça ne fait rien. Je vais vous donner une boîte à 38 euros pour remplacer l'autre.
– Je vous remercie.
– Et excusez-nous. J'espère que vous ne nous en voulez pas ?
– Mais non. Comme vous dites, ça peut arriver…

DOSSIER 8
DÉCOUVREZ LA GRAMMAIRE **p. 130**

7 Il n'a rien obtenu !
1 Tu leur as remis ton dossier ? 2 Mais tu as parlé à quelqu'un ? 3 Ils t'ont proposé quelque chose ? 4 Tu as certainement téléphoné au directeur ? 5 Alors, tu as demandé conseil à quelqu'un ? 6 Tu y comprends quelque chose ?

COMMUNIQUEZ **p. 131**

2 Retenez l'essentiel.
– Allô. Ici, Europe Voyages. À votre service.
– Bonjour, Monsieur. Je suis le chef du personnel de l'entreprise Tout Métal. Je veux organiser un stage à Paris pour nos agents commerciaux et je voudrais réserver des chambres et des facilités de séjour.
– Combien de personnes voulez-vous loger, à quel moment et pendant combien de temps ?
– Il s'agit d'un groupe de douze personnes, à loger en chambres individuelles, du lundi 5 au samedi 10 mars.
– Vous voulez les loger dans le centre ?
– Non, pas vraiment, mais sur une ligne de métro ou de RER pour avoir un accès facile.
– Oui, je vois.
– Quand pouvez-vous me donner vos conditions pour des chambres confortables, les repas et la location d'une salle de réunion ?
– Je dois d'abord contacter nos correspondants et faire une petite étude. Donnez-moi 48 heures. Qui dois-je rappeler ?
– Mme Trentin au 02 42 23 54 36.
– Eh bien, c'est d'accord, Madame Trentin, je m'en occupe. À bientôt.

3 À l'accueil.
Dialogue 1 – Excusez-moi, Mademoiselle, j'ai rendez-vous avec M. Pierret. Pouvez-vous me dire où se trouve son bureau ?
– Mais oui. M. Pierret est au bureau 215. Vous prenez le couloir à gauche en sortant de l'ascenseur. C'est le troisième bureau sur votre droite.
– Je vous remercie.
Dialogue 2 – Bonjour. Le bureau de Mme Rigaux est toujours au premier ?
– Non. Elle a déménagé. Elle est au rez-de-chaussée. Vous prenez ce couloir jusqu'au bout. Vous tournez à droite et c'est le premier bureau, juste avant la photocopieuse. C'est le 06.
– Ah oui, en face il y a un distributeur de boissons, n'est-ce pas ?
– Exactement.
– Merci beaucoup.
Dialogue 3 – M. Delarue, s'il vous plaît ?
– Bureau 226. Vous tournez à droite en sortant de l'ascenseur. C'est le premier bureau sur votre gauche.
– Merci.
Dialogue 4 – Excusez-moi, je viens pour faire la démonstration d'un nouveau logiciel.
– Ah oui, vous êtes M. Vernon ?
– Oui, c'est ça.
– La démonstration a lieu dans une salle de réunion au rez-de-chaussée. Alors, vous prenez ce couloir à droite. C'est la deuxième salle sur votre gauche, la salle R30.
– Merci beaucoup.

DÉCOUVREZ LA GRAMMAIRE **p. 137**

5 Faites l'inversion.
1 Vous les avez rencontrés où ? 2 Vous êtes partis comment ? 3 Vous allez les voir quand ? 4 Ils ont emménagé où ? 5 Elle se plaint pourquoi ?

COMMUNIQUEZ **p. 139**

2 Changement de décor.
LA FEMME : Décidément, je n'aime pas cette pièce. Je voudrais changer les meubles de place.
L'HOMME : Ah bon ? Moi, je les trouve très bien à leur place.
LA FEMME : Non, regarde. La table basse, près des fauteuils, il faut la mettre à gauche du canapé.
L'HOMME : Qu'est-ce que tu vas mettre à sa place ?
LA FEMME : Rien. Et ce lampadaire, il n'a rien à faire près de la fenêtre.
L'HOMME : Ça, je suis de ton avis. Sa place est dans le coin, à côté du bureau.
LA FEMME : Oui, sauf que le bureau, je veux le changer de place.
L'HOMME : Tu veux le mettre où ?
LA FEMME : Au fond de la pièce, à la place du buffet.

Transcriptions

L'HOMME : Et le buffet, il va où maintenant ?
LA FEMME : À la cave.
L'HOMME : À la cave ? Le buffet de ma grand-mère ? Il n'en est pas question !
LA FEMME : Écoute. On change la table de place et après on verra. Tu peux me donner un coup de main. ?
L'HOMME : Oui. Si le buffet de ma grand-mère reste à sa place.
LA FEMME : Puisque tu le demandes si gentiment…

3 Où se trouvent ces endroits ?

Conversation 1 – Pardon. Pouvez-vous me dire où se trouvent les vêtements pour homme ?
– Oui, juste derrière vous, à gauche et à droite des deux allées.
– Oh, merci.
Conversation 2 – Excusez-moi. Y a-t-il un restaurant dans ce magasin ?
– Il y a un restaurant dans le deuxième magasin. Vous montez au premier étage. Le passage pour aller au restaurant se trouve en face de l'escalier roulant, près de la zone juniors.
Conversation 3 – Dites-moi, où se trouvent les articles de sport pour enfants, s'il vous plaît ?
– Tous les articles de sport sont au troisième. Vous pouvez prendre l'escalier roulant, derrière moi. Vous arrivez directement dans le rayon.
Conversation 4 – Excusez-moi. Y a-t-il des toilettes au rez-de-chaussée ?
– Non, il y en a au sous-sol, au premier et au troisième étage.
– Où se trouvent-elles, exactement, au sous-sol ?
– À l'espace enfants, près de l'escalier roulant.

DOSSIER 9

Découvrez la grammaire p. 146

7 C'était avant !

1 Tu n'as plus les cheveux longs ? 2 Tu ne portes plus de robe ? 3 Tu n'achètes plus beaucoup de vêtements ? 4 Tu ne déjeunes plus à la cafétéria ? 5 Tu ne viens plus en vélo au bureau ?

Communiquez p. 147

2 Retenez l'essentiel.

– Vous désirez, Monsieur ?
– Je suis passé hier. Il y avait une montre très plate, avec un cadran noir dans votre vitrine.
Mais il était 7 heures et demie et vous étiez fermés. La montre n'y est plus !
– Oui, nous fermons à 7 heures. Nous avons refait la vitrine et nous avons enlevé cette montre.
– Vous ne l'avez pas vendue, vous l'avez toujours ?
– Mais oui. Vous voulez la voir ?
– Oui, s'il vous plaît. Elle coûte 154 euros, n'est-ce pas ?
– Oui, c'est cela, Monsieur. Tenez, la voici. C'est un très beau modèle.
– Oui, certainement. Elle est un peu chère pour moi. Vous ne faites pas de remise ou de prix spécial ?
– Ah non, Monsieur. Je regrette. Nous ne faisons pas de remise sur les modèles de l'année. Mais vous pouvez payer en plusieurs fois, si vous le désirez.
– Vraiment ? Eh bien, je vais réfléchir. Merci, Madame. Au revoir.
– Au revoir, Monsieur.

3 Un achat difficile.

– Bonjour, Madame, je peux vous aider ?
– Oui. J'aime bien la robe bleue, en vitrine, vous l'avez en 40 ?
– Mais oui, Madame… tenez… c'est celle-ci. La cabine du milieu est libre, si vous voulez l'essayer… Elle est parfaite sur vous.
– Hum… Finalement, je la trouve un peu trop classique.
– Le style classique est toujours à la mode. Et puis, c'est une robe habillée. Regardez, elle tombe bien.
– Non… vraiment, non, je ne la prends pas.
– Et celle-ci, avec les bretelles, elle fait plus jeune.
– Je n'aime pas du tout le jaune. Ça ne va pas aux blondes.
– Elle existe dans d'autres couleurs.
– Non. Je n'aime pas la forme. Qu'est-ce que vous avez d'autre ?
– Je viens de recevoir le dernier modèle d'Hervé, le créateur. C'est celui-ci. Qu'est-ce que vous en pensez ?
– Ah oui, celle-là me plaît beaucoup. J'aime la forme. La couleur me va bien. Je vais l'essayer…

Découvrez la grammaire p. 154

7 C'était interdit.

Dialogue 1 – Alors, Monsieur, vous roulez en sens interdit ?
– Comment ! Ce n'est pas possible !
– Mais si, Monsieur. Regardez les voitures.
– Mais, il n'y avait pas de panneau.

– Et ça, derrière vous, qu'est-ce que c'est ?
– Ah, je suis vraiment désolé. Je ne l'ai pas vu.
– Montrez-moi votre carte grise et votre permis de conduire.
Dialogue 2 – Vous ne pouvez pas stationner là, Madame.
– Mais pourquoi ? Je me gare souvent ici, je n'ai jamais eu de problème.
– Nous sommes mercredi aujourd'hui. Et il n'est pas encore 13 heures.
– C'est vrai. Je ne viens jamais le mercredi.
– Allez, circulez.
Dialogue 3 – Vous avez vos papiers ?
– Oui, mais qu'est-ce que j'ai fait ?
– Vous venez de tourner dans la rue Brossolette.
– Oui, Monsieur l'agent, comme d'habitude.
– Ah, parce qu'en plus vous le faites souvent !
– Oui, j'habite un peu plus loin.
– Allez vous garer là et montrez-moi vos papiers !

Communiquez p. 155

3 Scène de rue.

LE PREMIER HOMME : Vous ne pouvez pas faire attention, non !
LE DEUXIÈME HOMME : Comment ça, faire attention, je n'ai rien fait !
LE PREMIER HOMME : Vous avez heurté ma voiture. Quand on ne sait pas se garer en marche arrière, on se gare dans un parking !
LE DEUXIÈME HOMME : Vous plaisantez ? Je l'ai à peine touchée, votre voiture.
LE PREMIER HOMME : C'est ça, dites que je ne vois pas clair.
LA FEMME : Monsieur à raison. Sa voiture ne touche pas votre pare-chocs.
LE DEUXIÈME HOMME : Je vous remercie, Madame.
LE PREMIER HOMME : Regardez, je suis coincé, je ne peux même pas sortir.
LE DEUXIÈME HOMME : Vous vouliez sortir ? Il fallait me le dire. Je vais ressortir ma voiture, vous allez partir et je vais pouvoir me garer à votre place. Ça va, comme ça ?
LE PREMIER HOMME : Oui. Excusez-moi. Je suis pressé et ce n'est pas ma voiture…
LE DEUXIÈME HOMME : Ça arrive à tout le monde, ne vous inquiétez pas.

DOSSIER 10

Communiquez p. 163

2 C'est dans le règlement.

1 Les jeux violents sont interdits.
2 Les membres doivent payer leur cotisation avant le 31 décembre.
3 Il n'est pas permis d'apporter de la nourriture et des boissons.
4 Il est indispensable d'avoir une tenue correcte.
5 Les membres sont tenus de respecter le règlement.
6 On ne doit pas courir autour de la piscine.
7 Les membres peuvent garer leur voiture sur le parking du club.
8 Il est nécessaire de souscrire une assurance.
9 Il est défendu de plonger dans la piscine.
10 Chaque membre a le droit d'inviter cinq personnes dans l'année.

Découvrez la grammaire p. 170

6 Faites de la gymnastique.

Nous allons aujourd'hui faire quelques mouvements d'assouplissement. Vous êtes prêts ? Alors commençons. Et d'abord, levez la jambe gauche, haut, plus haut… Restez un instant immobiles, puis posez le pied par terre. Bon ! Et maintenant la jambe droite, bien haut… Bon, posez le pied par terre. Levez les deux bras, lentement. Restez les bras en l'air. Tirez sur les bras, haut, plus haut encore… Bon. Baissez les bras. Mettez-les le long du corps. Maintenant, tournez la tête à droite, puis à gauche, puis encore à droite… lentement. Arrêtez. Respirez fort. Expirez l'air… complètement.

Communiquez p. 171

2 Retenez l'essentiel.

LE CLIENT : Pardon, Monsieur, j'ai une réclamation à faire.
L'HÔTELIER : Mais oui, Monsieur, je vous écoute. Qu'est-ce qui ne va pas ?
LE CLIENT : Vous m'avez changé de chambre hier et ma nouvelle chambre est plus bruyante que la précédente.
L'HÔTELIER : Vous avez sans doute raison car elle donne sur le bar et la piscine. Mais vous avez la vue sur la mer. C'est ce que vous vouliez, n'est-ce pas ?
LE CLIENT : C'est vrai, mais ce n'est pas tout. Elle est située deux étages plus bas et on entend beaucoup plus de bruit.

L'HÔTELIER : Je vous fais remarquer qu'elle est plus grande et mieux équipée. Vous ne perdez pas au change.
LE CLIENT : Je suis d'accord avec vous sur ce point. Mais j'ai le sommeil très léger et je suis venu ici pour me reposer. Que pouvez-vous faire pour moi ?
L'HÔTELIER : Je vais voir si j'ai une chambre libre à un étage plus élevé dans l'autre aile du bâtiment. Je vous ferai prévenir avant le déjeuner.
LE CLIENT : Merci. Je compte sur vous.

DOSSIER 11

Découvrez la grammaire p. 177

1 Rien ni personne !

1 Tu as vu quelqu'un de connu sur le parvis ? **2** Quelqu'un t'a dit quelque chose de sérieux ? **3** Et maintenant, tu vois quelque chose ou quelqu'un d'intéressant ? **4** Richard ne t'a rien dit de nouveau ? **5** À qui d'autre as-tu parlé ?

Communiquez p. 179

2 C'est plus amusant avec un copain !

– Allô Julien, c'est Stéphane. Tu as prévu quelque chose pour dimanche prochain ?
– Pas encore mais, s'il fait beau, on ira à la campagne avec Fabienne. Pourquoi ?
– Parce que je viens d'avoir deux places pour aller voir France-Angleterre dimanche après-midi.
– Je ne peux vraiment pas. Si j'accepte, Valérie me fera la tête pendant quinze jours.
– Tu lui expliqueras que c'est un match important.
– Non vraiment. Mais si tu téléphones à Charles assez vite, il pourra sûrement se libérer.
– Je viens de l'appeler. Il ne sera pas à Paris le week-end prochain.
– Ne t'inquiète pas. Si tu attends près des caisses, tu trouveras quelqu'un pour acheter ton billet.
– Je sais, mais c'est plus sympa d'y aller avec un copain.
– Si tu veux, je peux en parler à Christian, mon collègue de bureau.
– Ah oui, je veux bien, il est sympa.
– Je te rappellerai avant la fin de la semaine. Salut.
– Salut !

Communiquez p. 187

3 Retenez l'essentiel.

– Où va-t-on aller aujourd'hui ?
– Nous allons visiter la Défense et en particulier la Grande Arche.
– On peut la visiter entièrement ?
– Non. Nous ne pourrons pas visiter le ministère de l'Équipement qui se trouve sur les côtés.
– Il y a aussi la Fondation des droits de l'homme, n'est-ce pas ?
– Oui. Elle se trouve sous les toits et on peut y accéder par des ascenseurs panoramiques.
– Il y a des terrasses ?
– Oui. On y organise souvent des expositions et on peut découvrir Paris et une partie de la banlieue.
– Il y a longtemps qu'elle est construite ?
– Elle a été inaugurée en 1989. C'est l'un des monuments de Paris les plus récents.
– Mais elle est très visitée ?
– Tout à fait. Il y a plus de 100 000 visiteurs par mois.
– Quelles sont ses dimensions ?
– C'est un cube creux d'environ 110 mètres de côté et, à l'intérieur, on pourrait y mettre… Notre-Dame de Paris !
– Elle est recouverte de marbre ?
– Oui, de marbre et de verre.
– On ira au Centre de documentation européen ?
– Je ne sais pas si on aura le temps de tout faire aujourd'hui. Mais vous pourrez y retourner si vous êtes intéressé.

DOSSIER 12

Découvrez la grammaire p.193

1 Il faut que tu en parles !

Je viens d'écouter ton message. Arrête de te plaindre, il est trop tard. La prochaine fois, choisis mieux tes relations. De toutes façons, quand tu as des problèmes, ne les garde pas pour toi. Apprends à dire les choses. Fais confiance à ta mère plutôt qu'à

tes amis. Souviens-toi de ce que je te dis et ne prends pas mal mes conseils. Oublie tout ça, repose-toi et viens nous voir dimanche. Je t'embrasse.

Communiquez p. 195

2 Le commissaire-priseur.

1 12 000 € une fois, 12 000 €, deux fois, 12 000 € trois fois. Adjugée, cette paire de vases de Sèvres, bleus et or, datés de 1870.
2 Et pour cette paire de fauteuils Louis XVI j'ai une offre à 23 000 €. 23 000 €. Qui dit mieux ? Personne ? Ils sont en très bon état. 23 000 € une fois, deux, trois fois. Adjugés.
3 Et maintenant, nous changeons d'époque pour cette très belle armoire en ébène, typiquement Art déco. On commence les enchères à 2 500 €. 4 000 € à ma droite. 4 500 €, 6 000 € par là… 6 000 € une fois, deux fois… 8 000 € au fond. 8 000 € une fois, 8 000 € deux fois, 8 000 € trois fois, adjugée.
4 Une table anglaise, en acajou, typiquement victorienne. Je commence les enchères à 4 500 €. 4 500 €. Il y a preneur ? Elle est en très bon état. Il y a les rallonges. Non. Bon, je baisse à 4 000 €. Oui, Madame. 4 000 € ? Une fois, deux fois, 4 000 € trois fois. C'est pour Madame !

3 Chut, c'est un secret !

Conversation 1 – Allô, Irène ?
– Oui, bonjour Catherine. Ça va ?
– Ça va, oui. Il faut que je te dise, Sylvie va se marier.
– Ah bon !
– Oui. Mais tu ne le répètes pas, elle ne veut pas que ça se sache.
– Ne t'inquiète pas. Je garderai le secret.
Conversation 2 – Allô, Nicole, c'est Irène. J'ai quelque chose à t'apprendre. Mais il ne faudra pas que tu le dises. Promis ?
– Promis.
– Sylvie va se marier.
– Pas possible ! Et elle ne veut pas qu'on en parle ?
– Non. Elle a toujours été un peu bizarre.
Conversation 3 – Catherine ? C'est Nicole. Tu veux connaître la dernière nouvelle du jour ?
– Oui.
– Sylvie se marie.
– Ça, c'est l'avant-dernière nouvelle.
– Comment ça ?
– Elle ne veut pas qu'on le répète, mais elle vient de rompre.
– Tu en es sûre ?
– Certaine. Mais tu le gardes pour toi.
– Bien sûr…

Communiquez p. 203

2 Retenez l'essentiel.

– Allô, je suis bien chez M. Lesage ?
– Oui, c'est moi. Que désirez-vous ?
– Je suis passé hier à votre galerie en votre absence. J'ai vu un ensemble comprenant une table, huit chaises et quatre fauteuils. J'aimerais les revoir. Quand pourrai-je passer ?
– Mais… demain, si vous voulez. J'y serai à partir de 10 heures.
– D'accord. Je voudrais également que vous me confirmiez le prix. Il s'agit bien de 12 000 euros ?
– C'est bien ça. Vous êtes monsieur… ?
– Ducrot. Il faut également que je prenne la dimension des meubles et que je discute avec vous.
– Eh bien je vous attendrai demain, Monsieur Ducrot. Je vais m'arranger pour rester à la galerie jusqu'à 16 heures.
– À demain donc.

3 Langue de bois.

LE 1er HOMME : Nous souhaitons tous que les choses changent.
LA FEMME : Certes, mais elles ne changeront pas toutes seules.
LE 2e HOMME : Je suis d'accord. Il faut que nous y mettions tous de la bonne volonté.
LA FEMME : J'ai peur que la bonne volonté ne suffise pas.
LE 1er HOMME : Je suis heureux que vous en soyez consciente.
LE 2e HOMME : Il est indispensable que nous soyons tous du même avis.
LA FEMME : Je ne crois pas que ça soit possible.
LE 1er HOMME : J'ai bien peur que vous ayez raison.
LE 2e HOMME : Alors, qu'est-ce qu'on fait ?
LE 1er HOMME : Il faut que nous reprenions cette discussion depuis le début.

MÉMENTO GRAMMATICAL

LA PHRASE SIMPLE ET SES TRANSFORMATIONS

1 Les éléments de la phrase simple

La phrase simple se compose d'un **sujet** et d'un **prédicat**. On peut ajouter un élément facultatif, le **complément**.

Fonction Nature	sujet groupe du nom	prédicat verbe + compléments	complément (facultatif)
	Julie	*est française.*	
	Benoît	*travaille*	*depuis un an.*
	Pascal	*fait des petits boulots*	*quand il en trouve.*

2 La phrase interrogative

Il existe **deux types de phrase interrogative.**

● **L'interrogation porte sur toute la phrase.** La réponse attendue est *oui*, *si* ou *non*.
On la forme de trois manières :
– avec une intonation montante : *Pascal fait des petits boulots ?*
– avec *est-ce que* en tête de phrase : *Est-ce que Pascal fait des petits boulots ?*
– avec une inversion sujet-verbe si le sujet est un pronom ou avec un pronom de reprise si le sujet est un groupe nominal : *Fait-il des petits boulots ? Pascal fait-il des petits boulots ?* (langage soigné ou écrit)

❗ Quand le verbe à la troisième personne n'est pas terminé par **-t** ou **-d**, on ajoute **-t-** entre le verbe et le pronom sujet : *Va-t-il faire du vélo ?*

● **L'interrogation ne porte que sur un groupe de la phrase.** On attend une réponse autre que *oui*, *si* ou *non*.

La forme de l'interrogation change en fonction du groupe grammatical sur laquelle elle porte.

Groupe	Phrase affirmative	1re transformation	2e- 3e transformations
Sujet	Personne : ***Pascal*** *arrive.*	***Qui*** *arrive ?*	***Qui est-ce qui*** *arrive ?*
	Chose : ***Les magasins*** *ouvrent.*		***Qu'est-ce qui*** *ouvre ?*
Prédicat	*Elles* ***jouent au tennis.***	*Elles font* ***quoi*** *?*	***Qu'est-ce qu'elles*** *font ?*
Attribut	*Il est* ***grand.***	*Il est* ***comment*** *?*	***Comment*** *est-il ?*
Objet direct (COD)	Chose : *Ils boivent* ***du café.***	*Ils boivent* ***quoi*** *?*	***Qu'est-ce qu'ils*** *boivent ?*
	Personne : *Il regarde* ***Julie***	*Il regarde* ***qui*** *?*	***Qui est-ce qu'il*** *regarde ?* ***Qui*** *regarde-t-il ?*
Objet indirect (COI)	*Elle parle* ***à Pascal.***	*Elle parle* ***à qui*** *?*	***À qui est-ce qu'elle*** *parle ?* ***À qui*** *parle-t-elle ?*
Nombre	*Il y en a* ***vingt.***	*Il y en a* ***combien*** *?*	***Combien*** *y en a-t-il ?*
Heure	*Il est* ***dix heures.***	*Il est* ***quelle heure*** *?*	***Quelle heure*** *est-il ?*
Âge	*Elle a* ***23 ans.***	*Elle a* ***quel âge*** *?*	***Quel âge*** *a-t-elle ?*
Prix	*Ça coûte* ***3 euros.***	*Ça coûte* ***combien*** *?*	***Combien est-ce que*** *ça coûte ?*
Temps	*Ils partent* ***dans huit jours.***	*Ils partent* ***quand*** *?*	***Quand est-ce qu'ils*** *partent ?* ***Quand*** *partent-ils ?*
	Il y reste ***huit jours.***	*Il y reste* ***combien de temps*** *?*	***Combien de temps est-ce qu'il*** *y reste ?*
Lieu	*Ils habitent* ***en France.***	*Ils habitent* ***où*** *?*	***Où est-ce qu'ils*** *habitent ?* ***Où*** *habitent-ils ?*
Manière	*Ils voyagent* ***en avion.***	*Ils voyagent* ***comment*** *?*	***Comment est-ce qu'ils*** *voyagent ?* ***Comment*** *voyagent-ils ?*
But	*Il part* ***pour travailler.***		***Pourquoi est-ce qu'il*** *part ?* ***Pourquoi*** *part-il ?*
Cause	*Il part* ***parce qu'il est malade.***	*Il part* ***pourquoi*** *?*	

(left margin) Compléments circonstanciels

(right margin) mémento grammatical

MÉMENTO GRAMMATICAL

3 La phrase négative

● **La négation porte sur l'ensemble de la phrase.**
On emploie *ne... pas* ou *ne... jamais* :
*Il **ne** fait **pas** les courses. Il **ne** fait **jamais** les courses.*

❗ Si un nom complément précédé d'un article partitif suit le verbe, on exprime la quantité 0 de ce nom avec *de* après *pas* : *Il n'a **pas de** chance.*

❗ Si on ne négative pas la quantité mais la qualité exprimée par le nom, on conserve l'article partitif :
*Ce n'est pas **de la** bière que je veux, mais **de l'**eau.*

❗ Le *ne* est souvent omis en langue parlée.

● **La négation porte sur un adverbe.**
*Il arrive toujours en retard ≠ il **n'**arrive **jamais** en retard.*
*Il travaille encore ≠ il **ne** travaille **plus**.*
*Ils sont déjà arrivés ≠ ils **ne** sont **pas encore** arrivés.*

● **La négation avec les indéfinis.**
*– Tu entends quelque chose ? – Non, je **n'**entends **rien**. Non, je **n'**ai **rien** entendu.*
*– Tu vois quelqu'un ? – Non, je **ne** vois **personne**. Je **n'**ai vu **personne**.*

● **La restriction *ne... que*.**
*Ce représentant **ne** voyage **que** deux jours par semaine.*

4 La phrase exclamative

L'intonation suffit souvent à donner une valeur exclamative :
Ces fleurs sont belles !
On peut ajouter *que* en tête de phrase :
***Que** ces fleurs sont belles !*
On peut aussi utiliser *quel* + (adjectif) + nom :
Quelles belles fleurs !

5 La mise en valeur avec *c'est... qui, c'est... que*

***C'est** ton ami **qui** est venu.*
***C'est** à ton ami **que** je l'ai donné.*
***C'est** pour ça **que** je suis venu.*

▮ LE GROUPE DU NOM

Avant le nom					Nom	Après le nom	
tout(e), tou(te)s	le, la, l', les un, une, des		deux trois	dernier(s), dernière(s) premier(s), première(s)	beau(x) bon(ne)s	jour(s) nouvelle(s)	chaud(e)(s) intéressant(e)(s)	de... qui...
	ce, cet, cette, ces du, de la, de l', des un kilo de, un peu de... quelques, certains...						
	quel, quelle, quels, quelles						

Pour tout ce qui concerne la morphologie des éléments du groupe du nom (masculin-féminin, singulier-pluriel...), reportez-vous aux tableaux de grammaire des pages 8, 25, 26 et 41.

mémento grammatical

MÉMENTO GRAMMATICAL

■ LE GROUPE DU VERBE

1 Les types de verbes

● **Les verbes intransitifs** n'admettent pas de compléments COD ou COI : *Il marche.*

● **Les verbes transitifs** admettent un complément :
– soit un COD : *Il écoute **les nouvelles**.*
– soit un COI : *Il s'adresse à **ses amis**.*
– soit les deux : *Il raconte **l'histoire** à **ses amis**.*
Le complément du verbe peut être :
– un nom : *Il fait ses **valises**.*
– un pronom : *Il **la** regarde.*
– un infinitif : *Il préfère **partir**.*
– une proposition : *Il dit **qu'il veut un chien**.*
Certains verbes appartiennent aux deux types. On peut les employer :
– soit comme intransitifs : *Il écoute.*
– soit comme transitifs : *Il écoute de la musique.*

● **Les verbes pronominaux** se construisent avec un pronom.
Ils peuvent être :
– **réfléchis** :   *Il **se** rase.* (se = COD.)
                *Il **s'**achète un livre.* (se = COI.)
– **réciproques** :   *Ils **se** parlent tous les matins.* (COI = chacun parle à l'autre.)

● **Les verbes impersonnels** ne s'emploient qu'à la troisième personne du singulier avec le pronom *il* :
Il pleut, il neige, il fait beau, il faut partir. Il est important d'y penser…

2 Valeurs des temps et des modes du verbe

a) Le mode indicatif

● **Présent de l'indicatif**
– action en cours : *Il **parle** à des gens.* (En ce moment.)
– action habituelle : *Il **parle** à des gens.* (Tous les jours.)
– vérité générale : *La parole **est** d'argent, mais le silence **est** d'or.*
– ordre : *Tu **pars** tout de suite !*
– sens futur : *Nous **partons** demain.*

● **Passé composé**
– action passée considérée comme achevée :
*Ils **ont acheté** une maison.*
C'est le temps du récit au passé.

● **Imparfait**
– circonstances d'un événement passé : *Ils **mangeaient** quand je suis arrivé.*
– description d'un état passé : *Il ne **voulait** pas venir. Il ne se **sentait** pas bien.*
– répétition d'une action dans le passé, habitude : *Elle **faisait** du cheval.* (Tous les matins.)

● **Futur**
– fait probable : *Il **fera** beau demain.*
– prédiction : *Les hommes **continueront** de faire des progrès.*
– directive et conseil : *Tu **finiras** ton travail avant de sortir.*

● **Impératif**
– directive et ordre : ***Soigne-toi. Sois** sage !*
– conseil : ***Soyez** attentifs.*
– invitation : ***Passez** chez nous dimanche vers six heures.*

b) Le mode subjonctif

On emploie le subjonctif présent après les verbes qui expriment :
– la volonté, le souhait : *Je veux qu'il **parte**. Je souhaite qu'il **parte**.*
– le doute : *Je ne pense pas qu'elle **puisse** le faire !*
– une obligation : *Il faut qu'ils **viennent**.*
– une émotion ou un sentiment : *J'ai peur qu'elle ne **réussisse** pas.*
– après certaines conjonctions : *Je lui ai raconté l'histoire pour qu'il **sache** comment ça s'est passé.*

❗ Si le sujet du verbe de la proposition principale et celui de la subordonnée sont les mêmes, le deuxième verbe se met à l'infinitif : *Je suis heureux de vous **rencontrer**.*

c) L'infinitif

On emploie l'infinitif :
– comme nom : ***Partir**, c'est mourir un peu.*
– comme complément d'un verbe : *Tu préfères **rester** ?*
– pour donner des directives : ***Mettre** l'appareil sous tension. Ne pas **marcher** sur l'herbe.*

d) Le participe passé

Il s'emploie :
– comme adjectif : *Tu es **fatigué** ?*
– pour former le passé composé : *Ils ont **téléphoné**. Ils sont **partis**.*

❗ Si l'auxiliaire est *être*, l'accord du participe passé avec le sujet est obligatoire : *Elles sont venues.*

❗ Avec les verbes pronominaux réfléchis, on ne doit faire l'accord que si le pronom complément est un objet direct : *Elles se sont reconnues* mais : *Elles se sont acheté des robes.*

■ ACCENTS ET SIGNES DE PONCTUATION

1 Les accents écrits

Il y a quatre accents en français. Ils se placent uniquement sur des voyelles :
• L'**accent aigu** (´) est le plus fréquent. Il porte seulement sur le **e** : *téléphoner, écrire*.
• L'**accent grave** (`) porte sur le **e**, le **a** et le **u** : *là, mère, achète, où*.
Il permet de distinguer : – *a* (de *avoir*) et *à* (préposition) ;
– *la* (article) et *là* (adverbe) ;
– *ou* (conjonction) et *où* (adverbe interrogatif).
• L'**accent circonflexe** (^) porte sur toutes les voyelles : *âge, être, fête, connaître, pôle, sûr*.
• Le **tréma** (¨) permet de détacher une voyelle d'une autre voyelle : *Noël*.

2 Les signes de ponctuation

• Le **point** (.) est utilisé à la fin d'une phrase, dans des abréviations (par exemple : *M.* pour *Monsieur*). Les points de suspension (…) indiquent que le sens peut être complété.
• La **virgule** (,) marque une pause entre les groupes d'une phrase.
• Le **point-virgule** (;) marque une pause entre des propositions.
• Les **deux points** (:) annoncent une explication ou une citation.
• Les **guillemets** (« ») sont employés pour encadrer les énoncés en style direct et les citations.
• Les **parenthèses** () indiquent des commentaires ou des remarques à l'intérieur du texte.
• Le **tiret** (–) est utilisé dans les énumérations et il indique un changement de locuteur en style direct.

3 Les signes orthographiques

• L'**apostrophe** (') indique une suppression (élision) de **a** ou de **e** : *l'ami, l'école*.
• Le **c cédille** (ç) se prononce [s] devant **a**, **o** et **u** : *français, garçon*.
• Le **trait d'union** (-) sert à lier des mots *(vingt-trois)* et à diviser des mots en fin de ligne.

❗ La division des mots en fin de ligne :
– on coupe après une voyelle : *ta-bleau, organi-sation* ;
– on coupe entre deux consonnes : *met-tre*, sauf si la seconde consonne est **l** ou **r** : *théâ-tre, ta-bleau*.

Chaque forme verbale se décompose en radical + terminaison.

■ TEMPS SIMPLES

• Verbes comme *danser*

INFINITIF	Personnes	Radical	INDICATIF présent	SUBJONCTIF présent	INDICATIF imparfait	IMPÉRATIF	PARTICIPES présent	passé
DANSER (1 radical)	je tu il/elle/on	DANS-	e es e	e es e	ais ais ait	e	ant	é
	nous vous		ons ez	ions iez	ions iez	ons ez		
	ils/elles		ent	ent	aient			

• Verbes autres que *danser* à 1, 2 ou 3 radicaux

INFINITIF	Personnes	Radical 1	2	3	INDICATIF présent	imparfait	SUBJONCTIF présent	IMPÉRATIF	PARTICIPES
RÉPONDRE 1 radical	je tu il/elle	FINI- RÉPOND-	BOI-		s s t	ais ais ait	e es e	s	• passé *répond-u fin-i b-u*
FINIR 2 radicaux	nous vous	FINISS-	BUV-		ons ez	ions iez	ions iez	ons ez	
BOIRE 3 radicaux	ils/elles			BOIV-	ent	aient	ent		• présent *ant*

● **L'imparfait** est toujours construit sur **le radical de la première personne du pluriel au présent de l'indicatif**.

Nous finiss-ons	→	*Je finiss-ais*
Nous buv-ons	→	*Je buv-ais*
! Vous êtes	→	*J'étais*

● **Le subjonctif** présent se construit à partir **du radical de la troisième personne du pluriel au présent de l'indicatif**.

Ils finiss-ent	→	*Que je finiss-e*
Ils boiv-ent	→	*Que je boiv-e*

Si le verbe a un **radical spécial à la première et à la deuxième personnes du pluriel du présent de l'indicatif**, les personnes correspondantes **du subjonctif** utilisent ces radicaux :

Nous finiss-ons	→	*Que nous finiss-ions*
Nous buv-ons	→	*Que nous buv-ions*

conjugaison

TABLEAUX DE CONJUGAISON

INFINITIF	INDICATIF				SUBJONCTIF	IMPÉRATIF
	Présent	**Passé composé**	**Imparfait**	**Futur**	**Présent**	**Présent**
Être (auxiliaire)	je **suis** tu **es** il/elle **est** nous **sommes** vous **êtes** ils/elles **sont**	j'ai **été** tu as été il/elle a été nous avons été vous avez été ils/elles ont été	j'**étais** tu étais il/elle était nous étions vous étiez ils/elles étaient	je **serai** tu seras il/elle sera nous serons vous serez ils/elles seront	que je **sois** que tu sois qu'il/elle soit que nous soyons que vous soyez qu'ils/elles soient	sois soyons soyez
Avoir (auxiliaire)	j'**ai** tu **as** il/elle **a** nous **avons** vous **avez** ils/elles **ont**	j'ai **eu** tu as eu il/elle a eu nous avons eu vous avez eu ils/elles ont eu	j'**avais** tu avais il/elle avait nous avions vous aviez ils/elles avaient	j'**aurai** tu auras il/elle aura nous aurons vous aurez ils/elles auront	que j'**aie** que tu aies qu'il/elle ait que nous ayons que vous ayez qu'ils/elles aient	aie ayons ayez
Aller	je **vais** tu **vas** il/elle **va** nous **allons** vous **allez** ils/elles **vont**	je **suis** allé(e) tu es allé(e) il/elle est allé(e) nous sommes allé(e)s vous êtes allé(e)s ils/elles sont allé(e)s	j'**allais** tu allais il/elle allait nous allions vous alliez ils/elles allaient	j'**irai** tu iras il/elle ira nous irons vous irez ils/elles iront	que j'**aille** que tu ailles qu'il/elle aille que nous allions que vous alliez qu'ils/elles aillent	va allons allez
S'asseoir	je m'**assieds** tu t'assieds il/elle s'assied nous nous **asseyons** vous vous asseyez ils/elles s'asseyent	je me **suis** assis(e) tu t'es assis(e) il/elle s'est assis(e) nous nous sommes assis(e)s vous vous êtes assis(e)s ils/elles se sont assis(e)s	je m'**asseyais** tu t'asseyais il/elle s'asseyait nous nous asseyions vous vous asseyiez ils/elles s'asseyaient	je m'**assiérai** tu t'assiéras il/elle s'assiéra nous nous assiérons vous vous assiérez ils/elles s'assiéront	que je m'**asseye** que tu t'asseyes qu'il/elle s'asseye que nous nous asseyions que vous vous asseyiez qu'ils/elles s'asseyent	assied-toi asseyons-nous asseyez-vous
Boire	je **bois** tu bois il/elle boit nous **buv**ons vous buvez ils/elles boivent	j'ai **bu** tu as bu il/elle a bu nous avons bu vous avez bu ils/elles ont bu	je **buvais** tu buvais il/elle buvait nous buvions vous buviez ils/elles buvaient	je **boirai** tu boiras il/elle boira nous boirons vous boirez ils/elles boiront	que je **boive** que tu boives qu'il/elle boive que nous buvions que vous buviez qu'ils/elles boivent	bois buvons buvez
Chanter	je **chante** tu chantes il/elle chante nous chantons vous chantez ils/elles chantent	j'ai **chanté** tu as chanté il/elle a chanté nous avons chanté vous avez chanté ils/elles ont chanté	je **chant**ais tu chantais il/elle chantait nous chantions vous chantiez ils/elles chantaient	je **chanterai** tu chanteras il/elle chantera nous chanterons vous chanterez ils/elles chanteront	que je **chante** que tu chantes qu'il/elle chante que nous chantions que vous chantiez qu'ils/elles chantent	chante chantons chantez
Choisir	je **choisis** tu choisis il/elle choisit nous **choisiss**ons vous choisissez ils/elles choisissent	j'ai **choisi** tu as choisi il/elle a choisi nous avons choisi vous avez choisi ils/elles ont choisi	je **choisiss**ais tu choisissais il/elle choisissait nous choisissions vous choisissiez ils/elles choisissaient	je **choisirai** tu choisiras il/elle choisira nous choisirons vous choisirez ils/elles choisiront	que je **choisisse** que tu choisisses qu'il/elle choisisse que nous choisissions que vous choisissiez qu'ils/elles choisissent	choisis choisissons choisissez
Connaître	je **connais** tu connais il/elle connaît nous **connaiss**ons vous connaissez ils/elles connaissent	j'ai **connu** tu as connu il/elle a connu nous avons connu vous avez connu ils/elles ont connu	je **connaiss**ais tu connaissais il/elle connaissait nous connaissions vous connaissiez ils/elles connaissaient	je **connaîtrai** tu connaîtras il/elle connaîtra nous connaîtrons vous connaîtrez ils/elles connaîtront	que je **connaisse** que tu connaisses qu'il/elle connaisse que nous connaissions que vous connaissiez qu'ils/elles connaissent	connais connaissons connaissez

conjugaison

TABLEAUX DE CONJUGAISON

INFINITIF	INDICATIF				SUBJONCTIF	IMPÉRATIF
	Présent	Passé composé	Imparfait	Futur	Présent	Présent
Croire	je **crois** tu **crois** il/elle croit nous **croy**ons vous croyez ils/elles croient	j'ai **cru** tu as cru il/elle a cru nous avons cru vous avez cru ils/elles ont cru	je **croy**ais tu croyais il/elle croyait nous croyions vous croyiez ils/elles croyaient	je **croi**rai tu croiras il/elle croira nous croirons vous croirez ils/elles croiront	que je **croie** que tu croies qu'il/elle croie que nous croyions que vous croyiez qu'ils/elles croient	crois croyons croyez
Devoir	je **dois** tu dois il/elle doit nous **dev**ons vous devez ils/elles **doiv**ent	j'ai **dû** tu as dû il/elle a dû nous avons dû vous avez dû ils/elles ont dû	je **dev**ais tu devais il/elle devait nous devions vous deviez ils/elles devaient	je **dev**rai tu devras il/elle devra nous devrons vous devrez ils/elles devront	que je **doive** que tu doives qu'il/elle doive que nous devions que vous deviez qu'ils/elles doivent	*n'existe pas*
Dire	je **dis** tu dis il/elle dit nous **dis**ons vous **dites** ils/elles disent	j'**ai dit** tu as dit il/elle a dit nous avons dit vous avez dit ils/elles ont dit	je **dis**ais tu disais il/elle disait nous disions vous disiez ils/elles disaient	je **di**rai tu diras il/elle dira nous dirons vous direz ils/elles diront	que je **dise** que tu dises qu'il/elle dise que nous disions que vous disiez qu'ils/elles disent	dis disons dites
Écrire	j'**écris** tu écris il/elle écrit nous **écriv**ons vous écrivez ils/elles **écriv**ent	j'ai **écrit** tu as écrit il/elle a écrit nous avons écrit vous avez écrit ils/elles ont écrit	j'**écriv**ais tu écrivais il/elle écrivait nous écrivions vous écriviez ils/elles écrivaient	j'**écri**rai tu écriras il/elle écrira nous écrirons vous écrirez ils/elles écriront	que j'**écrive** que tu écrives qu'il/elle écrive que nous écrivions que vous écriviez qu'ils/elles écrivent	écris écrivons écrivez
Faire	je **fais** tu fais il/elle fait nous **fais**ons vous **faites** ils/elles **font**	j'ai **fait** tu as fait il/elle a fait nous avons fait vous avez fait ils/elles ont fait	je **fais**ais tu faisais il/elle faisait nous faisions vous faisiez ils/elles faisaient	je **fe**rai tu feras il/elle fera nous ferons vous ferez ils/elles feront	que je **fasse** que tu fasses qu'il/elle fasse que nous fassions que vous fassiez qu'ils/elles fassent	fais faisons faites
Falloir	il **faut**	il a **fallu**	il **fallait**	il **faudra**	qu'il **faille**	*n'existe pas*
Mettre	je **mets** tu mets il/elle met nous **mett**ons vous mettez ils/elles mettent	j'ai **mis** tu as mis il/elle a mis nous avons mis vous avez mis ils/elles ont mis	je **mett**ais tu mettais il/elle mettait nous mettions vous mettiez ils/elles mettaient	je **mett**rai tu mettras il/elle mettra nous mettrons vous mettrez ils/elles mettront	que je **mett**e que tu mettes qu'il/elle mette que nous mettions que vous mettiez qu'ils/elles mettent	mets mettons mettez
Partir	je **pars** tu pars il/elle part nous **part**ons vous partez ils/elles partent	je **suis parti**(e) tu es parti(e) il/elle est parti(e) nous sommes parti(e)s vous êtes parti(e)s ils/elles sont parti(e)s	je **part**ais tu partais il/elle partait nous partions vous partiez ils/elles partaient	je **parti**rai tu partiras il/elle partira nous partirons vous partirez ils/elles partiront	que je **parte** que tu partes qu'il/elle parte que nous partions que vous partiez qu'ils/elles partent	pars partons partez
Plaire	je **plais** tu plais il/elle plaît nous **plais**ons vous plaisez ils/elles plaisent	j'ai **plu** tu as plu il/elle a plu nous avons plu vous avez plu ils/elles ont plu	je **plais**ais tu plaisais il/elle plaisait nous plaisions vous plaisiez ils/elles plaisaient	je **plai**rai tu plairas il/elle plaira nous plairons vous plairez ils/elles plairont	que je **plaise** que tu plaises qu'il/elle plaise que nous plaisions que vous plaisiez qu'ils/elles plaisent	plais plaisons plaisez

conjugaison

TABLEAUX DE CONJUGAISON

INFINITIF	INDICATIF				SUBJONCTIF	IMPÉRATIF
	Présent	Passé composé	Imparfait	Futur	Présent	Présent
Pleuvoir	il pleut	il a plu	il pleuvait	il pleuvra	qu'il pleuve	n'existe pas
Pouvoir	je peux tu peux il/elle peut nous pouvons vous pouvez ils/elles peuvent	j'ai pu tu as pu il/elle a pu nous avons pu vous avez pu ils/elles ont pu	je pouvais tu pouvais il/elle pouvait nous pouvions vous pouviez ils/elles pouvaient	je pourrai tu pourras il/elle pourra nous pourrons vous pourrez ils/elles pourront	que je puisse que tu puisses qu'il/elle puisse que nous puissions que vous puissiez qu'ils/elles puissent	n'existe pas
Prendre	je prends tu prends il/elle prend nous prenons vous prenez ils/elles prennent	j'ai pris tu as pris il/elle a pris nous avons pris vous avez pris ils/elles ont pris	je prenais tu prenais il/elle prenait nous prenions vous preniez ils/elles prenaient	je prendrai tu prendras il/elle prendra nous prendrons vous prendrez ils/elles prendront	que je prenne que tu prennes qu'il/elle prenne que nous prenions que vous preniez qu'ils/elles prennent	prends prenons prenez
Savoir	je sais tu sais il/elle sait nous savons vous savez ils/elles savent	j'ai su tu as su il/elle a su nous avons su vous avez su ils/elles ont su	je savais tu savais il/elle savait nous savions vous saviez ils/elles savaient	je saurai tu sauras il/elle saura nous saurons vous saurez ils/elles sauront	que je sache que tu saches qu'il/elle sache que nous sachions que vous sachiez qu'ils/elles sachent	sache sachons sachez
Suivre	je suis tu suis il/elle suit nous suivons vous suivez ils/elles suivent	j'ai suivi tu as suivi il/elle a suivi nous avons suivi vous avez suivi ils/elles ont suivi	je suivais tu suivais il/elle suivait nous suivions vous suiviez ils/elles suivaient	je suivrai tu suivras il/elle suivra nous suivrons vous suivrez ils/elles suivront	que je suive que tu suives qu'il/elle suive que nous suivions que vous suiviez qu'ils/elles suivent	suis suivons suivez
Venir	je viens tu viens il/elle vient nous venons vous venez ils/elles viennent	je suis venu(e) tu es venu(e) il/elle est venu(e) nous sommes venu(e)s vous êtes venu(e)s ils/elles sont venu(e)s	je venais tu venais il/elle venait nous venions vous veniez ils/elles venaient	je viendrai tu viendras il/elle viendra nous viendrons vous viendrez ils/elles viendront	que je vienne que tu viennes qu'il/elle vienne que nous venions que vous veniez qu'ils/elles viennent	viens venons venez
Voir	je vois tu vois il/elle voit nous voyons vous voyez ils/elles voient	j'ai vu tu as vu il/elle a vu nous avons vu vous avez vu ils/elles ont vu	je voyais tu voyais il/elle voyait nous voyions vous voyiez ils/elles voyaient	je verrai tu verras il/elle verra nous verrons vous verrez ils/elles verront	que je voie que tu voies qu'il/elle voie que nous voyions que vous voyiez qu'ils/elles voient	vois voyons voyez
Vouloir	je veux tu veux il/elle veut nous voulons vous voulez ils/elles veulent	j'ai voulu tu as voulu il/elle a voulu nous avons voulu vous avez voulu ils/elles ont voulu	je voulais tu voulais il/elle voulait nous voulions vous vouliez ils/elles voulaient	je voudrai tu voudras il/elle voudra nous voudrons vous voudrez ils/elles voudront	que je veuille que tu veuilles qu'il/elle veuille que nous voulions que vous vouliez qu'ils/elles veuillent	 veuillez

conjugaison

Imprimé en Italie par Rotolito Lombarda
Dépôt Légal - 01/2010 Collection 28 - Édition 11
15/5116/7